REQUIEM POUR LA BÊTE

Manuel d'exorcisme politiquement incorrect

Charles DANTEN

REQUIEM POUR LA BÊTE

Les plus gros mensonges des mondialistes

Préface de Vincent REYNOUARD

« *La vérité vous rendra libres.* » Saint Jean 8, 32

Reconquista Press

ISBN : 978-1-912853-28-1

Biographie de l'auteur

Charles Danten, connu dans le milieu nationaliste québécois sous le nom de Pierre Simon, a une triple formation universitaire en agronomie, en médecine vétérinaire et en traduction orientée vers la science et les études cliniques en médecine et en pharmacologie humaines. Il a pratiqué la médecine vétérinaire pendant dix-huit ans, dont dix à son propre compte. Il est l'auteur du livre à succès *Un vétérinaire en colère*. À la retraite mais toujours actif, l'autodidacte, journaliste citoyen et lanceur d'alerte Charles Danten se consacre à la recherche, à la rédaction et à la traduction d'articles pour son blogue, charlesdanten.blogspot.com, et divers médias alternatifs comme la revue *Le Québec sceptique* de l'association Les Sceptiques du Québec, et le magazine *Le Harfang* de la Fédération des Québécois de souche.

éthique appliquée : art de contribuer au bien commun en réduisant l'écart entre les apparences et la réalité. (C. D.)

À Hervé Ryssen

Sous le couvert de la vertu sociale et de l'amour du prochain, une véritable peste se répand à l'étranger et si cette peste n'est pas éradiquée sans délai du monde, elle peut éventuellement réussir à exterminer le genre humain.

Adolf HITLER
Mon Combat

PRÉFACE

Je suis heureux de préfacer l'ouvrage de Charles Danten *Requiem pour la Bête*. Déjà parce que l'auteur a effectué un travail de recherche et d'exposition très honorable. Ensuite parce que plusieurs de ses conclusions s'écartent des miennes. Si je révèle ce deuxième point, c'est pour plusieurs raisons. Dans les milieux nationalistes français, j'ai souvent pu constater les conséquences regrettables d'un désaccord idéologique. Les gens s'ignorent ou s'invectivent, allant jusqu'à se jeter l'anathème. On se plaint du Système qui nous ostracise et qui nous interdit de parole, mais on en vient parfois à agir de même avec les gens de notre propre camp. Ayant subi cette répression orchestrée par la République — mes écrits m'ont valu la prison et, pour ne pas y retourner, j'ai dû fuir au Royaume-Uni — je souhaite que tout le monde puisse s'exprimer et se faire entendre, même si, sur des points importants, des divergences existent. Cette préface est un témoignage de ma sincérité.

Charles Danten a entrepris de démasquer ce qu'il appelle des mensonges diffusés aussi bien par les médias que les écoles, les universités, certaines églises, etc. Lui et moi sommes d'accord sur un point : leur diffusion massive n'est pas innocente. L'objectif est de modeler les esprits pour qu'ils acceptent le projet mondialiste. Ce projet est une utopie, c'est-à-dire, selon la définition commune, « *un plan imaginaire pour une société future idéale, qui réaliserait le bonheur de chacun* ». Fondée sur les Droits de l'Homme (version de 1948), cette utopie rêve d'une assemblée de nations démocratiques, aux frontières poreuses, où

— au nom du « Plus jamais ça ! » — toute discrimination fondée sur la couleur de peau, la religion, l'orientation sexuelle, le handicap aurait disparu. D'où ces « vérités » devenues obligatoires et que Charles Danten dénonce : « les races n'existent pas », « l'Afrique est le berceau de l'humanité », « la diversité est notre richesse », « la théorie du genre est prouvée scientifiquement », « le CO_2 est un gaz "climatocide" », « le fascisme est le comble de l'abomination »…

Bien que l'utopie mondialiste ne soit pas nouvelle, elle s'est véritablement imposée en 1945, suite à la victoire des Alliés sur les forces de l'Axe. Emilio Gentile souligne : « *La Seconde Guerre mondiale fut menée et vécue par les Alliés comme une guerre de religion dont dépendait le destin de l'humanité* » (*Les Religions de la politique*, Seuil, p. 209). Cette conviction, chez les mondialistes, de défendre la « civilisation » et de détenir la clé d'un futur radieux a des conséquences dramatiques. La première est le rejet de ceux qui pensent autrement, à commencer par les « fascistes ». Dès 1947, dans sa *Lettre à François Mauriac*, Maurice Bardèche avait lancé :

« […] *votre conviction* [d'avoir raison] *est non seulement une évidence, elle est pour vous une prison. Un moule, comme disait Kant : et vous ne pouvez plus voir les choses qu'à travers les formes de ce moule.* […] *Vous faites de nous des exilés hors de votre pensée politique et peut-être hors de votre pensée et de votre sensibilité tout court.* […] *Cette philosophie d'État n'a rien qui doive nous surprendre. Ce n'est même pas une originalité que d'abuser à ce propos du mot de liberté : un citoyen soviétique, on lui dit qu'il est libre et, en effet, il n'imagine pas qu'il puisse exister d'autre manière de penser et d'autre manière d'être libre, comme un sauvage n'imagine pas qu'il puisse exister des montres. Cette fausse liberté de penser et de critiquer nous avertit seulement que nous sommes déjà beaucoup plus avancés dans la réalisation du communisme que nous ne le croyons. Car l'essence de la mentalité communiste est ce consentement à admettre comme* impensables *des formes de la réalité qu'on déclare condamnées par l'histoire. En ceci, votre unanimité est le premier signe de l'esclavage* » (p. 15-16).

On ne sera donc pas surpris qu'aujourd'hui Charles Danten souligne la difficulté

> « *de se faire une opinion éclairée sur quoi que ce soit, car on ne donne plus qu'une seule version des choses, celle qui concorde avec la thèse officielle. On débat, on argumente, on critique, mais toujours à l'intérieur de cette prison sémantique qui fait l'opinion* ».

Dès 1991, Serge Thion déplorait que le « *domaine de la pensée* » soit devenu

> « *un vaste terrain vague, inculte, où errent quelques chiens perdus, entourés de barbelés et de miradors et où des flics de la pensée tirent sur tout ce qui bouge, heideggeriens en cavale, savants fous, marxistes perdus, révisionnistes isolés, francstireurs de la critique du Coca-Cola, toute une petite foule hétéroclite, issue d'une culture aujourd'hui en perdition, où autrefois le respect de la pensée, la nécessité de la critique, le sens des mots, le choix du sens contre le non-sens, le principe de la responsabilité étaient des valeurs suprêmes* » (La Revue d'histoire révisionniste, n° 6, p. 24).

Cette situation est la conséquence logique des Droits de l'Homme. De la déclaration en 1948, on retient l'article 19 qui assure la liberté d'opinion et d'expression. Mais on oublie l'article 29 qui précise : « *Ces droits et libertés ne pourront, en aucun cas, s'exercer contrairement aux buts et aux principes des Nations Unies.* » Autrement dit : vous ne pouvez pas invoquer la liberté d'expression pour promouvoir des idées jugées « dangereuses ». C'est ce que j'appelle le « champ clos » des Droits de l'Homme. Ces droits ne sont valables qu'entre gens qui « pensent bien ». Il en résulte cette « prison sémantique » annoncée dès 1947 par Maurice Bardèche et dénoncée aujourd'hui par Charles Danten.

Pour en libérer le public, l'ouvrage *Requiem pour la Bête* présente, sur chaque sujet, une version en désaccord avec la thèse officielle. On y trouve un exposé méthodique, logique, argumenté. Le nombre de références et la bibliographie abondante démontrent que l'auteur s'est documenté. Son livre sera donc très utile pour ceux qui refusent la pensée unique mais qui n'ont ni le temps, ni les moyens de lire des dizaines de travaux. Pour eux, Charles Danten a réalisé cette synthèse. Ainsi les lecteurs disposeront-ils d'un argumentaire solide pour éclairer leur esprit et pour soutenir la contradiction lors de discussions. À ce seul titre, *Requiem pour la Bête* est un livre utile, nécessaire.

Malgré ces explications, certains persisteront à s'interroger : pourquoi une telle caution apportée à un ouvrage dont je constate les divergences avec mes propres idées ?

– D'abord parce que sur nos points de divergence, rien ne prouve que j'aie raison. Ayant dépassé la cinquantaine, je me rends compte le nombre de fois où, par le passé, je me suis trompé. Mais lorsque je me trompais, c'était en toute bonne foi, croyant sincèrement servir la cause nationale. Voilà pourquoi, appliquant ce principe aux autres, je ne qualifie jamais de « traître », ni de « vendu », ni d'« infiltré », une personne qui adopte d'autres analyses et d'autres stratégies. J'ajoute que considérant toutes mes erreurs passées, je n'ai plus l'orgueil de croire que je ne me tromperai plus. En cas de divergence, la bévue est peut-être chez moi. Par conséquent, j'estime que l'auteur d'un travail sérieux a le droit de l'exposer publiquement, avec le soutien d'autres personnes qui, elles aussi, travaillent de leur côté. Et cela même s'il existe des divergences entre eux.

– Ensuite, parce que l'ouvrage de Charles Danten s'adresse à un public qui attend ce genre de production. Il l'attend comme un bol d'air dans cette société où le politiquement correct a fini par tout étouffer. Les uns se contenteront de ce bol d'air. Les autres iront plus loin en approfondissant certains sujets défrichés par l'auteur. Pour les premiers, ce livre sera une destination. Pour les seconds, il sera une étape.

J'encourage les lecteurs à considérer l'ouvrage de Charles Danten comme une étape qui permet — et c'est son grand mérite — d'aller plus loin.

Quoi qu'il en soit, destination ou étape, tous tireront profit d'un livre richement documenté. Voilà pourquoi j'ai été honoré de préfacer l'ouvrage de Charles Danten. Il a produit un travail utile à la collectivité, une clé qui permet de s'extraire de la « prison sémantique » dans laquelle les mondialistes nous enferment. Ce travail méritait un soutien. Bonne lecture à toutes et à tous.

Vincent Reynouard

AVANT-PROPOS

IL est difficile aujourd'hui de se faire une opinion éclairée sur quoi que ce soit, car on ne donne plus qu'une seule version des choses, celle qui concorde avec la version officielle. On débat, on argumente, on critique, mais toujours à l'intérieur de cette prison sémantique qui fait l'opinion.

Notre objectif dans cette optique est d'aider le lecteur à se faire une idée plus juste de la réalité en suivant la méthode de la *disputatio* de saint Thomas d'Aquin. Il s'agit par cette méthode, que les autorités ont éliminée du curriculum scolaire pour délit d'efficacité, de chercher la contradiction afin de poser un jugement éclairé faisant la part des choses.

Comme le dit le professeur de philosophie Jean Laberge, l'auteur de *L'Âge des Ténèbres : L'Empire du marxisme culturel (en éducation)*, « cette méthode qui constitue l'expression de l'amour de la vérité consiste à vaincre l'esclavage de l'esprit dominant la pensée moderne. Dans cet état, les hommes ne connaissent pas d'alternatives et ne savent pas qu'ils n'ont jamais pensé à autre chose[1] ».

Ce livre est donc un manuel de salubrité publique, car dans un monde où il n'existe qu'une seule version des choses, il est impossible de vivre sainement, en harmonie avec soi-même et son prochain.

Le but de ce manuel d'exorcisme politiquement incorrect est donc d'aider ceux qui sont peu familiers avec les sujets qui sont traités à saisir le fond des choses, comment tous les morceaux

---

[1] Jean LABERGE, *L'Âge des Ténèbres : L'Empire du marxisme culturel (en éducation)*, Sydney Laurent, 2019.

s'agencent pour former un tout, et au bout du compte à vivre une expérience eurêka.

Cette vision pénétrante, généralement accompagnée d'une excitation bienheureuse qui se produit lorsqu'enfin on comprend quelque chose au plus profond de son être est le seul remède véritablement efficace contre la guerre psychologique que des élites hostiles livrent non seulement aux peuples de race blanche, mais à tous les peuples.

En d'autres mots, grâce à une compréhension claire des influences les plus mensongères que nous subissons au quotidien dans les médias et ailleurs, une personne se trouve fortifiée intérieurement et mieux équipée moralement et intellectuellement pour faire face à la *Bête* qui veut nous asservir avec les diableries en 666 qui sont répertoriées dans ce livre.

Avertissement

Dans ce livre, le terme « les Juifs » ne désigne pas tous les Juifs, mais uniquement les protagonistes du « judaïsme politique » qui, après s'être proclamés leur propre Messie, tentent, par divers types d'actions subversives, d'asservir l'humanité et d'imposer leur domination hégémonique.

PROLOGUE

Déclaration de guerre

AUX mondialisses de tout les howizons, allo.
        J'm'appelle Jessica, j'sus policiaire. Enfin… pas tout le temps ! Des fois… des fois… j'sus policiais ! Ça dépend comment que j'me sens. Et pis, qu'est-ce ça peut ben faire, de toute façon, gaws ou fille, c'est les mèmes unifowmes ?

J'suis payé pour véwifier les papiais que nos sévices twouvent chez les extwémistes de dwoite. C'est pas un cadeau, j'baigne dans la haine tout le temps. Mais j'étais twop gwosse pour couwir apès les bandits. Comme je connais les papiais, y m'ont mis là, comme ça… pas de pwoblèmes.

Une chance que j'sus ben fowmée. Les sévices de sécuwité islahelliens, qui sont spécialisés en téowisme, viennent nous enseigné. Y savent comment dwesser les insoumis. Et pis Mme Wosenbeg du Centre de pwévention de la HAINE vient souvent nous pawlé de wacisme, d'antisétimétisme et d'intoléwance. El'sait ce qui en est, ça c'est cétain. Elle et son peuple… y ont beaucoup soufer. Sa gwand-maire est mowte gazée à Astidewitch par des extwémistes blancs… ça à l'air… des nazis pouwis.

À sa visite passé, elle nous a pawler du *ticoun holam*. J'ai pas tout compwis, c'est pas mal compliqué son twuc, mais en gwos ça dit, comme qu'el'dit, « guéwir, répawé et twansfowmé la planète ». Le monde est sans dessus sans dessous, vous compwenez, et elle et son peuple y sont les seuls capables de le wemète sur ses quatte pattes. C'est Dieu, ça à l'air, qui les a choisis pour fer ce twavail. Note wole à nous les bwaves gens c'est de faiwe note possible à les aidé. Ça m'encouwage et ça me fait pwende conscience de l'impowtance de mon twavail.

Le type de document en bas, c'est la nowme. J'sais pas où ce gaws-là va chéché tout ça, mais c'est pas du tout comme ça dans la vwaie vie. C'est un malade. Y dit n'impowte quoi. Il a la HAINE. L'immiwation et la divésité est une wichesse pour note payis. Si j'peux mangé du kaibab sans allé en Punisie, tabaslack, c'est bin à cause de ça ! Et pis, si j'su née c'est bin gwace à ça. Moi, mon paire y vient d'Alique, vous compwenez, le plus beau et le plus gand payis au monde. On vient toute le monde de là-bas de toute fasson, on est aussi ben de se mixé. Avec le mélange des waces, y a pas de pwoblèmes. Je l'sauwais si y en avait… j'sus policiais, des fois, policiaire, ça dépend comment que j'file, de toute façon, qu'est-ce ça peut ben fer… si j'sus ben dans ma peau !

En allant faire mes emplettes au centre-ville de Montréal, je suis tombé par hasard sur une rue Saint-Catherine noire de monde… c'est le cas de le dire. Des milliers d'Antillais défilaient au son des tam-tams et de la musique no borders. Des femmes en costumes traditionnels et de grands gaillards torse-nu se contorsionnaient sur la chaussée, envoûtés par des rythmes endiablés. Des jets de fumée blanche giclaient sur les danseurs qui suivaient les chars allégoriques en se déhanchant. Des policiers formaient un cordon protecteur autour de cette foule ensauvagée qui pénétrait en plein cœur de la cité comme un phallus géant.

Je me suis dit en marchant vers le centre-ville que je n'avais rien à première vue contre les Noirs et les immigrants du tiers-monde en général. Mais je me demandais si c'était bien pour nous de leur ouvrir toutes grandes les portes de notre domicile. Cela fait beaucoup de monde, 50 000 immigrants et plus par année pour une province de 8 millions d'habitants. Au prorata, ça dépasse de beaucoup l'immigration en France ou en Allemagne. Des Congolais, des Maghrébins, des Berbères, des Jamaïcains, des Haïtiens, des Chinois, des Latinos et j'en passe. À ce nombre s'ajoutent les réfugiés syriens et libyens, sans parler des Soudanais, des Somaliens, des Palestiniens, des Irakiens et des autres malheureux qui fuient les guerres que nous livrons à leur pays pour des raisons prétendument humanitaires. Et c'est sans compter les illégaux qui rentrent ici librement depuis que Trudeau a ouvert les frontières et que Montréal s'est déclarée ville-sanctuaire. On ne s'en rend pas compte tout de suite, l'invasion est insidieuse, jusqu'au jour où l'on se réveille minoritaire dans son propre pays.

Arrivé devant le magasin Ogilvy, en plein milieu de cette foule noire comme l'ébène, je me sentais comme un intrus qui surprend un couple enlacé. Complètement dépaysé, je rasais les murs, la tête basse et pressé de quitter ces lieux envahis par des gens qui n'ont pas la même odeur que les miens, et qui à vrai dire, c'est plus fort que moi, me rendent mal à l'aise.

Je pensais à ces centaines de Noirs qui envahissent la piscine les jours de canicule. Un jour, j'ai eu le malheur de demander à une sauveteuse blanche pourquoi la silhouette de l'affiche de sécurité à l'entrée de la piscine était de couleur brune. Elle m'a répondu sèchement que si j'avais mieux regardé, j'aurais vu l'affiche avec une silhouette blanche de l'autre côté de la cabine du bureau des sauveteurs ; heureusement qu'elle me l'a dit, placée où elle était, personne ne pouvait la voir. « Le Québec aux dernières nouvelles étant pourtant un pays de race blanche, lui répondis-je, les affiches devraient normalement refléter cette réalité, vous ne pensez pas ? » Elle m'a tourné le dos visiblement vexée, et je suis parti me changer sans dire un mot. Je voyais bien que c'était inutile d'insister, que cette fille de ma race avait accepté de bon cœur que des populations étrangères prennent possession de notre pays. Cinq minutes plus tard, pendant que je m'habillai dans les vestiaires, un grand six pieds de race blanche, en beau maudit, est venu me dire que je serais banni à vie du centre sportif si jamais je faisais encore un seul commentaire de ce genre. Je ne lui ai pas répondu, et suis parti le cœur gros en sachant que plus jamais je ne mettrai les pieds dans ce centre sportif. De toute façon, en tant que Blanc, je ne me sentais plus à ma place.

Ce n'est pas la première fois que ça m'arrive. L'année dernière, on m'a expulsé d'un coffee-shop que je fréquentais depuis longtemps, pour racisme supposé. J'avais osé remettre à sa place un nouveau serveur d'origine arabo-berbère parce qu'il avait été insolent avec moi lorsque j'ai passé ma commande et au cours de son service. Or, la personne responsable, un petit de race blanche un peu efféminé, ne m'a même jamais demandé pourquoi j'avais réagi ainsi, il a tout de suite présumé que j'étais raciste, et que c'était la seule explication possible.

Et puis, tout en continuant à marcher vers le centre-ville, je me suis rappelé cette fonctionnaire du ministère des Revenus qui m'a fait la vie dure, la fois où j'ai dû faire corriger ma déclaration d'impôt. Ce n'est pas drôle d'être servi par ces gens-là. Vous avez affaire à des étrangers qui n'appartiennent ni à votre race ni à votre groupe ethnique et qui n'ont donc aucune affinité avec vous. Étant de culture différente, ils ne sont pas toujours faciles à comprendre, car ils ne s'expriment pas et ne raisonnent pas comme nous. Par souci d'égalitarisme, plusieurs de ces personnes sont par ailleurs engagées non pour leurs compétences, mais pour la couleur de leur peau. Le ministère a en effet des quotas à remplir pour que la diversité soit respectée. Ce qui n'est pas pour arranger les choses, ces employés, parachutés parmi nous sans notre consentement, par des élites hostiles, ont dans la tête, à cause de la propagande libérale, que les Blancs sont responsables de tous leurs malheurs. Dès qu'ils sont en position de force, ils ne se gênent pas, par conséquent, pour nous faire chier, pardonnez-moi mon langage, mais il n'y a pas d'autre façon de décrire ce que j'ai ressenti au contact de cette fonctionnaire qui m'a traité avec l'arrogance et la condescendance de ceux qui vous méprisent et qui se sentent plus forts que vous.

Je me suis dit en arrivant au coin de McGill et Sainte-Catherine que par souci de diversité, l'emploi systématique de personnes provenant du tiers-monde à des postes plus ou moins importants était une grave erreur. Cette politique va baisser le niveau de compétitivité général du Québec. Les pays de la majorité des populations avec lesquelles les autorités comptent nous remplacer sont en effet des pays *ratés qui ne vont nulle part. Le quotient intellectuel (QI) moyen des populations subsahariennes, par exemple, est d'environ 70, et celui des Maghrébins, de 85. Or, avec un QI moyen en dessous de 100, il est impossible de faire fonctionner un pays moderne comme le nôtre. De fait, une baisse de quelques points seulement du QI moyen, baisse le revenu national brut de plusieurs points. L'affluence de travailleurs étrangers fait aussi baisser les salaires ; c'est une simple question d'offre et de demande ; dans ces conditions, le marché de l'emploi devient un marché d'employeurs. Ces migrants économiques votent tous, par ailleurs, pour ceux qui les font venir par avions pleins. Or, à la vitesse où ils arrivent, les natifs seront bientôt minoritaires et plus jamais en mesure d'élire un gouvernement les représentant. En outre, les charges sociales augmentent considérablement, car un grand nombre de ces travailleurs peu compétents, ne réussissant pas à trouver un emploi ou ne voulant pas en trouver un, finissent par tomber dans l'assistanat social, ce qui représente pour eux une amélioration notable de leur condition de vie, mais une détérioration tout aussi notable de la nôtre. Ces facteurs combinés se traduisent en effet par une augmentation du coût de la vie, de la pauvreté, de l'endettement, des tensions sociales et de la criminalité ainsi qu'une baisse consécutive du niveau de santé, de la durée de vie et du sentiment d'appartenance ethnique, ce besoin anthropologique qui fait que les gens de la même ethnie se sentent en confiance et heureux de vivre ensemble.*

Le sociostat se dérègle, rien ne va plus.

En arrivant au magasin La Baie où une foule de badauds antillais attendaient le défilé, j'ai pensé que c'était prévisible. Sur le marché de la sélection naturelle, les peuples, les races, les groupes, les individus se font concurrence. Les plus forts s'imposent et dominent les plus faibles. C'est une loi de la nature inscrite dans nos gènes que la culture de la diversité ne changera jamais.

Puis, au milieu de ce délire immigrationniste, je me suis tapé dans un grand gaillard noir qui me tournait le dos. Il s'est retourné et m'a regardé d'un air gêné en me donnant quelques tapes amicales sur l'épaule pour me signifier à sa façon que tout allait bien, que je n'avais rien à craindre de lui et des siens, et que j'étais toujours chez moi. J'ai eu la fâcheuse impression que ce monsieur, sachant très bien ce qui se passait, était mal à l'aise pour moi. Mais manque de chance, cette petite tape dans le dos qui se voulait rassurante m'a rendu encore plus anxieux. J'avais en réalité tout à craindre de ce viol de domicile qui nous est tombé dessus sans crier gare. Si je n'avais pas décidé ce jour-là d'aller faire des courses au centre-ville, je ne me serais jamais rendu compte que les Antillais étaient si nombreux à Montréal.

Enfin seul, loin des tam-tams et de la cohue, assis sur un banc devant la Cathédrale Marie-Reine-du-Monde, je me suis demandé si je n'étais pas raciste, si je n'étais pas un mauvais chrétien, si je ne devais pas donner ma place volontairement à ces braves gens, par charité, comme nous y invite le pape jésuite François Bergoglio. « Aime ton prochain comme toi-même », a dit Jésus. Or, mon prochain du tiers-monde aimerait bien lui aussi vivre dans un pays moderne comme le mien, à l'abri du besoin et de la misère. Pourquoi ne pas lui donner clé en main ? Chacun son tour, n'est-ce pas ? Et puis, lorsque toutes les races ne seront plus qu'une, lorsqu'il n'y aura plus de riches, de religions, de nations et de frontières, « les hommes vivront enfin d'amour et il n'y aura plus de guerres ni d'injustices… mon frère », chantait Raymond Lévesque… cet imbécile heureux.

Je suis reparti sur ces pensées noires. J'hésitais à poursuivre ma réflexion. On dit tellement de mal des gens comme moi qui ne pensent pas comme il faut. Puis, je me suis dit que je n'avais aucune raison de leur donner mon pays par amour ; que je n'étais ni raciste ni un mauvais chrétien pour autant, mais un gars bien enraciné dans la réalité et soucieux d'aimer ses ancêtres et de défendre sa race, sa culture et son pays. Un peuple ou une personne qui se respecte ne se suicide pas volontairement par générosité ou par peur d'être traité de raciste. Un peuple ou une personne qui se respecte prend la place qui lui revient et la défend contre ceux qui cherchent à la détruire afin de réaliser leur utopie mondialiste.

J'étais pas mal pompé. Trudeau le traître en a pris pour son rhume : « La diversité n'est pas une richesse, M. Trudeau, mais bel *et bien un appauvrissement. Avant d'être enrichi, on pouvait se promener partout dans la ville sans craindre d'être dévalisé ou violé ; il n'y avait pas de poubelles et d'immondices ici et là et nos murs étaient libres de graffitis ; les hommes ne se mariaient pas avec des hommes ; les filles ne pratiquaient pas le cunnilingus à grande échelle ; elles faisaient des enfants au lieu d'avoir un chien, ne se prenaient pas pour des hommes, ne s'affirmaient pas en se rendant volontairement obèses ; on ne se mutilait pas le corps avec des tatouages et des piercings afin de se mettre dans la peau d'un sapin de Noël ; on se disait "pardon", "je vous en prie", "après vous", "merci", "bonjour" et "au revoir" ; on adorait fêter Pâques et chanter des cantiques ; nos écoles publiques étaient bien meilleures que maintenant, performantes, propres, ordonnées et surtout racialement uniformes ; on n'apprenait pas aux élèves, quasiment avant d'apprendre à lire et à écrire, l'art de la sodomie et de la masturbation, et on ne leur faisait pas croire qu'ils pouvaient choisir leur sexe ! Avant, on voyait d'un mauvais œil les délinquants, les gros et les déviants sexuels. On ne leur faisait pas de mal, mais on s'arrangeait pour qu'ils n'encouragent pas les plus jeunes à les imiter. C'était une question de gros bon sens. Or, maintenant, on fait exactement le contraire ; on encourage la majorité à imiter ces minorités débiles afin de les mettre à l'aise. Ce qui était considéré comme un péché devient une vertu, le normal devient anormal, le bien se transforme en mal. C'est vraiment le monde à l'envers. On est tombé bien bas, M. Trudeau, depuis que vous nous avez enrichis. »*

Naturellement je m'en suis pris aux Juifs. Ce sont eux et leurs petits amis milliardaires et quelques autres qui sont derrière tout ça. Quiconque les critique serait motivé par une haine injustifiée ! Mais ils n'ont pas été expulsés de 109 pays au cours de l'histoire simplement parce qu'ils sont juifs. Les gens les détestent en raison surtout de leurs activités subversives. Des milliers d'associations juives sont engagés depuis des décennies dans des activités anti-chrétiennes, anti-blanches et anti-occidentales. Les Juifs ont toujours été l'épine dorsale de la gauche radicale. Ils sont responsables de l'ouverture des vannes de l'immigration du tiers-monde aussi bien en Europe *qu'aux États-Unis. Ils sont responsables de la perversion des mœurs par la pornographie et un tas d'autres saletés du même genre notamment via Hollywood. Ils sont responsables des guerres inutiles au Moyen-Orient. Ils sont responsables des révolutions colorées qui éclatent un peu partout. Ils sont responsables enfin de la destruction de l'héritage chrétien de l'Amérique et de l'Europe. Compte tenu de tout cela, il serait absurde de NE PAS haïr le judaïsme politique.*

Puisque nos élites au pouvoir vont s'entêter dans la même politique suicidaire, j'ai décidé alors que je marchais de prendre les choses en main dans mon propre espace de vie. Je suis en guerre, comprenez-vous, une guerre à bas bruit pour l'instant, une guerre psychologique ne comprenant aucune violence verbale ou physique, mais une guerre tout de même. Et si la situation sociopolitique actuelle vous inquiète, chers frères et sœurs, je vous conseille de faire comme moi. Ce n'est plus le moment de rester dans son coin, en attendant un miracle. Notre seule chance de gagner cette guerre est de s'unir. Livrés à nous-mêmes sans le soutien de nos élites emprisonnées dans leur rêve utopiste, si nous voulons survivre dans les pays de nos ancêtres que nous aimons par-dessus tout, c'est notre seule porte de sortie.

Lorsque je suis enfin arrivé chez moi, j'étais totalement affranchi, désintoxiqué. J'avais mis de l'ordre dans mes idées parfois confuses sur la situation politique actuelle. Dorénavant, je ferai tout en mon pouvoir pour que les miens gagnent ce combat. Et personne ne m'en empêchera. Ils peuvent me ruiner, détruire ma réputation, me jeter en prison, me torturer ou me tuer, ils n'arriveront jamais à me faire changer d'avis.

Dans cette guerre défensive — et j'insiste sur le mot « défensive », car nous ne l'avons pas cherchée — que nous devons livrer pour garder notre place chèrement gagnée, ceux qui s'aimeront le plus triompheront. C'est une simple question de bon sens.

Mon chef, un homosessuel que j'wespecte beaucoup, à cause de sa juiote, a fait envoié ce capoté diwectement en wéhab dans la wégion haïlienne de Montwéal-Nowd. L'escouade anti-téwowiste de la wégion islamiste de Lasaille qui l'a pogné a twouvé plein de bouquins intédits dans les murs, les panchés… et jusque dans les pafonds de sa maison, c'est pas des blagues ! Ils ont aussi twouvé quéques objets intédits comme un dwapeau du wégiment Cawignan-Saliès, de même qu'un cwucifix. Si dans un an, cet extémiste blanc complètement fou ne wetouve pas son chemin, y sewa endowmi pour de bon. On n'a pas le temps à pède avec des types comme ça. Comme dit mon papa : « la Wipoublique ounivaisselle est en mawshe… et pésonne ne l'awètewa ! »

Constable Jessica, Jess Lafontaine-Idi Grosse Dada

MENSONGE 1

Les vérités absolues n'existent pas, tout est relatif, votre opinion vaut la mienne

> *Un seul mensonge fait plus de*
> *bruit que cent vérités.*
>
> Georges BERNANOS

L'UN aime le jaune, l'autre, le bleu, où est le problème, tous les goûts sont dans la nature, n'est-ce pas ? C'est une appréciation subjective que personne ne conteste tant qu'elle ne nuit pas à la collectivité ou au bien commun. Mais qu'en est-il lorsqu'il s'agit d'un fait objectif ? L'un croit au changement climatique d'origine humaine, par exemple, l'autre n'y croit pas, est-ce que les deux peuvent avoir raison en même temps ? Non, évidemment, tous les gens de bonne volonté le comprennent. Dans des cas comme celui-là, il faut trancher. Et comment fait-on pour trancher ? On pèse le pour et le contre. C'est le seul moyen. Il faut alors, pour ce faire, connaître les deux côtés de la médaille. Et si l'on ne vous donne qu'une seule version, celle des autorités, comment allez-vous faire pour poser un jugement éclairé faisant la part des choses ?

Les sophismes

Vous allez d'abord vous assurer que la version autorisée ne contient pas de sophismes, c'est-à-dire des arguments fallacieux ayant l'apparence du vrai. Prenons comme exemple, l'expression, « il n'existe aucune vérité absolue », eh bien, cette affirmation est en soi un sophisme. De fait, si la proposition est admise comme vraie, alors elle doit s'appliquer à elle-même, et dans ce cas elle est fausse. De même, l'énoncé « tout est relatif » est faux s'il est vrai et s'il s'applique à lui-même.

Dans cet ordre d'idées, identifions par exemple les arguments fallacieux dans l'énoncé suivant de Barack Obama : « 97 % des scientifiques sont d'accord, le changement climatique est un fait, il est causé par l'homme et il est dangereux. »

1. L'appel à l'autorité non seulement des scientifiques, mais du président Obama lui-même. Or, l'autorité n'est pas une preuve. Si une autorité dans un domaine quelconque à moins de chance de se tromper que le commun des mortels, ce n'est pas garanti. Compte tenu de la corruption massive actuelle des politiciens et des scientifiques, mieux vaut par prudence vérifier par soi-même. Fonder sa vie sur des mensonges est malsain.

2. L'appel à la majorité, les fameux 97 %. La majorité n'a pas toujours raison. Presque tout le monde pensait autrefois que la Terre était plate et que le Soleil tournait autour de la Terre, mais on sait aujourd'hui que c'est faux.

3. L'appel à l'émotion, au danger, n'est pas un argument objectif, mais une forme de manipulation.

Méfiez-vous surtout des attaques personnelles (*ad hominem*). Vous faire traiter de conspirationniste, de facho, de négationniste, d'antisémite ou de nazi, par exemple, n'est pas un argument, mais un sophisme dont le seul but est de vous discréditer et de tuer dans l'œuf toute critique. Avec l'autoritarisme, l'appel à la majorité et à l'émotion, l'attaque personnelle est à ranger dans les sophismes les plus fréquents. Si vos ennemis les ont placés sur votre chemin, soyez certains qu'ils n'ont pas d'arguments valables à vous opposer. La gauche est particulièrement habile dans ce genre d'argumentations fallacieuses.

La recherche de la contradiction

Après avoir identifié les sophismes, vous allez chercher la contradiction, comme nous avons fait nous-mêmes dans ce manuel. Vous voulez vous assurer qu'on ne vous raconte pas de bobards. Et où allez-vous chercher ?

Dans des sources crédibles en lesquelles vous pouvez *a priori* avoir confiance. Comment savoir qu'une source est crédible ? Demandez-vous quels sont les mobiles de ladite source ? À qui est-elle affiliée ? Qui la paie ? Quels sont ses antécédents ? D'où parle-t-elle ? S'exprime-t-elle à visage découvert malgré les risques encourus ? Examinez la qualité du propos, le vocabulaire, les fautes, la présentation, le style, le type d'arguments utilisés. Voyez ensuite ses références, sont-elles variées, crédibles ? Ces facteurs ne sont pas un gage de probité, mais sont néanmoins le signe que l'auteur est transparent, qu'il prend les choses au sérieux et qu'il veut que ses lecteurs comprennent et lui fassent confiance.

Si contrairement à la version officielle, plusieurs spécialistes du climat vous disent que le CO_2 n'est pas un gaz néfaste pour le climat, comment allez-vous savoir si c'est vrai ? Comparez les explications de ces spécialistes dissidents à la version officielle et demandez-vous quelle est l'explication la plus plausible tout en gardant à l'esprit les principaux faux arguments que vous pouvez consulter sur le poster à l'adresse suivante : yourlogicalfallacyis.com/fr.

Examinez surtout les faits, les preuves et les arguments. Inutile souvent de chercher midi à quatorze heures. Dépendamment des domaines, vous n'avez la plupart du temps pas besoin d'être spécialiste pour faire la part des choses. Bien souvent, en effet, la vérité s'impose d'elle-même tellement elle relève du gros bon sens. Si vous avez deux vraies pommes dans un vrai panier et que vous en rajoutez deux, vous avez maintenant quatre pommes dans le panier, et non cinq. Vous avez beau décider qu'il y en a cinq, c'est faux même si un expert patenté prétend le contraire.

Si par contre on ne vous laisse pas chercher la contradiction, si l'on vous intimide par des attaques personnelles et autres faux arguments ou si l'on vous interdit d'avoir une version différente de la version admise, sous peine de mort sociale et de prison ferme, vous pouvez être sûr que l'on vous cache quelque chose, la vérité ne craignant jamais la lumière.

Le fléau du relativisme

Ce sont les postmodernistes comme le philosophe juif Jacques Derrida et l'homosexuel violeur d'enfants [1] Michel Foucault qui ont inventé l'idée, vertement dénoncée comme une imposture intellectuelle par les physiciens Alain Sokal et Jean Bricmont [2], que la réalité n'existait pas. Leur philosophie est assez simple, il suffit de croire quelque chose pour que ce soit vrai. Tout est sujet à interprétation, tout est relatif [3]. Dans leur monde, vous pouvez être ce que vous voulez. Tout le monde jouit des mêmes aptitudes. L'égalité en tout est la règle. Ainsi, les femmes et les hommes sont interchangeables dans tous les secteurs, y compris la grossesse. Les races n'existent pas et toutes les cultures se valent. Pour ces philosophes de la déraison, les comportements et les aptitudes n'ont aucune base génétique. C'est ainsi tout simplement parce que vous décidez que c'est ainsi, inutile donc de prouver quoi que ce soit avec des arguments objectifs, l'objectivité n'existant de toute façon pas [4].

---

[1] Matthew CAMPBELL, "French Philosopher Michel Foucault 'Abused Boys in Tunisia'", *The Sunday Times*, 28 mars 2021.

[2] Alain D. SOKAL et Jean BRICMONT, *Impostures intellectuelles*, Odile Jacob, 1997.

[3] Stephen R. C. HICKS, *Explaining Postmodernism: Skepticism and Socialism From Rousseau to Foucault*, Ockam's Razor Publishing, 2018.

[4] Noretta KOERTGE, *A House Built on Sand: Exposing Postmodernist Myths About Science*, Oxford University Press, 1998.

Et si ça ne colle pas à la réalité, on s'arrange pour que ça concorde en baissant les critères de sélection, en favorisant par la discrimination positive les moins qualifiés au détriment des plus qualifiés. Dans ce monde de la tyrannie de « votre opinion vaut la mienne », des hommes devenus femmes par choix deviennent champions en boxant des femmes ou en les battant au tennis[5]. Il suffit de le vouloir et voilà, d'un coup de baguette magique vos désirs les plus fous deviennent une réalité que personne ne peut contester sous peine de représailles, ce genre de politiques ne pouvant en effet fonctionner qu'à la pointe du fusil. C'est le salut par la culture, le contraire du salut par la nature, notre véritable vocation[6].

En définitive, comme le dit Benoît XVI, « le relativisme apparaît comme l'unique attitude à la hauteur de l'époque actuelle, une dictature du relativisme qui ne reconnaît rien comme définitif et qui donne comme mesure ultime uniquement son propre ego et ses désirs[7] ».

La scotomisation

C'est une bonne idée, avant de poursuivre la lecture de ce manuel, de revoir succinctement le phénomène de la scotomisation, un obstacle majeur au changement. Selon le *Petit Robert*, la scotomisation est « l'exclusion inconsciente d'une réalité extérieure du champ de conscience ; un déni de la réalité, une forclusion, un mécanisme psychique par lequel des représentations insupportables sont rejetées avant même d'être intégrées à l'inconscient du sujet (à la différence du refoulement) ».

---

[5] David RUSE, *Fake Science: Exposing the Left's Skewed Statistics, Fuzzy Facts, and Doggy Data*, Regnery Publishing, 2017.
[6] Robert PLOMIN, John DEFRIES, Gerald MCCLEARN et Michael RUTTER, *Des gènes au comportement : Introduction à la génétique comportementale*, Université De Boeck, 1999.
[7] Greg KANDRA, « Benoît XVI : "Le relativisme est un poison" », *Aleteia*, 31 janvier 2017.

Il est difficile de faire comprendre quelque chose à un homme, explique Upton Sinclair, lorsque son salaire dépend précisément du fait qu'il ne la comprenne pas. Nous avons dans notre psychologie une immunité idéologique qui nous défend, inconsciemment, des idées qui peuvent menacer notre survie ou hypothéquer notre équilibre psychique. Alors que nos sens captent le monde tel qu'il est, notre cerveau, dans l'ombre, fait un travail d'édition afin d'ajuster la réalité à l'idée qu'il s'en fait. Ce que nous voyons, lisons ou entendons est remanié pour concorder avec les notions acquises pendant notre apprentissage[8]. Ainsi, lorsque j'étais vétérinaire, dans les périodiques médicaux que je lisais, notamment sur la vaccination et la zoothérapie, je soulignais au crayon gras uniquement les notions qui cadraient avec mes croyances du moment, occultant tout un pan de la réalité contraire à mes convictions et à mes intérêts. Plus tard, après avoir quitté la profession, cette dualité assez spectaculaire entre le bien (ce qui confortait mes certitudes) et le mal (ce qui menaçait mes certitudes) me sauta aux yeux quand je feuilletai ces mêmes périodiques, car je voyais désormais l'ensemble du texte.

Pour surmonter ce handicap, je propose au lecteur de lire deux fois les parties qui lui posent problème : une première fois pour se familiariser avec le contenu et une deuxième fois pour l'examiner en détail et voir s'il ne contient pas quelques vérités.

---

[8] Michael SHERMER, *Why People Believe Weird Things: Pseudoscience, Superstition, and Other Confusions of Our Time*, A.W.H. Freeman, 2002, p. 59-60.

MENSONGE 2

Le mondialisme est un projet laïque

Le meilleur menteur est celui qui fait servir le même mensonge le plus longtemps possible.

Samuel BUTLER

SELON un concept de la kabbale d'Isaac Louria appelé *tikkoun olam* ou la « réparation du monde » en hébreu, la création de l'Arbre de la vie, le symbole kabbalistique de l'univers, est un accident ayant produit un grand désordre que seul le peuple juif a le pouvoir de réparer en hâtant par des actions d'ordre social, politique et militaire la venue en Terre sainte de son Messie[1].

Le politicologue et historien des religions Youssef Hindi résume ces actions par le terme « messianisme actif » qui se distingue de « l'attente messianique », une forme de messianisme modéré consistant à favoriser la venue du Messie strictement par la prière et la bonne conduite[2].

Au 16ᵉ siècle, cette croyance religieuse originaire du 13ᵉ siècle s'est intégrée comme une vérité à la doxa juive. Ainsi,

---

[1] Tikkoun olam, *Wikipédia*.
[2] Youssef HINDI, *Occident et Islam. Tome I : Sources et genèse messianiques du sionisme de l'Europe médiévale au choc des civilisations*, Sigest, 2015.

depuis ce temps, une majorité d'élites juives travaille, inlassablement, du matin au soir, directement ou indirectement, par le biais de leurs alliés non juifs, à la réalisation de cette utopie messianique née dans l'imagination fertile d'une poignée d'illuminés comme Moïse Nahmanide, Abraham Aboulafia, Solomon Molcho, David Reuveni, Isaac Louria, Sabbataï Tsevi et Jacob Frank.

Selon le journaliste franco-israélien Charles Enderlin, de la chaîne de télévision France 2, en poste à Jérusalem depuis plus de trente ans :

> Le messianisme s'est infiltré à tous les niveaux de la société israélienne. Le discours de la droite au pouvoir est le discours des messianistes. Près de 40 % des officiers d'infanterie appartiennent au mouvement nationaliste religieux. Des officiers supérieurs habitent des colonies religieuses « sauvages » qui ne sont même pas autorisées par le gouvernement. Certaines unités de l'armée comprennent une telle proportion de religieux que l'état-major doit s'efforcer d'y attirer des laïques pour maintenir une composition équilibrée. [...] Le nouveau gouvernement que vient de constituer Netanyahou est de loin le plus messianique de l'histoire d'Israël. [...] Aujourd'hui plus de 50 % des Israéliens juifs croient à la venue du Messie. Autant dire que la paix n'est pas pour demain.[3]

Dans son livre *Occident et Islam*, Youssef Hindi décrit un échange très éloquent entre le Premier ministre d'Israël Benjamin Netanyahou et le grand rabbin Menachem Mendel Schneerson (1902-1994), l'un des maîtres spirituels du judaïsme à l'échelle mondiale. Or, ce qui frappe surtout dans cet échange, souligne Youssef Hindi, c'est la soumission et l'immense respect que Netanyahou témoigne à ce rabbin. On comprend sans équivoque que ce sont les idées des rabbins qui animent la communauté juive, Israël, Netanyahou, le Likoud, une bonne partie de l'armée du Tsahal, de même que les sayanim qui dirigent les

---

[3] Cité par Youssef HINDI à la page 226 de son livre *Occident et Islam*, à partir de : René BACKMANN, « Israël : le péril messianique », entretien avec Charles ENDERLIN, *Le Nouvel Observateur*, 16 mai 2013.

lobbys juifs, les médias, les banques et les gouvernements occidentaux.

En d'autres mots, ce ne sont pas les terroristes, la lutte des classes ou les ambitions pétrolifères des multinationales qui font l'histoire, mais les idées, les croyances et les préjugés, notamment des rabbins. « Comme l'a en effet fait remarqué le juriste, philosophe et intellectuel allemand Carl Schmitt, explique l'auteur Michel Geoffroy, les idées politiques ont la plupart du temps un fondement religieux, ou plus précisément s'enracinent souvent dans des hérésies religieuses.[4] »

Le messianisme actif au sens large, à ne pas confondre avec l'une de ses facettes, le sionisme, c'est-à-dire le retour des Juifs en Terre sainte, est donc à la base un projet mystico-politique à plusieurs facettes dont la finalité affichée est la rédemption de l'humanité.

Jacques Attali, l'éminence grise multicasquettes de plusieurs présidents français, condamné à répétition pour plagiat[5], dont le nom reviendra souvent dans ces pages, est un ardent adepte de la kabbale et du *tikkoun olam* :

> Pourquoi faudrait-il réparer le monde ? Dieu est là pour ça, s'il y a réparation du monde, c'est que Dieu a décidé de ne plus le faire, donc ça ouvre des perspectives vertigineuses et il faut avoir lu et compris quelque chose dans Louria au moins pour pouvoir réfléchir sur ce sujet, donc, ça renvoie à la responsabilité de la condition humaine, et en avant-garde de la responsabilité humaine, à la responsabilité juive. Nous sommes seuls, et Auschwitz nous l'a répété, pour tous ceux qui ne voulaient pas l'entendre, la réparation du monde c'est nous et personne d'autre. Je pense que cette mission renvoie fondamentalement à l'attente juive, c'est « nous sommes là pour réparer le monde ».[6]

---

[4] Michel GEOFFROY, *La Superclasse mondiale contre les peuples*, Via Romana, 2018, p. 154.
[5] « Les plus grands génies du plagiat », *GQ*, 11 juin 2013.
[6] Jacques ATTALI – économiste, Delphine HORVILLEUR – rabbin de la communauté MJLF, « Le judaïsme, une religion de la distinction :

Le milliardaire juif Bernard-Henri Lévy ne jure lui aussi que par le *tikkoun olam* :

> Non plus sauver le monde. Encore moins le recommencer. Mais juste le réparer, à la façon dont on répare les vases brisés. Il est très beau, ce mot de réparation. Il est modeste. Il est sage. Mais il est aussi vertigineux. C'était celui d'Isaac Louria, bien sûr.[7]

Les sabbato-frankistes

Mais si le *tikkoun olam* de J. Attali et de B.-H. Lévy semble plutôt positif et innocent *a priori*, puisqu'il s'agit simplement de recoller métaphoriquement les morceaux cassés du vase de l'univers, il cache un côté sombre que ces derniers se gardent bien de mentionner, celui des kabbalistes juifs Sabbataï Tsevi et Jacob Frank, les enfants terribles de la kabbale. Dans leur version des choses, au lieu de réparer les vases brisés en les recollant, il faut plutôt détruire les vases jugés défectueux, selon les critères des principaux intéressés[8].

C'est le principe de la rédemption par le péché, une doctrine prêchée par le chanteur juif canadien Leonard Cohen, par exemple dans son dernier album sorti en octobre 2016. Dans la chanson éponyme de ce disque, *You Want It Darker* (*Tu veux que ce soit plus sombre*), Cohen déclare sa foi en la doctrine de Sabbataï Tsevi (1626-1676), un maniaco-dépressif qui se prenait pour le Messie des Juifs. Lors d'une de ses phases maniaques, Tsevi proclama l'abolition des commandements de Dieu et sa foi en Satan, « celui qui permet ce qui est interdit ». Dans sa tête malade, le péché devient vertu et le normal devient anormal. Ce qui n'est au départ qu'une pathologie mentale gravissime se transforme en dogme central du messianisme actif : pour faire

---

peuple élu, peuple électeur », *Akadem, le campus numérique juif,* 2012 (vidéo).

[7] Tikkoun Olam, *Wikipédia*.

[8] Gershom Gerhard SCHOLEM, *Sabbatai Ṣevi: The Mystical Messiah, 1626-1676*, R. J. Zwi Werblowsky (traducteur), Princeton University Press, 1976.

le bien, pour se purifier de l'impur, il faut d'abord faire le mal[9]. L'antinomisme sabbataïste sera ensuite repris par son disciple Jacob Frank (1726-1791) qui déclara que la fin des temps et la destruction de toutes les lois ne seront complètes que lorsque la dépravation aura gagné l'ensemble de la société[10]. Youssef Hindi cite le passage suivant de la déclaration de Jacob Frank tirée du livre de Charles Novak, *Jacob Frank le faux messie* : « Je ne suis pas venu pour élever, je suis venu pour détruire et rabaisser toutes choses jusqu'à ce que tout soit englouti si profond, qu'il ne puisse descendre plus bas. [...] il n'y a pas d'ascension sans descente préalable.[11] » La conception des sabbato-frankistes a un aspect nihiliste familier que l'on ne peut manquer de reconnaître dans la société actuelle où dans un certain milieu la désacralisation blasphématoire à la Charlie, la zoophilie, la coprophagie, les relations sodomites et la pédophilie, par exemple, sont encouragées, voire exaltées. Dans cette politique de la table rase, toutes les valeurs et les religions traditionnelles sont anéanties, ouvrant ainsi la voie à l'athéisme et aux tendances laïques et anticléricales incarnées par la franc-maçonnerie, le libéralisme et le jacobinisme[12]. C'est ce que Cohen déclare métaphoriquement dans la phrase de sa chanson qu'il répète comme un mantra « *You want it darker, we kill the flame* » (*Tu veux que ce soit plus sombre, nous tuons la flamme*).

Selon le *Daily Mail*, le déshonoré Weinstein croit lui aussi pouvoir sauver l'humanité en se mettant à dos le fardeau des agressions sexuelles. D'après des sources proches du célèbre producteur déchu, celui-ci s'est en effet résigné à être puni en tant que martyr du changement social. « Weinstein pourrait être considéré comme un disciple de Sabbataï Tsevi qui déclara être le Messie en 1666, ironise le philosophe et musicien de jazz juif Gilad Atzmon ; le passage de pécheur intégral à nouvelle figure

---

[9] *Ibid.*

[10] Youssef HINDI, *ouvrage cité.*

[11] *Ibid.*

[12] *Ibid.*

messianique fut certainement rapide pour le prédateur sexuel en série Weinstein. Mais cela ne devrait pas nous surprendre. Le fait que Weinstein se voit comme un martyr pour le changement social est parfaitement en accord avec *tikkoun olam*, la croyance juive erronée selon laquelle il revient aux Juifs de réparer le monde.[13] »

Pour reconstruire en mieux sur les ruines de l'impur, il faut donc selon cette logique, détruire les *kellipot, ces écorces impures* de l'Arbre de la vie qui font obstacle à la rédemption de l'humanité : les frontières, la nation, la patrie, l'ordre, la loi, la famille, le patriarcat, le sexe biologique, la diversité ethnique et raciale que la nature a créée, les particularismes locaux, la moralité et la spiritualité, le droit à la propriété, le protectionnisme économique, social et culturel, tout, absolument tout.

Une stratégie de l'enfantement dans la douleur et le chaos qui se traduira essentiellement par la résurrection du monde hébreu non seulement sur les ruines de l'ordre établi sur les principes de la civilisation chrétienne, comme le prétendait avec raison Mgr Henri Delassus, à une époque où le christianisme dominait[14], mais sur les ruines de toutes les races, de toutes les religions et de toutes les civilisations non juives. En espérant qu'à la fin des temps, lorsque « l'impur » sera détruit, les hommes seront enfin heureux[15].

Le communisme et sa petite sœur le socialisme, le Nouvel ordre mondial, la gouvernance mondiale et la Grande remise à zéro (*Great Reset*) de l'économiste juif Klaus Schwab[16] de la

---

[13] Gilad ATZMON, *Harvey Weinstein, Sabbatai Zevi and Tikun Olam*, gilad.online, 1er novembre 2017.

[14] Mgr Henri DELASSUS, *La Conjuration anti-chrétienne : Le Temple maçonnique voulant s'élever sur les ruines de l'Église catholique*, Éditions Saint-Rémi, 2018, nouvelle édition.

[15] Hervé RYSSEN, *La Guerre eschatologique : La Fin des temps dans les grandes religions*, Éditions Baskerville, 2013.

[16] Brother NATHANAEL, *Great Reset In Jewish Time*, brothernathanael-channel.com. Pour une biographie exhaustive de Klaus Schwab, voir

famille Rothschild, le mentor d'Emmanuel Macron, s'inscrivent dans cette utopie messianique[17]. Ainsi, dans l'imaginaire des kabbalistes, la fausse crise climatique et la pandémie du COVID-19, dont la gravité a été massivement exagérée, servent surtout à détruire l'ancien monde afin de « reconstruire en mieux » ou en anglais *Build Back Better*, la version actualisée du *tikkoun olam* selon le politologue Pierre Hillard[18].

Cette stratégie sabbato-frankisque qui ne dit pas son nom, et que la journaliste juive Naomi Klein n'a pas identifiée dans son livre à succès *La Stratégie du choc*[19], s'inscrit dans la politique ultralibérale de l'économiste juif Milton Friedman de l'École de Chicago ; sa stratégie d'enfantement d'un nouveau monde grâce à un chaos naturel ou provoqué par l'homme est en effet directement inspirée de la kabbale sabatto-frankiste et de son principe fondateur, la rédemption par le mal.

Les oligarques

Mais si les Juifs sont actuellement la tête de l'hydre mondialiste, le projet de gouvernance mondiale sous sa forme actuelle est aussi, à l'origine, un projet anglo-américain promu d'un côté de l'Atlantique par Cecil John Rhodes et ses associés, dont Lord Milner, et de l'autre côté de l'Atlantique par les familles pionnières des très riches Américains protestants anglo-saxons blancs (*White Anglo-Saxon Protestants WASPs*) dirigées par le banquier J. P. Morgan[20].

Johnny VEDMORE, "Schwab Family Values", *Unlimited Hangout*, 20 février, 2021.

[17] Youssef HINDI, *ouvrage cité*.

[18] Pierre HILLARD, « Après le COVID, une cyberattaque mondiale ? », *Politique & Eco* n° 304, TVLibertés, 14 juin 2021.

[19] Naomi KLEIN, *La Stratégie du choc : La Montée d'un capitalisme du désastre*, essai traduit de l'anglais canadien par Lori Saint-Martin et Paul Gagné, Leméac, 2010.

[20] Carroll QUIGLEY, *Histoire secrète de l'oligarchie anglo-américaine*, Le Retour aux Sources, 2015, préface de Pierre HILLARD.

Selon le journaliste sud-africain Ian Benson, lorsque cette élite financière essentiellement non juive a perdu sa position au sommet du capitalisme financier international, elle n'a pas été anéantie, mais absorbée par une constellation de puissances financières juives qu'elle ne pouvait plus contrôler, mais avec qui elle avait de fortes affinités[21]. De même, ajoute Ian Benson, « dans la grande constellation de ce pouvoir du 20e siècle, se sont succédé des générations d'intellectuels qui ont trouvé dans cette idéologie de l'universalisme et de "l'ordre mondial" un moyen de combler le vide laissé par la perte de la foi religieuse tout en étant richement récompensées en termes mondains[22] ».

Les oligarques anglo-américains juifs et non juifs qui ne forment plus qu'un seul groupe par alliance jouent donc un rôle prépondérant dans cette kabbale[23].

Ce groupe comprend aussi les monarchies européennes et les nobles européens qui se sont mélangés avec des oligarques juifs appartenant notamment au mouvement sabbato-frankiste. Ces marranes chrétiens ont pénétré la noblesse européenne, et, par des mariages, ont intégré les familles royales d'Espagne, de Russie et d'Angleterre comme la famille Battenberg-Montbatten, dont l'ascendant est le frankiste Maurice Hauke. Les femmes des tsars Paul Ier, Alexandre II et Nicolas II appartenaient toutes à la famille frankiste de Karl de Hesse[24].

Bon nombre de présidents européens et américains ont fait partie de ce groupe, y compris Donald Trump, l'un des lauréats

---

[21] Ivor BENSON, *The Zionist Factor: A Study of the Jewish Presence in the 20th Century History*, Veritas Publishing Company, 1986, p. 208.

[22] *Ibid.*

[23] John Q. PUBLIUS, *Plastic Empire*, Ostara Publications, 2020.

[24] Youssef HINDI, *ouvrage cité*, p. 83 : Cette pénétration en profondeur des frankistes se traduira en fin de compte par la réforme quasi complète de l'Église. L'instigateur de cette église moderne, *libre*, *ouverte* et *tolérante*, le pape Jean-Paul II, né à Cracovie, haut lieu du frankisme, fut ordonné par un descendant de la famille frankiste Komorowski. Le conseiller et ami intime de Jean-Paul II, Jerzy Turowicz, était par ailleurs un descendant du frankiste Turoski.

du trophée de l'Arbre de la vie[25]. La famille de ce dernier[26], ainsi que celle de Joe Biden[27], est complètement judaïsée par alliance. L'un est nationaliste civique, l'autre, mondialiste, mais tous deux sont des sionistes fortement liés à l'élite juive et à Israël, le véritable maître des États-Unis et de l'Occident qui joue sur les deux tableaux à la fois[28].

Font partie du groupe de l'empire judéo-anglo-américain :

– Les financiers : la Cité de Londres (l'empire Rothschild en tête[29]), la Réserve fédérale des États-Unis (FED)[30], Wall Street, la Banque des règlements internationaux (BRI, la banque des banques), les Banques centrales, le Fonds monétaire international (FMI), l'Organisation mondiale du commerce (OMC), la Banque mondiale[31].

– Les grandes entreprises apatrides comme Monsanto, Big Pharma et les GAFAM (Google, Apple, Facebook, Amazon et Microsoft[32].

---

[25] Adam GREEN, "Trump's Kabbalah 'Tree of Life' Award", *Know More News*, YouTube, 2019.

[26] Armin ROSEN, "Trump's Jews: The Republican Presidential Candidate Has Jewish Family Members and Friends. Here's Who They Are", *Tablet Magazine*, 15 juillet 2016.

[27] Karen DAVID, "Joe Biden's Very Jewish Family", *The JC News*, 9 novembre 2020.

[28] John MEARSHEIMER et Stephen WALT (trad. de l'anglais par N. Guilhot, L. Manceau, N. Marzouki, M. Saint-Upéry), *Le Lobby pro-israélien et la politique étrangère américaine*, La Découverte, coll. « Poche », 2009 (1re éd. 2007).

[29] Michael Collins PIPER, *The New Babylon: Those Who Reign Supreme*, American Free Press, 2009.

[30] Eustace MULLINS, *The Secrets of the Federal Reserve*, Bridger House Publishers, 2009. La version originelle fut publiée en 1952 par Kasper & Horton.

[31] M. S. KING, *Bancarotta!: An Allegory About Central Banking or What Ron Paul Didn't Say in "End the Fed"*, 2015.

[32] John Q. PUBLIUS, *ouvrage cité*.

Sans oublier leurs émanations :

– Les sociétés « secrètes » comme la Pilgrim Society, le Queen's Privy Council[33], la Société fabienne[34], Skull & Bones, Illuminati, etc.

– Les ONG et les fondations humanitaires ou philanthropiques comme l'Open Society de George Soros, les fondations Bill et Melinda Gates, Tide, Ford, Rockefeller, Clinton, Obama et Suzuki[35].

– Les groupes de réflexion comme le Groupe Bilderberg, la Commission Trilatérale et le Council on Foreign Relations, une succursale du Royal Institute of International Affairs située à la Cité de Londres (Chatham House)[36].

– Les services secrets : CIA, FBI, NSA, M16, etc.[37].

– L'ONU et ses nombreuses émanations comme l'OMS, l'UNESCO, et le GIEC[38].

– Les politiciens de la galaxie des démocraties néolibérales : Israël en tête, suivi des États-Unis, du Royaume-Uni, du Canada, de l'Australie, de la Nouvelle-Zélande, de l'Afrique du Sud et de l'Union européenne, tous unis vers un seul but : la gouvernance mondiale ; plusieurs pays arabes comme la Turquie, l'Arabie saoudite, le Qatar et les Émirats arabes unis font pour l'instant aussi partie de ce projet[39].

---

[33] Joël VAN DER REIJDEN, "The Pilgrims Society: A Study of the Anglo-American Establishment; Rockefeller, Mellon, Luce, Rothschild, Cecil, Windsor, the Federal Reserve, WW2, the CIA, and so Much More", *NGP Study Center*, 20 avril 2019.

[34] Guy BOULIANNE, *La Société fabienne : Les Maîtres de la subversion démasqués*, Éditions Dédicaces, 2019.

[35] John Q. PUBLIUS, *ouvrage cité*.

[36] Joël VAN DER REIJDEN, *ouvrage cité*.

[37] *Ibid.*

[38] Michel SCHOOYANS, *La Face cachée de L'ONU*, Le Sarment, 2000.

[39] Youssef HINDI, *L'Islam politique : Saoudo-wahhabisme, Frères musulmans, réformisme et services secrets anglo-américains*, préface de Hichem KACEM, Strategika et KA'Éditions, 2021.

– L'armée et le complexe militaro-industriel des pays occidentaux, notamment américains qui sont le bras armé des mondialistes[40]. Sans oublier les « jihadistes » qu'Israël et ses vassaux anglo-américains, européens et arabes instrumentalisent afin de provoquer et d'étendre le chaos non seulement dans le monde musulman, mais en Occident, voire à l'Est, notamment dans le Caucase et en Russie, ces régions étant devenu la principale cible des mondialistes depuis que Poutine et le courageux Assad ont exterminé les terroristes takfiristes de l'État islamique (Daesh). Dans son livre *L'Islam politique*, Youssef Hindi dénonce cette « sédition israélite dans son approche si ce n'est dans son fond (origine)[41] », les Frères musulmans et le Saoudo-wahhabisme (Daesh) étant en d'autres mots des supplétifs de création juive servant à détruire l'Islam de l'intérieur et à déstabiliser les pays que les mondialistes veulent « démocratiser »[42].

– Le système judiciaire et la police, des idéologues et des mercenaires qui ne sont pas au service des peuples, mais de leurs idéologies et de ceux qui les font manger[43].

– Et enfin, la mafia : plusieurs journalistes, dont le Français Hervé Ryssen[44], ont montré que la mafia était surtout juive autant en Europe, en Russie qu'en Amérique et ailleurs. Aux États-Unis, par exemple, ces journalistes ont étayé des liens certains entre la mafia juive dirigée par le juif Meyer Lansky et les Bronfman du Canada, l'Anti-Defamation League (ADL, l'équivalent américain de la LICRA en France), le Mossad, les sionistes et Israël :

---

[40] Jonathan TURLEY, "Big Money Behind War: The Military-Industrial Complex. More Than 50 Years After President Eisenhower's Warning, Americans Find Themselves in Perpetual War", *Aljazeera*, 11 janvier 2014.

[41] Abbas Mahmoud AL-AKKAD, *Al-Asas*, le 2 février 1949. Cité par Youssef HINDI, *ouvrage cité*, p. 105.

[42] Youssef HINDI, *ouvrage cité*.

[43] Michel GEOFFROY, *ouvrage cité*.

[44] Hervé RYSSEN, *La Mafia juive : Les Grands Prédateurs internationaux*, Baskerville, 2008.

Deux livres sur l'histoire de Las Vegas [*par exemple*] nous parlent non seulement du crime organisé et de son influence en Amérique, mais dans le monde entier — et en particulier de ses liens avec Israël. [...] Israël et les entités qui lui sont liées, ainsi que la CIA, ont toujours joué un rôle très important dans les casinos de Las Vegas opérés par Meyer Lansky et ses associés. En d'autres mots, c'est bien la « mafia » qui contrôle Las Vegas, mais pas celle que l'on imagine. [...] c'était Lansky et ses entreprises qui dirigeaient, agissant souvent en tandem avec des éléments faisant avancer la cause de l'État sioniste.[45]

Avec cette arme de destruction massive qu'est l'argent, les ultras riches peuvent acheter n'importe qui et n'importe quoi ; appauvrir par l'usure et l'endettement n'importe quel pays ; soudoyer, ruiner, censurer, persécuter, voire assassiner ou « droner » les empêcheurs de tourner en rond. Dans le monde de la kabbale, les guerriers du Nouvel ordre mondial ne reculent en effet devant rien pour réaliser leurs projets en détruisant tout ce qui fait obstacle à leurs ambitions hégémoniques.

Afin de réaliser leurs objectifs, ces forces du mal, s'inspirant du propagandiste par excellence Edward Bernays[46], ont également construit une formidable machine de lavage de cerveau qui diffuse à toute heure du jour et de la nuit, à travers le monde entier, dans toutes les couches sociales, toutes sortes de doubles discours, de fausses accusations et de fausses informations sur de faux événements historiques, de faux attentats, de fausses guerres, de fausses crises démographiques, de fausses crises climatiques, de fausses pandémies, de fausses sciences et de fausses études. Tout est faux et mensonger dans le monde de la

---

[45] Le journaliste Michael Collins PIPER recense plusieurs de ces livres dans le 5e chapitre de son ouvrage *Ye Shall Know the Truth: 101 Books American Nationalists Need to Read and Understand Before 'They' Burn Them*, American Free Press, 2013, p. 94 à 112.

[46] Edward BERNAYS, *Propaganda : Comment manipuler l'opinion en démocratie*, H. Liveright, 1928, republié chez Ig publishing en 2008.

kabbale[47]. Ces manigances ont comme seule fonction d'abrutir le troupeau et de le forcer à marcher droit, selon une méthode clairement décrite par Noam Chomsky dans son livre *La Fabrication du consentement*[48].

La plupart des grands médias étant dans leur poche, il est facile pour eux d'occulter tout ce qui nuit à leurs intérêts[49]. Un exemple parmi cent : on a vu récemment comment ils ont caché à la population américaine la fraude électorale massive perpétrée contre Trump lors de l'élection du 3 novembre 2020[50]. De l'aveu de Joe Biden lui-même, la fraude est pourtant indéniable : « Nous avons mis en place, je pense, l'organisation de fraude électorale la plus étendue et la plus inclusive de l'histoire de la politique américaine.[51] »

Or, coupé des réalités, le public n'est plus en mesure de poser un jugement éclairé faisant la part des choses. On ne veut pas qu'il pense par lui-même. C'est encore, en d'autres mots, la tyrannie stalinienne, mais en plus sophistiquée grâce surtout à la technologie. Aujourd'hui, on ne vous enferme plus dans un goulag pour vous mettre hors d'état de nuire, on vous ignore tout simplement par le silence dynamique et la censure totale.

La Compagnie de Jésus

On se rappellera que la Compagnie de Jésus a été fondée en 1540 par une majorité de convertis juifs. Elle est le fruit d'une union entre catholicisme et judaïsme. Cet ordre est l'un des

---

[47] John Q. PUBLIUS, "Ways of Seeing: Who Determines Your Reality?", *The Occidental Observer*, 24 janvier 2020.

[48] Noam CHOMSKY et Edward HERMAN, *La Fabrication du consentement : De la propagande médiatique en démocratie*, Éditions Agone, 2008.

[49] *Ibid.*

[50] Élisabeth DANCET, « Élections US : dernière ligne droite ? » *France-Soir*, 5 janvier 2021.

[51] Jean-Patrick GRUMBERG, « Joe Biden laisse échapper : "Nous avons mis sur pied la plus vaste organisation de fraude électorale" », *Dreuz-info*, 25 octobre 2020.

promoteurs les plus acharnés de l'œcuménisme, de l'internationalisme et de la destruction des nations. Annonçant la globalisation et un monde unipolaire, le jésuite Pierre Teilhard de Chardin pose que l'homme doit rejoindre Dieu en une sorte de paradis sur Terre, un « point Oméga » de parfaite spiritualité où l'homme sera enfin uni en une seule entité[52]. Le véritable idéal des jésuites est fondamentalement matérialiste et donc antichrétien et antireligieux[53]. Dans les citations suivantes tirées d'une procédure nationale canadienne contre l'Organisation mondiale de la santé (OMS) et ses alliés, les véritables motivations des jésuites et de leur chef, le pape François, sont clairement stipulées :

> Le 3 octobre 2020, le Pape a publié l'Encyclique *Fratelli Tutti* dans laquelle il recommande à toutes les nations de donner leur souveraineté à un gouvernement mondial et un Nouvel ordre mondial[54]. […] Le Vatican appartient à la famille Rothschild. En 1880, les Rothschild ont fait un important prêt au Pape, se mettant ensuite en mesure de reprendre la Banque du Vatican. Ensemble, les Rothschild et le Vatican possèdent la Bank of America et Merrill Lynch, parmi de nombreuses autres propriétés partagées avec des familles d'oligarques, telles que les Rothschild et les Rockefeller. La Compagnie de Jésus constituée par Ignace de Loyola en 1534 à Paris est restée secrète jusqu'en 1770. L'expression « la fin justifie les moyens » permet à ses membres de mentir, tricher, adultérer, assassiner afin de réaliser leurs fins, aussi longtemps que c'est au nom de Jésus. Le livre *L'Histoire secrète des jésuites* d'Edmond Paris raconte leurs méfaits en fomentant la Première Guerre mondiale, la Grippe espagnole, la Seconde Guerre mondiale et maintenant une « pandémie ».[55]

---

[52] Pierre Teilhard de Chardin, *Wikipédia*.

[53] Robert Aleksander MARYKS, *The Jesuit Order as a Synagogue of Jews*, Brill, 2009.

[54] *Lettre encyclique Fratelli Tutti du Saint-Père François sur la fraternité et l'amitié sociale*, site du Vatican.

[55] Dr Gérard DELPHINE, « Procédure nationale canadienne contre l'OMS et ses alliés », *FranceSoir*, 2 janvier 2021.

Les jésuites sont donc placés en première position avec les messianistes et les oligarques dans la gestion des affaires du monde, les trois ayant collaboré à plusieurs reprises. L'Église actuelle n'est donc pas l'alliée des patriotes et des défenseurs de la foi et de l'identité nationale et ethnique, mais un cheval de Troie dont le seul but est de détruire de l'intérieur non seulement la religion chrétienne, mais toutes les religions[56].

> La nature ayant horreur du vide, le christianisme, explique le politologue Pierre Hillard, doit être remplacé par une autre forme de spiritualité appelée le noachisme ou religion universelle (loi de Noé) allant de pair avec une politique universelle. Issu directement du judaïsme talmudique, le noachisme s'applique uniquement aux gentils (les non-juifs). [...] Tandis que les gentils sont encadrés par cette religion, le peuple juif régi par le mosaïsme (la loi de Moïse) est considéré comme le peuple prêtre. [...] La religion catholique doit procéder à une refonte complète rejetant la Sainte Trinité et la divinité du Christ. Cette mutation doit aboutir au *catholicisme d'Israël*. Dans le prolongement de cet idéal, le judaïsme talmudique reconstruit l'unité de la famille humaine afin de la mener vers un nouveau jardin d'Eden — la perfection étant à la fin — dans l'attente de l'arrivée du Messie.[57]

La franc-maçonnerie

Cette société secrète fondée en partie sur les principes ésotériques du judaïsme kabbalistique tiré entre autres du Zohar est aussi fortement impliquée dans ce projet messianique. Cette guilde plus ou moins secrète est une émanation du système des corporations qui existait en Europe depuis des siècles. Bien qu'il y ait eu de véritables guildes pour de vrais tailleurs de pierre et de vrais maçons, la franc-maçonnerie spéculative dont il est

---

[56] « La Compagnie de Jésus : Pour la plus grande gloire de qui ? », Dossier du comité de salut public du Clan des Brigandes, *Communauté de la Rose et de l'Épée*.

[57] Pierre HILLARD, « Connaissez-vous le noachisme ? », *Boulevard Voltaire*, 10 mars 2013.

question n'a pas grand-chose à voir avec la taille de la pierre ou le travail de maçon.

Elle a adopté le symbolisme des tailleurs de pierre, entre autres le plomb, le tablier, l'équerre et le compas, comme un indice subtil de son véritable objectif, la reconstruction du Troisième Temple de Salomon à Jérusalem, un événement majeur qui viendrait couronner la domination hégémonique des Juifs et la réalisation des prophéties bibliques. Un couronnement impliquant au préalable plusieurs conditions qui se sont déjà réalisées ou sont en voie de l'être :

– le retour en Terre sainte du peuple choisi par Dieu pour dominer le monde (c'est déjà accompli avec la création d'Israël en 1948) ;

– l'organisation du chaos « constructif » par la destruction de tout ce qui donne de la valeur à la vie ; en langage messianique : pour faire le bien, pour se purifier de l'impur, il faut d'abord faire le mal ! (c'est presque terminé du moins en Occident) ;

– la destruction des religions monothéistes autres que le judaïsme et leur remplacement par le noachisme, la religion que les Juifs ont inventée pour subjuguer moralement les non-Juifs (c'est presque fait grâce surtout au pape François qui est en train de finaliser un processus amorcé depuis longtemps, et pas seulement par les jésuites[58]) ;

– la réalisation du Grand Israël dans ses frontières bibliques s'étendant de l'Euphrate au Nil (en cours) ;

– l'Armageddon ou la Troisième Guerre mondiale (à venir)[59].

Krishnamurti

Krishnamurti, le faux prophète indien qui voulait « libérer l'homme de toutes les cages qui séparent l'homme de l'homme,

---

[58] Vincent REYNOUARD, *Ne pas se tromper d'ennemi*, Blogue Sans Concession, 27 avril 2021 (vidéo).

[59] Youssef HINDI, *ouvrage cité.*

telles que la race, la nationalité, la religion, la classe et la tradition, et ainsi provoquer une transformation de la psyché
humaine », compte aussi parmi les mondialistes bien que son
impact actuel soit moins important qu'au cours du 20e siècle.

À l'instar des messianistes sabbato-frankistes, il prêchait
aussi la rédemption par le péché. Ainsi, pour vous purifier du
mal, soyez pleinement méchant au lieu de fuir dans une bonté
factice, et vous serez libéré comme par enchantement. Son mentor et tuteur privé, le malfaisant pédophile Charles Webster
Leadbeater (1854-1934), lui avait enseigné la philosophie de
Jean-Jacques Rousseau. Mais manque de chance, le thème du
bon sauvage faussement attribué à Rousseau, « l'homme naît
bon, c'est la société qui le déprave » est un mythe[60]. L'homme
ne naît pas bon, il faut le rendre bon, autant que faire se peut, à
l'aide de plusieurs méthodes plus ou moins éprouvées depuis la
nuit des temps.

Nos pulsions étant inscrites pour l'éternité dans notre cerveau reptilien, impossible, en effet, de les « laver à la brosse »
comme le prétendait Krishnamurti ; faisant partie de notre
disque dur, c'est-à-dire nos gènes, même avec un « détachant »,
elles restent incrustées dans notre ADN. On peut tout au plus,
avec l'aide de la raison (*logos*), symbolisée par le cavalier saint
Georges, terrasser momentanément le dragon, la figure allégo-
rique des pulsions maléfiques (*thanatos*), avec l'aide de la
volonté (*ethos*), symbolisée par le cheval et la lance, mais c'est
toujours à recommencer. Il faut être vigilant, ainsi va la vie,
nous sommes nés ainsi, nul n'y échappe, c'est notre croix. Le
progrès psychologique n'existe pas. Comme le dit en effet Jean
Haupt :

> S'il est vrai que l'humanité progresse matériellement, on ne
> constate pas, au contraire, au long des millénaires de son existence,
> le moindre progrès moral. [...] sur le plan moral, sur le plan de la

---

[60] Richard WRANGHAM, *The Goodness Paradox: The Strange Relationship Between Virtue and Violence in Human Evolution*, Pantheon, 2019.

vie quotidienne et des relations humaines, deux mille ans de christianisme n'ont pas amélioré l'humanité d'un iota. Ce ne serait pas difficile à un historien de prouver que les deux mille ans qui ont suivi l'avènement du Christ ont été, au moins, aussi remplis de crimes, de vices, de guerres, d'atrocités, de bassesses, que les deux mille ans qui l'ont précédé !"[61]

« Faire le mal pour se purifier de l'impur » est dès lors une totale absurdité. Parlez-en aux criminels multirécidivistes qui collectionnent les condamnations. De toute évidence, le remède est inefficace, voire contreproductif. Personne au grand regret de Krishnamurti lui-même n'a jamais atteint les « eaux profondes » grâce à son enseignement.

D'ailleurs, le cordonnier étant souvent le plus mal chaussé, Krishnamurti, qui prétendait être l'incarnation de Jésus (alias Maitreya)[62], avait lui-même beaucoup de mal avec ses pulsions, notamment sexuelles. Comme le raconte Radha Sloss Rajagopal dans son livre *Vies dans l'ombre avec J. Krishnamurti*, il a été durant 25 années l'amant de sa mère, Rosalind Rajagopal, la femme de son homme de confiance, Raja Rajagopal. Après trois ou quatre avortements et fausses couches, Rosalind, ne pouvant plus tolérer les manipulations et les mensonges répétés de Krishnamurti, l'idole de millions de gens à travers le monde, est sortie dévastée de cette relation.

Selon Radha Sloss, à la base de toutes les actions juridiques de Krishnamurti contre Raja Rajagopal, le mari de sa maîtresse, était sa peur de ce qui arriverait à son image publique si jamais sa relation avec Rosalind venait à être connue[63]. « Être un coucou dans le nid d'un autre », selon le mot de Radha Sloss, n'était pas excusable dans le contexte de l'image de chasteté qu'il continuait à projeter et prenait soin de ne pas ternir. « Que cet être

---

[61] Jean HAUPT, *Le Procès de la démocratie*, Éditions Baglis, 2019, p. 14 et 15.

[62] Radha RAJAGOPAL SLOSS, *Vies dans l'ombre avec J. Krishnamurti*, iUniverse, 2012, p. 159.

[63] *Ibid.*, p. 152, 287 et 396.

"parfait" puisse avoir une telle relation, souligne Radha Sloss, aurait paru tout simplement absurde — une *reductio ad absurdum* — aux yeux des théosophes, qui auraient déjà été assez choqués si Krishna avait contracté un mariage légitime[64] » puisqu'il prônait publiquement le célibat.

Mais si vous êtes de gauche et adhérez pleinement à la rhétorique de la société fluide de George Soros ; si vous aimez la politique migratoire de Justin Trudeau et son culte du métissage et de la déviance sexuelle ; si vous pensez par ailleurs que Barack Obama était un grand président, vous serez totalement emballé par la rhétorique du pseudo sage indien Krishnamurti, un loup furtif du mondialisme qui se déguisait en brebis pour dévorer toutes crues ses victimes.

Si vous êtes par ailleurs ignorants des différents courants de pensée qui traversent l'histoire de la philosophie, vous serez incapable de voir que Krishnamurti n'est pas « un penseur de grande envergure, intransigeant et inclassable, dont les causeries et les écrits ne relevaient d'aucune religion spécifique[65] ». Si c'était un pourfendeur du nominalisme, ce poison précurseur du relativisme, il n'a rien inventé, sa fameuse petite phrase « le mot n'est pas la chose » nous vient de Spinoza. Sa pensée est un copier-coller des enseignements de Jean-Jacques Rousseau, du sabbato-frankisme et des traditions hindoues et bouddhistes ; tout cela doublé d'un ramassis de charabia transcendantal. Les gurus qui sont forts dans ce genre d'exercice s'expriment avec des phrases ambiguës et lourdes de quiproquos que l'adepte naïf a tendance à avaler tout rond en pensant, comme le dit Adolf Hitler, que « tout ce qui est incompréhensible doit obligatoirement être profondément sage[66] ».

---

[64] *Ibid.*, p. 161.
[65] *Qui est Krishnamurti ?*, Association Culturelle Krishnamurti.
[66] Adolf HITLER, *Mein Kampf*, Hurst and Blackett Publishers, 1939, p. 51 (version intégrale non censurée ou trafiquée).

Les golems

À cette liste, on peut rajouter une foule de golems que les kabbalistes instrumentalisent à leur fin. On se rappellera selon *Wikipédia* qu'un « golem (hébreu : גולם, "embryon", "informe" ou "inachevé") est, dans la mystique puis la mythologie juive, un être artificiel, généralement humanoïde, fait d'argile, incapable de paroles et dépourvu de libre arbitre, façonné afin d'assister ou défendre son créateur ».

Parmi ces golems on trouve des groupuscules marxistes ou anarchistes comme les Antifas, les Black Blocs, Black Lives Matter ; les véganes, le Front de libération animale, les militants écologiques et du climat ; les militants LGBTQ+, les féministes, les artistes, les intellectuels de gauche, les universitaires, les journalistes, les chrétiens sionistes (évangélistes) sans oublier les migrants qui sont des envahisseurs forts complaisants de même qu'une partie des peuples envahis qui sans un berger en bonne et due forme pour le guider vers le salut a tendance à suivre et à servir n'importe quel loup déguisé en brebis[67].

Selon entre autres les auteurs juifs S. Robert Lichter et Stanley Rothman[68], l'intellectuel catholique E. Michael Jones[69] de même qu'Hervé Ryssen[70], ces mouvements de gauche majoritairement créés, dirigés, promus et financés par des Juifs[71] ou des individus gagnés à leur cause, regardent plus ou moins tous dans la même direction que les kabbalistes : un jardin d'Éden où en théorie l'amour sera roi comme dans la chanson *Imagine* de John Lennon ou celle de Raymond Lévesque *Quand les hommes vivront d'amour*.

---

[67] Vincent REYNOUARD, *vidéo citée*.

[68] S. Robert LICHTER et Stanley ROTHMAN, *Roots of Radicalism: Jews, Christians, and the New Left*, Oxford University Press, 1982.

[69] E. Michael JONES, *L'Esprit révolutionnaire juif et son impact sur l'histoire du monde*, Éditions Saint-Rémi, 2019.

[70] Hervé RYSSEN, *Les Espérances planétariennes*, Baskerville, 2005.

[71] John Q. PUBLIUS, *Plastic Empire*, Ostara Publications, 2020.

Les plus extrémistes, comme les Antifas, Black Lives Matter, le Nouveau parti anticapitaliste (NPA) et le Black Bloc qui sont principalement des trotskistes et des anarchistes, sont prêts à tout pour réaliser leur rêve, du moins derrière le masque et l'uniforme noirs qui les distinguent. Mais démasquez-les, et c'est une autre affaire ! La plupart sont des casseurs d'origine extra-européenne, des bobos mal léchés, des bisounours, des déviants sexuels, des cas psychiatriques, de jeunes collégiens facilement influençables et des profs de philo infantilisés et éternellement emprisonnés dans leurs rêves d'adolescence[72].

Les moins extrémistes se contenteraient d'un monde aux frontières faibles (ou aux frontières symboliques comme dans l'Union européenne) dirigé par un gouvernement mondial organisé sur le modèle de l'Organisation des Nations unies (ONU), voire dirigé par l'ONU elle-même, une organisation fondée en 1945 par les Juifs communistes Leo Pasvolsky, Harry Dexter White, Harold Glasser, Irving Kaplan, Nathan Gregory Silvermaster, Victor Perlo, Solomon Adler, David Weintraub et Abraham G. Silverman[73].

Plusieurs des groupes gauchistes les mieux organisés sont financés par des ONG qui, selon le mot du kabbaliste Jacques Attali, « se sont autoproclamées en charge de l'évolution de la planète et des besoins de l'espèce humaine[74] ». C'est le cas notamment de Black Lives Matter, une organisation communiste financée entre autres par l'Open Society du spéculateur juif George Soros[75].

---

[72] Andrew JOYCE, Ph.D., "Portland Memories", *The Occidental Observer*, 1ᵉʳ décembre 2020.

[73] Gary ALLEN, "Get Us Out of the UN" (audio et transcription), *The John Birch Society*, 8 juillet 2017.

[74] Discours de Jacques ATTALI au sommet mondial des ONG à l'assemblée générale des Nations unies, 10 septembre 2004. Citation tirée du livre de Julien TEIL, *Le Livre noir des ONG*, Kontre Kulture, 2015.

[75] Pierre-Antoine PLAQUEVENT, Dossier Black Lives Matter, *Strategika*.

L'objectif de tous ces groupes, les dominants comme les dominés, est de mettre en place le socialisme planétaire et la gouvernance mondiale par le biais de l'ONU et de ses Agendas 21 et 2030, mieux connus sous la dénomination de « développement durable » [76].

Remarque : Parmi les personnes énumérées ci-dessus, plusieurs sont pleinement conscientes du projet mondialiste dans lequel elles sont impliquées. D'autres, cependant, sont de simples « idiots utiles », des « pions », des « outils » ou de simples « rouages » du projet mondialiste qu'ils font avancer inconsciemment par leurs actions sur le terrain. Certains sont conscients des objectifs, mais ne s'en soucient guère étant donné que leur participation s'inscrit dans leur propre quête de richesse et de pouvoir.

Le complotisme

Les mondialistes ont la fâcheuse habitude de salir leurs opposants en les accusant de « complotisme », sous-entendant par cette accusation que les complots n'existent que dans l'imagination fertile de leurs critiques. Or, selon le professeur d'anthropologie biologique de l'Université Harvard Richard Wrangham :

L'innovation vitale ayant donné naissance à un nouveau type de système politique est le complot. La capacité à comploter plutôt que la capacité à fabriquer des armes est ce qui a permis d'équilibrer les forces entre les mâles alpha classiques et la coalition des plus faibles. La capacité à comploter est un exemple de ce que le psychologue Michael Tomasello a nommé « l'intentionnalité partagée », un type de collaboration au cours de laquelle les participants ont des états psychologiques en commun. Cette capacité a été récemment réputée par le psychologue Michael Tomasello propre

---

[76] *Objectifs du développement durable*, un.org.

à l'espèce humaine. Les êtres humains excellent en effet dans l'intentionnalité partagée déjà présente chez les enfants dès l'âge d'un an, alors que les chimpanzés n'en montrent pratiquement aucun signe. D'après Tomasello, le développement typiquement humain de l'intentionnalité partagée explique pourquoi les humains peuvent faire beaucoup de choses spéciales allant de l'utilisation des mathématiques à la construction de gratte-ciel et de l'interprétation d'une symphonie à la formation de gouvernements.[77]

Si comme le pense Richard Wrangham, la sélection contre l'agressivité réactive chez les personnes impulsives qui supportent difficilement la frustration a bel et bien conduit à l'autodomestication des humains, le mondialisme serait dans ce sens une tentative de domestiquer davantage la plèbe. Cette tentative est par ailleurs rendue possible uniquement grâce à l'intentionnalité partagée des principaux belligérants. Il s'agit donc d'un complot dans sa plus pure expression[78]. L'un des complotistes les plus en vue du mondialisme, David Rockefeller, ne s'en cache d'ailleurs pas :

> Certains pensent même que nous [*la famille Rockefeller*] faisons partie d'une kabbale secrète qui travaille contre les intérêts supérieurs des États-Unis, que nous serions des internationalistes conspirant avec d'autres autour de la planète afin de construire une structure politique et économique globale plus intégrée — un seul monde, si vous voulez. Si c'est cela l'accusation, je suis coupable, et j'en suis fier.[79]

---

[77] Richard WRANGHAM, *ouvrage cité*, p. 166-167.

[78] Pour une compilation de citations de gens célèbres qui confirment la conspiration de la gouvernance mondiale, voir le livre du journaliste américain M. S. KING : *Proofs of the New World Order: Quotes From Famous People Confirming the One-World Government Conspiracy*, 2018. L'auteur cite aussi des personnes célèbres qui sont contre la gouvernance mondiale.

[79] David ROCKEFELLER, *Memoirs*, Random House, 2002, p. 405.

La « plandémie » des Sages de Sion

Les humains sont ainsi faits : pour mener à bien un projet, ils ont besoin d'un plan directeur, d'une stratégie, d'une méthode, et pour ne pas alerter leurs adversaires, ils doivent obligatoirement planifier en secret, c'est-à-dire comploter. L'intentionnalité partagée est en effet l'un de nos instincts. Que ce soit une équipe sportive, un parti politique ou l'hydre mondialiste, sans plan de match, vous échouerez. Si vous voulez, autrement dit, exterminer 6 millions de juifs dans des chambres à gaz, ça ne se fera pas par télépathie.

Quel est donc dès lors le plan directeur utilisé par les mondialistes afin de réaliser leur projet de domination hégémonique ? Eh bien, il est connu depuis au moins 1901, la date où il a été rendu public pour la première fois par le professeur russe Sergueï A. Nilus. Il s'agit des *Protocoles des Sages de Sion*. Ce n'est pas un faux, son auteur est le sioniste Asher Ginzberg (1856-1927). « Son but, écrit Leslie Fry, l'auteur du livre *Waters Flowing Eastward* (*Les Eaux coulant vers l'Est*), était d'établir en Palestine un centre juif qui dirigerait les affaires politiques, économiques et religieuses du monde par l'entremise des Juifs aux commandes des affaires dans chaque nation. [...] Ce plan est clairement stipulé dans les 24 protocoles de Ginzberg qui sont la quintessence de la pensée juive allant de Rabbi Akiba et Maimonides jusqu'à Marx et Engels.[80] »

Selon L. Fry, depuis la dispersion du peuple juif, il y a eu de nombreux protocoles de ce type à différentes périodes de l'histoire juive, mais peu d'entre eux sont connus. Les principes et la morale de ce genre de document sont en d'autres mots aussi vieux que la tribu. Voici un exemple datant du quinzième siècle :

En 1492, Chemor, Grand Rabbin d'Espagne, écrivit au Grand Sanhédrin, qui avait son siège à Constantinople, pour

---

[80] Leslie FRY, *Waters Flowing Eastward: The War Against the Kingship Christ*, Flanders Hall, 6ᵉ édition, 1988.

obtenir des conseils lorsqu'une loi espagnole menaça les Juifs d'expulsion. Voici la réponse du rabbin :

> Bien-aimés frères en Moïse, nous avons reçu votre lettre dans laquelle vous nous faites part des angoisses et des malheurs que vous endurez. Nous sommes aussi affectés que vous par la grande douleur qui vous afflige.
>
> Les conseils des Grands Satrapes et Rabbins sont les suivants :
>
> 1. Si le roi d'Espagne vous oblige à devenir chrétiens : faites-le puisque vous ne pouvez pas faire autrement.
>
> 2. Quant à l'ordre de vous dépouiller de vos biens : faites de vos fils des marchands afin qu'ils dépouillent peu à peu leurs clients chrétiens.
>
> 3. Quant aux atteintes à votre vie : faites de vos fils des médecins et des apothicaires, afin qu'ils puissent emporter des vies chrétiennes.
>
> 4. Quant à la destruction de vos synagogues : faites de vos fils des chanoines et des clercs afin qu'ils détruisent leurs églises.
>
> 5. Quant aux autres vexations dont vous vous plaignez : faites que vos fils deviennent avocats et juges, et veillez à ce qu'ils se mêlent toujours aux affaires de l'État, à ce qu'en mettant des chrétiens sous votre joug, vous puissiez dominer le monde et vous venger d'eux.
>
> 6. Ne vous écartez pas de cet ordre que nous vous donnons, car vous constaterez par expérience que, humiliés comme vous l'êtes, vous atteindrez la réalité du pouvoir.[81]

Les protocoles donnés au monde par le professeur russe Sergueï A. Nilus ne sont donc qu'une des versions connues du programme des dirigeants juifs à la tête de l'hydre mondialiste. La « plandémie » COVID-19 est dans cette optique sa version la plus récente.

Pourquoi les Blancs sont-ils particulièrement vulnérables ?

Selon le professeur américain Kevin MacDonald, les Blancs d'origine européenne sont beaucoup moins ethnocentristes que

---

[81] *Ibid.*

ceux qui leur ont déclaré la guerre. Plus enclins à l'individualisme et à l'universalisme moral, ils sont vulnérables face à des groupes fortement collectivistes et ethnocentriques qui par définition sont plus cohésifs et forts.

Voici les traits de caractère principaux des individualistes :

– sont plus positifs envers les étrangers et plus enclins à se comporter d'une manière altruiste ;

– étant moins conscients des différences entre les races et les groupes ethniques, ont moins d'attitudes négatives envers les étrangers, au point d'être parfois en désaccord avec les politiques de leur propre groupe envers les étrangers ;

– démontrent très peu d'engagement et de loyauté envers leur groupe, et n'ont pas un sens de destin commun avec ses membres ;

– ont moins tendance à supposer que les autres groupes ont tort ;

– créent des attachements modérés aux autres groupes[82].

Origine de l'individualisme

À cause de l'environnement rigoureux de l'époque glaciaire où les ancêtres nordiques des Blancs ont évolué dans de petits groupes, ces derniers ont eu tendance pour des raisons de survie à s'isoler socialement au lieu de créer des groupes cohésifs. L'ethnocentrisme est en effet sans importance dans le combat contre les éléments.

Cela ne veut nullement dire, précise MacDonald, que les individualistes manquent de mécanismes collectivistes pour la compétition de groupe. Ils sont bel et bien présents, mais ces mécanismes étant relativement moins élaborés que ceux de leurs ennemis, ils *nécessitent un niveau plus élevé de conflit intergroupe pour se déclencher.* En d'autres mots, ce n'est qu'au pied

---

[82] Kevin MACDONALD, *Individualism and the Western Liberal Tradition: Evolutionary Origins, History, and Prospects for the Future*, Kindle Direct Publication Edition, 2019.

du mur que les individualistes réagissent et se mobilisent collectivement[83].

Nos ennemis s'évertuent par conséquent à nous faire une guerre raciale à bas bruit afin d'éviter à tout prix le déclenchement de nos instincts collectivistes. C'est pour cette raison qu'ils avancent préférablement masqués derrière quelqu'un ou quelque chose.

Quelques masques couramment utilisés par nos ennemis :

– la discrétion ;
– la progressivité (syndrome de la grenouille ébouillantée) ;
– le subjectivisme social (postmodernisme, relativisme) ;
– les beaux sentiments comme la tolérance, l'altruisme et la compassion ;
– les idiots utiles ou les golems ;
– les noms d'emprunt (cryptojudaïsme) ;
– la double pensée ;
– le langage scientifique (pseudoscience) ;
– les attentats sous faux drapeaux (tours jumelles) ;
– la censure (silence dynamique) ;
– les fausses informations ;
– l'effacement de l'histoire ;
– la falsification de l'histoire ;
– la séduction et la manipulation ;
– les lois liberticides.

En définitive, il est inutile de s'attaquer aux masques sans s'attaquer en même temps à ceux qui se cachent derrière eux. Il faut pouvoir nommer sans complexe ce loup déguisé en brebis chaque fois qu'il se manifeste derrière l'un ou l'autre de ses masques ; s'attaquer uniquement au masque l'incite à changer tout simplement de masque. C'est sans doute l'aspect le plus démoniaque de cette guerre à bas bruit : nous faire entretenir la

---

[83] *Ibid.*

guerre vicieusement en ne nommant pas, systématiquement et publiquement, les véritables ennemis.

MENSONGE 3

C'est pour votre bien

Le mensonge c'est la foi des maîtres et des esclaves !
La vérité, c'est le dieu des hommes libres !

Maxime GORKI

UN monde unifié derrière un seul gouvernement global était envisagé par l'éminence grise de Winston Churchill, le professeur juif Frederick Lindemann (1886-1957). À l'instar de Rothschild et de sa bande, celui-ci prétendait en effet qu'un petit cercle d'élite gouvernerait un jour le monde. Selon ce monsieur, « une société gouvernée par des surhommes et servie par des hilotes serait plus stable[1] ». Il croyait par ailleurs que la science produirait une race d'homme ayant « les caractéristiques mentales des abeilles ouvrières[2] ». Nous n'y sommes pas encore, mais avec le transhumanisme, cette éventualité n'est plus du tout du domaine de la fiction. À l'aide de l'ingénierie génétique, nous pourrons bientôt changer la configuration des gènes à la carte. Vous voulez un hilote, une « abeille ouvrière », rien de plus simple : coupez les nucléotides des codons de l'ADN

---

[1] M. S. KING, *The Evil Professor Frederick Lindemann*, The Real History Channel.
[2] *Ibid.*

impliqués dans ces particularités et remplacez-les par les nucléotides synthétiques appropriés.

Abolition des frontières

Pour que le commerce se fasse sans restrictions dans le Nouvel ordre mondial dont il est question, les frontières devront disparaître. Les « abeilles ouvrières » pourront ainsi être déplacées sans entraves partout où l'on aura besoin d'elles. Le commerce et toutes les autres transactions seront grandement facilités par l'élimination de toutes les barrières non seulement physiques, mais psychologiques et sociales. Cette étape est en voie d'être réalisée des deux côtés de l'Atlantique.

Standardisation totale

Il est question à terme d'uniformiser tous les secteurs partout dans le monde : l'économie, la monnaie, la fiscalité, les infrastructures, l'armée, la police, l'aménagement du territoire, le transport, les magasins, les restaurants, l'habillement, l'alimentation, les langues, les religions, les cultures, les races et les ethnies.

Dans cet ordre d'idées, Richard Coudenhove-Kalergi, par exemple, anticipe une seule « race de type négroïdo-eurasienne, d'apparence semblable à celle de l'Égypte ancienne[3] ». Dans son livre *The Pentagon's New Map* (*La Nouvelle Carte du Pentagon*), P. M. Barnett, le directeur du bureau de consultation militaire israélien Wikistrat, explique pourquoi les Juifs font venir des millions de musulmans et d'Africains notamment en Europe :

> Le but ultime est la coordination forcée de tous les pays du monde : ceci sera réalisé en mélangeant les races dans le but de créer une race de couleur marron clair. À cette fin, 1,5 million d'immigrants du tiers-monde migreront en Europe chaque année. Le résultat sera une population ayant un QI moyen d'environ 90, soit une population trop bête pour comprendre quoi que ce soit, mais

---

[3] Richard COUDENHOVE-KALERGI, *Idéalisme pratique*, Éditions Paneuropa, 1925, cité par *Wikipédia* sur la page consacrée à l'auteur.

suffisamment intelligente pour travailler. Les pays européens ne seront plus jamais compétitifs dans le combat pour la domination mondiale. Une culture vieille de plusieurs millénaires sera détruite. Les gens irrationnels qui se battront contre ce mélange des races, et qui résisteront à l'ordre global du monde, devront être éliminés.[4]

Technocratie

Pour ce faire, il faudra détruire la démocratie représentative. Le monde sera dirigé par des technocrates non élus selon le modèle de l'Union européenne[5]. Il y aura trois paliers de gouvernance, un palier planétaire, probablement situé à Jérusalem, la future capitale du monde[6], un palier régional et un palier local au niveau des quartiers.

Dépopulation

Ce projet a un aspect essentiellement malthusien. Selon la référence allemande de la climatologie, Hans Joachim Schellnhuber, la capacité d'accueil de la planète est estimée à un milliard ; mais « on peut faire bien mieux », s'est enthousiasmé M. Schellnhuber en 2009 lors de la Conférence de Copenhague organisée par lui et le Prince Charles[7]. Comment l'on va s'y prendre pour « faire bien mieux » n'est pas très clair pour l'instant. Les « complotistes » parlent de stérilisation chimique, de contraception généralisée, d'avortement systématique, voire de manipulation génétique par la vaccination obligatoire.

Cet objectif malthusien, « hautement philanthropique », selon le mot ironique de Luc Ferry, est le dada des écologistes radicaux les plus réputés comme James Lovelock, William Aiken, Arne Ness et Hans Jonas. Dans un ouvrage collectif

---

[4] P. M. BARNETT, *The Pentagon's New Map*, Berkley, 2005.
[5] Austin RUSE, *Fake Science: Exposing the Left's Skewed Statistics, Fuzzy Facts, and Doggy Data*, Regnery Publishing, 2017, p. 171.
[6] *Jérusalem capitale du Nouvel ordre mondial par Jacques Attali*, YouTube.
[7] « The Great Reset (3) », *Faits & Documents*, n° 489, 2020.

publié sous la direction de feu Tom Regan, William Aiken, par exemple, se demande si une mortalité humaine, massive, serait une bonne chose : « Est-ce le devoir de notre espèce vis-à-vis de notre milieu d'éliminer 90 % de nos effectifs ?[8] » Oui, évidemment ! Aiken pensait en effet que la population idéale de la planète serait de 100 millions[9].

Les camps de concentration du futur

Les campagnes seront vidées de leur population et les habitants entassés dans des villes dites « intelligentes » où il sera facile de les surveiller et de les manipuler. La surveillance domestique et le contrôle sont des éléments clés de l'Agenda 2030 et de la Grande réinitialisation dont il est question.

La combinaison de l'intelligence artificielle, de l'Internet des objets, des capteurs ainsi que la technologie portable permettra de surveiller tous les faits et gestes des hilotes[10].

Comme le dit l'ancien conseiller à la Sécurité nationale des États-Unis Zbigniew Brzezinski : « L'ère technocratique implique l'apparition graduelle d'une société plus contrôlée. Une telle société serait dominée par une élite libérée des valeurs traditionnelles. Il sera bientôt possible de surveiller en continu presque tous les citoyens, et de tenir sur eux des dossiers à jour contenant leurs informations les plus personnelles. Ces dossiers pourront être mis à la disposition des autorités instantanément.[11] »

Dans les espaces réservés aux « abeilles ouvrières » comme c'est déjà le cas à Cuba, la technologie en moins, tout sera

---

[8] Luc FERRY, *Le Nouvel Ordre écologique : L'Arbre, l'Animal et l'Homme*, Grasset, 1992, p. 128.

[9] *Ibid.*

[10] Guy BOULIANNE, *La Société fabienne : Les Maîtres de la subversion démasqués*, Éditions Dédicaces, 2019, p. 401 à 491.

[11] Zbigniew K. BRZEZINSKI, *Between Two Ages: America's Role in the Technetronic Era*, The Viking Press, 1970.

rationné : l'énergie, la nourriture, l'eau, les enfants, l'aménagement et l'usage du territoire, absolument tout. Votre empreinte carbone, la toxicité de tous les ingrédients que vous consommerez ainsi que votre impact sur la biodiversité seront étroitement surveillés[12].

Vous serez suivi à la trace grâce aux capteurs implantés dans votre corps. Plus personne ne sera libre d'aller et venir en dehors des zones contrôlées[13].

Des bulletins de bonne conduite seront émis à chaque citoyen. Vous aurez accès à certains avantages uniquement en fonction de vos crédits sociaux accumulés. La délation sera encouragée en échange de bons points[14].

Pour ce qui est de l'alimentation, vous ne serez vraiment pas gâtés, comme le souhaite en effet Bill Gates, l'un des principaux instigateurs de cette tyrannie écologique, vous mangerez des insectes et des légumes fertilisés avec des excréments humains[15].

Abolition de la propriété privée

La propriété privée sera transférée à l'État. Les « surhommes » au pouvoir en deviendront propriétaires puisqu'ils seront maîtres de l'État. Ils vivront dans de belles maisons dans des parcs naturels protégés qu'ils se réserveront pour leur usage personnel[16].

C'est surtout pour cette raison que les financiers au sommet de la pyramide ont toujours cautionné le socialisme planétaire. Il peut sembler contradictoire que les personnes les plus riches du monde, ayant fait fortune grâce au capitalisme financier, veuillent mettre en place un système socialiste, supposé être l'antithèse du capitalisme. Mais comme le dit W. D. Chalmers

---

[12] Rosa KOIRE, "UN Agenda 21", *From Rome*, 2020 (vidéo).

[13] Guy BOULIANNE, *ouvrage cité.*

[14] *Ibid.*

[15] Nicolas BONNAL, « Bill Gates veut nous faire bouffer de la merde », *L'Échelle de Jacob*, 2020.

[16] Rosa KOIRE, *vidéo citée.*

dans son livre *Conspiracy of the Truth* (*La Conspiration de la vérité*), « sous le socialisme, l'État possède tout, et comme ces gens ont tout simplement l'intention de tout posséder, y compris l'État, c'est la meilleure façon de prendre possession des biens de la Terre sans se faire remarquer ![17] ».

C'est aussi un moyen pour eux de faire croire à la population que des matins glorieux l'attendent comme dans la chanson culte de John Lennon *Imagine*. Ce qui serait surprenant vu la méthode employée et la nature « diabolique » de cette élite hostile qui ne s'est jamais souciée du sort des classes « inférieures ». C'est donc un truc, un leurre pour faciliter la mise en place d'une future technocratie totalitaire dirigée par des psychopathes richissimes qui n'ont que leurs seuls intérêts à cœur.

L'oligarchie démasquée

Le Conseiller général du Grand Est, président des Patriotes et ancien député de l'Union européenne Florian Philippot a bien résumé la situation dans son livre *COVID-19 : L'Oligarchie démasquée* (2020) :

> Si les multimilliardaires comme Soros ou Gates soutiennent le programme de Davos, c'est dans le cadre d'une alliance internationale avec les socialistes et les États-providence qu'ils contrôlent pour garantir leur survie mutuelle. Doit en sortir une collectivisation complète de l'économie, ce qui sera possible par la numérisation de la monnaie et la mise en place d'un État totalitaire global surveillant chaque individu en temps réel. Les milliardaires contrôleront économiquement le système grâce à des gigamonopoles technologiques accordés par les États néocommunistes tandis que les travailleurs sous surveillance seront dépendants de programmes sociaux comme le Revenu universel, appelé en France « socle citoyen ».
>
> C'est le modèle de Sparte. Contrairement à une idée reçue, Sparte était une société protocommuniste où l'argent n'existait pas.

---

[17] Cité par Ivor BENSON dans *The Zionist Factor: A Study of the Jewish Presence in the 20th Century History*, Veritas Publishing Company, 1986, p. 48.

Elle était dirigée par une petite élite régnant sur une vaste masse de paysans esclaves qui n'avaient pas le droit de quitter leur lopin de terre. Ces paysans devaient cultiver gratuitement ces terres pour la caste dirigeante. La population était la propriété de l'État et les Spartiates, en tant que maîtres de l'État, disposaient de l'usufruit de cette propriété, c'est-à-dire de l'utilisation des esclaves.

L'URSS ne fonctionnait pas autrement, et si l'Agenda 2030 est mis en place en Occident, nous deviendrons des hilotes, comme à Sparte, où des esclaves de kolkhozes, comme en URSS. Il n'y aura plus de propriété privée, sauf pour la nomenklatura. Tout sera « gratuit » à un détail près : le niveau de vie sera divisé par deux, au minimum.

Beaucoup de gens n'ont pas compris ce qui se passe et continuent à polémiquer à propos du Rhume19 [*de même que le climat, les deux sont corrélés*]. Il est grand temps de comprendre que cette pandémie imaginaire [*de même que cette crise climatique imaginaire*] n'est que l'élément déclencheur d'une réorganisation radicale de la société par les globalistes. Ce qu'ils appellent, comme vous savez, le *Great Reset*, la Grande réinitialisation, le Grand redémarrage.

Il est donc question, selon l'abbé Olivier Rioult, d'asservir l'humanité tout entière, « [...] au moyen d'un projet mondialiste, matérialiste et totalitaire qui profite temporellement à une toute petite minorité de Mammonites juifs et non juifs [...][18] ».

---

[18] Abbé Olivier RIOULT, *De la question juive : Synthèse*, Éditions Saint Agobard, 2018, p. 45.

MENSONGE 4

L'antisémitisme est une maladie mentale
sans aucun fondement rationnel

> *Le mensonge vole, et la vérité*
> *ne le suit qu'en boitant.*
>
> Jonathan SWIFT

IL est impossible de poursuivre la lecture de ce manuel sans aborder au préalable le sujet de l'antisémitisme, le seul péché encore passible d'excommunication et d'enfermement. C'est un obstacle majeur que les principaux intéressés ont surtout mis en place pour tuer dans l'œuf toute critique de leur projet de domination hégémonique qui s'appuie en grande partie sur les mensonges répertoriés dans ce manuel. Ils ont réussi ce tour de force en faisant croire aux braves gens, y compris d'origine juive, que l'antisémitisme était dû à une haine irrationnelle envers un peuple totalement inoffensif, mais victime innocente depuis la nuit des temps de la jalousie et de la vindicte des hommes. En associant le *bogeyman* de l'antisémitisme à la Shoah, ils lui ont en outre donné un poids moral considérable que peu de gens osent affronter par peur des représailles[1]. Afin de mener à bien

---

[1] Pour une description détaillée des méthodes employées par les Juifs pour détruire une personne qui les critique ou qu'ils n'aiment pas pour

notre recherche de vérité, nous devons par conséquent trans-
gresser cet interdit en répondant aux questions suivantes : Est-
ce que les Juifs méritent comme les autres d'être critiqués ? Les
chrétiens et les non-Juifs en général sont-ils des antisémites
incorrigibles ayant fait des Juifs leur bouc émissaire favori sans
aucune raison valide ? L'antisémitisme est-il une maladie mentale sans aucun fondement rationnel ?

Selon Kevin MacDonald, professeur de biologie et auteur du
livre *Separation and Its Discontents: Towards an Evolutionary
Theory of Anti-Semitism* (*La Séparation et ses mécontents : Vers
une théorie évolutionniste sur l'antisémitisme*), ce sentiment anti-
juif est trop persistant et omniprésent pour être irrationnel, et ce
qui frappe à son sujet, conclut MacDonald, « c'est que peu
importe l'endroit ou l'époque, les reproches qui sont faits aux
Juifs sont quasiment identiques[2] ». Cette antipathie ne se limite
pas en effet à certains types de sociétés, mais selon MacDonald,
semble être de nature universelle : « On trouve de l'antisémitisme dans une très grande variété de sociétés aussi bien occidentales que non occidentales, autant chez les chrétiens et les
non-chrétiens que chez les précapitalistes, les capitalistes et les
socialistes.[3] »

Theodore Herzl, le fondateur juif du sionisme, pensait quant
à lui que l'hostilité envers les Juifs était une conséquence naturelle de leur comportement : « Cette réaction parfaitement com-
préhensible fait suite aux défauts des Juifs. […] Les Juifs sont
un peuple distinct et séparé des autres, dont les intérêts sont différents, et souvent en conflit avec ceux des peuples parmi lesquels ils vivent.[4] »

---

une raison ou une autre, voir Tony MARTIN, *The Jewish Onslaught:
Despatches From the Wellesley Battlefront*, Majority Press, 1993.
[2] Kevin MACDONALD, *Separation and Its Discontents: Toward an Evolutionary Theory of Anti-Semitism*, 1stBooks, 2004.
[3] *Ibid.*
[4] *Ibid.*

Un sentiment partagé par Chaim Weizmann, le premier président de l'État d'Israël : « Chaque fois que dans un pays le nombre de Juifs atteint un certain niveau de saturation, ce pays réagit contre eux... Or, cette réaction n'est pas de l'antisémitisme au sens ordinaire ou vulgaire du mot, mais une conséquence sociale et économique universelle de l'immigration juive ; il est impossible de ne pas en tenir compte.[5] »

« Il m'a semblé, écrit Bernard Lazare, l'auteur juif du livre *L'Antisémitisme, son histoire et ses causes*, qu'une opinion aussi universelle que l'antisémitisme, ayant fleuri dans tous les lieux et dans tous les temps, avant l'ère chrétienne et après, à Alexandrie, à Rome et à Antioche, en Arabie et en Perse, dans l'Europe du Moyen Âge et dans l'Europe moderne, en un mot, dans toutes les parties du monde où il y a eu et où il y a des Juifs, il m'a semblé qu'une telle opinion ne pouvait être le résultat d'une fantaisie et d'un caprice perpétuel, et qu'il devait y avoir à son éclosion et à sa permanence des raisons profondes et sérieuses.[6] »

Quelles sont donc les causes les plus fréquentes d'antisémitisme ?

Le massacre des Palestiniens, le terrorisme et les guerres du Moyen-Orient

Depuis la création d'un foyer sioniste en Palestine au début du 20ᵉ siècle, les Juifs ont massacré des dizaines de milliers de Palestiniens — surtout des femmes, des enfants et des vieillards — dont ils spolient impunément les terres et les maisons sous de fausses raisons, d'après les intellectuels Israël Shahak[7]

---

[5] Chaim WEIZMANN, *Trial and Error*, 1949, p. 90. Cité par Mark WEBER, *article cité*.

[6] Bernard LAZARRE, *L'Antisémitisme, son histoire et ses causes*, 1949, réédité par Kontre Kulture.

[7] Israël SHAHAK, *Histoire juive - Religion juive : Le Poids de trois millénaires*, La vielle taupe, 1996.

et Roger Garaudy[8]. Ils cherchent constamment à agrandir leur territoire — Israël étant en effet le seul pays au monde qui n'a pas de frontières fixes — afin de réaliser le Grand Israël des prophéties bibliques qui s'étend de l'Euphrate au Nil[9]. Ils ne suivent et ne respectent aucune convention, aucun traité ; mentent à propos de tout et de rien, n'en font qu'à leur tête ; accumulent des ogives nucléaires qu'ils menacent d'utiliser contre la Terre entière si leur projet sioniste échoue[10] ; déclenchent des guerres[11] ; fabriquent des terroristes[12] en se cachant derrière l'holocauste et l'antisémitisme, leurs armes de dissuasion favorites. Comme le dit en effet Shulamit Aloni, ancien membre du gouvernement israélien : « "Antisémite !", c'est un truc. On s'en sert tout le temps. Lorsque quelqu'un en Europe critique Israël, on évoque l'Holocauste. Quand dans ce pays [*les États-Unis*], on critique Israël, alors, ce sont des antisémites. […] On se sert de l'Holocauste, de l'antisémitisme et de la souffrance des Juifs pour justifier tout ce que l'on fait aux Palestiniens.[13] » Mais en vain, Mme Aloni, car personne n'est dupe. Lorsque votre bonne étoile pâlira, lorsque votre pouvoir financier et médiatique déclinera, lorsque le monde multipolaire prendra la place du monde unipolaire que vous essayez d'imposer par le mensonge et le mal absolu, il faudra bien que vous rendiez des comptes. Le monde entier observe, enregistre et attend ce jour avec

---

[8] Roger GARAUDY, *Les Mythes fondateurs de la politique israélienne*, Samizdat Roger Garaudy, 1996.

[9] Oded YINON, *Le Plan sioniste pour le Moyen-Orient*, Éditions Sigest, 2015.

[10] Seymour M. HERSH, *The Samson Option: Israel's Nuclear Arsenal and American Foreign Policy*, Random House, 1991.

[11] John J. MEARSHEIMER et Stephen M. WALT, *Le Lobby pro-israélien et la politique étrangère américaine*, Éditions La Découverte, 2007.

[12] Youssef HINDI, *L'Islam politique : Saoudo-wahhabisme, Frères musulmans, réformisme et services secrets anglo-américains*, préface de Hichem KACEM, Strategika et KA'Éditions, 2021.

[13] Steve COOKE, *Is Antisemitism a Trick? A Closer Look at That Shulamit Aloni Meme*, Medium, 5 juin 2019.

impatience. On ne commet pas autant de crimes, de tortures, de tyrannies, de meurtres, de vols et de mensonges sans qu'il y ait des conséquences.

Un orgueil démesuré

Les Juifs se sont toujours sentis meilleurs que les autres. D'après le journaliste juif Urin Avnery, du journal en ligne *Counterpunch*, « les enfants juifs apprennent dès leur plus tendre enfance qu'ils sont le peuple choisi par Dieu. Et inconsciemment, cette idée s'ancre dans leur esprit pour la vie, même si un grand nombre d'entre eux deviennent de parfaits athées[14] ».

Or, ce n'est un péché pour personne de se sentir bien dans sa peau et fier de sa race, de son ethnie, de sa nation et de sa religion, mais chez les Juifs ce sentiment prend des proportions démesurées, voire catastrophiques. C'est beaucoup à cause de cela qu'ils ont du mal à se faire aimer. « Peuple élu de Dieu », par ci, « peuple supérieur », par là, « lumière de l'humanité », « peuple spécial », « peuple le plus intelligent », « la réparation du monde c'est nous et personne d'autre », il y a de quoi en faire une indigestion. On a peur de le dire tout haut, mais on a vite fait de les détester en voyant tout le mal qu'ils peuvent faire du haut de leur mégalomanie[15].

Pour qui se prennent-ils ? Qui leur a demandé de « réparer » le monde ? Qui les a élus pour faire ce travail de subversion ? Il se prend pour qui George Soros pour semer le chaos partout en finançant des révolutions de couleur et des terroristes domestiques comme les Antifas et Black Lives Matter ? Et Bernard-Henri Lévy, qui l'a mandaté pour déclencher des guerres un peu partout ? De quel droit la fondatrice de l'Institut européen pour les études juives en Suède, Barbara Lerner Spectre, veut-elle imposer le multiculturalisme à l'Europe ?

---

[14] Urin AVNERY, *Counterpunch*, 25 juin 2018.

[15] E. Michael JONES, *L'Esprit révolutionnaire juif et son impact sur l'histoire du monde*, Éditions Saint-Rémi, 2019.

Il y a une résurgence d'antisémitisme parce qu'à ce stade de son évolution, l'Europe n'a pas encore appris à être multiculturelle. Et je pense que nous [*les Juifs*] ferons partie des efforts qui seront mis en œuvre pour réaliser cette transformation absolument nécessaire. L'Europe ne sera plus composée des sociétés monolithiques du siècle passé. Les Juifs seront au centre de ce bouleversement. C'est une transformation majeure pour l'Europe. Ils vont passer au mode multiculturel, et nous les Juifs serons détestés à cause du rôle central que nous aurons joué. Mais sans cette transformation et sans notre leadership, l'Europe ne survivra pas.[16]

Dans la citation suivante, l'écrivain français Hervé Ryssen exprime bien le ras-le-bol que les adeptes du *tikkoun olam* suscitent chez un grand nombre de personnes écœurées par cette ingérence intolérable dans les affaires des nations et des peuples :

Le fait est que partout où les juifs dominent, ils amènent avec eux l'homosexualité militante, les travestis et la drogue. Ils encouragent l'immigration de toutes leurs forces, tournent en dérision les traditions ancestrales, se moquent à travers leurs romans, leurs journaux et leurs films de la religion des indigènes qui les accueillent. De surcroît, par la pratique du prêt à intérêt, ils drainent à eux d'immenses fortunes et ruinent les peuples, ce dont tout le monde se plaint depuis 2500 ans (cf. *L'Histoire de l'antisémitisme*, 2010). Et l'on ne parle pas de toutes ces escroqueries qui défraient la chronique à intervalles réguliers et dont les acteurs sont invariablement des juifs (cf. *La Mafia juive*, 2008). Quant au sionisme, c'est encore autre chose… bref, il faut le dire : les juifs nous emmerdent ! Et si l'on est aussi peu à l'ouvrir, c'est qu'ils ont les juges, les flics et les ministres à leurs bottes, et qu'ils terrorisent la population locale par des lois répressives. Mais tout cela ne durera pas éternellement, soyez-en bien certains.[17]

---

[16] Watt TYLER, *Barbara Lerner Spectre: Jews Behind Immigration Into Europe*, YouTube, 8 janvier 2015.

[17] Abbé Olivier RIOULT, « Il faut sauver le soldat Ryssen ! », *La Sapinière*, 21 septembre 2020.

Ces agents mondialistes se permettent de parler ouvertement sans complexes de l'ingénierie sociale juive principalement parce qu'ils sont convaincus qu'en manipulant les sociétés majoritairement non juives, ils font une faveur au monde, qu'ils font en fait l'œuvre de Dieu. Les Juifs comme Spectre croient en effet qu'en jouant le rôle de force corrosive brisant les faux dieux de toutes les nations et de tous les peuples, ils accomplissent une *mitsva* dans le cadre de leur tâche de *tikkoun olam*. Le terme *mitsva* se traduit par « commandement », mais signifie plus généralement « une bonne action accomplie par devoir religieux ». En d'autres mots, *tikkoun olam* est une manière poétique d'exprimer la responsabilité qu'ont les Juifs de « guérir » le monde en faisant le mal.

Haine des non-Juifs en général, mais surtout des Blancs qu'ils soient chrétiens ou non

« Dès les origines, écrit l'abbé Olivier Rioult, dans sa synthèse de la question juive, des juifs ont manifesté un antichristianisme multiforme, violent et permanent contre le Christ et les chrétiens.[18] » Plus généralement, cette haine des non-Juifs s'exprime ouvertement dans leur livre sacré, le Talmud, « le livre le plus haineux, le plus raciste et le plus pervers qui ait jamais été écrit dans toute l'histoire de l'humanité[19] », déplore l'abbé Rioult.

Un constat magistralement étayé par l'historien français Martin Peltier : « Le Talmud est à la fois un précis d'enseignement de la haine, un catalogue de prescriptions contre les chrétiens, une poubelle d'injures contre le Christ, et l'instrument par lequel le peuple rabbinique a pu perdurer, semblable à lui-même et séparé des autres.[20] » Il est faux, par ailleurs, insiste Peltier,

---

[18] Abbé Olivier RIOULT, *De la question juive : Synthèse*, Éditions Saint Agobard, 2018, p. 33.
[19] *Ibid.*, p. 59.
[20] Martin PELTIER, *L'Antichristianisme juif : L'Enseignement de la haine*, DIE, 2018, p. 270.

« d'affirmer que l'Église aurait calomnié les juifs depuis l'origine et que c'est ce mépris qui aurait rendu possible la Shoah. L'antichristianisme des juifs a toujours été beaucoup plus virulent que l'antijudaïsme des chrétiens qui sont tenus par la parole du Christ d'aimer leur prochain comme eux-mêmes[21] ».

« À la télévision et au cinéma, explique quant à lui l'écrivain français Hervé Ryssen dans son livre-DVD documentaire *Satan à Hollywood : La Christianophobie au cinéma*, les chrétiens, notamment les catholiques, sont le plus souvent représentés comme des gens bigots, bornés et intolérants, voire comme des violeurs ou des assassins. Quant au clergé catholique, il est le plus souvent dépeint comme un repaire de sadiques.[22] »

Mais ce sont aussi les Blancs qui sont visés à travers les catholiques qui ne sont jamais de race noire, par exemple. Ainsi, dans les films et les téléséries, les Blancs sont des salauds et de pauvres types alors que les hommes des autres races sont toujours gentils, intelligents et débrouillards, la coqueluche des femmes blanches qui n'ont d'yeux que pour eux.

L'objectif de ces stéréotypes stigmatisants, explique Ryssen, « est de culpabiliser suffisamment les Blancs pour qu'ils acceptent sans résister l'immigration de remplacement, le multiculturalisme et le métissage[23] ».

Vous pouvez facilement constater cette haine des catholiques de race blanche et des Blancs tout court quasiment au quotidien, entre autres dans les médias de propagande américains qui appartiennent quasiment tous, à l'instar d'Hollywood[24], à des milliardaires juifs[25]. CBS, ABC, NBC, CNN, PBS, *The New York Times*, *The Washington Post*, *The Wall Street*

---

[21] *Ibid.*, p. 10.
[22] Hervé RYSSEN, *Satan à Hollywood : La Christianophobie à Hollywood*, Baskerville, 2016.
[23] *Ibid.*
[24] Lisa KLUG, "Who Said Jews Run Hollywood?", *The Times of Israel*, 2016.
[25] Thomas DALTON, "Confronting the Judeocracy: The Six Stages of Enlightenment", *The Unz Review*, 23 avril 2021.

Journal, pour ne nommer que les plus connus, ne poursuivent en effet qu'un seul objectif : salir la religion catholique, diaboliser la race blanche et monter contre elle les minorités visibles et les gauchistes de race blanche qui à force de se faire dire dans les écoles et partout que leur race est abjecte, la déteste davantage que les minorités elles-mêmes[26].

Le népotisme, l'intimidation médiatique, la corruption et la victimisation shoatique

Les Juifs sont, paraît-il, intelligents, plus intelligents génétiquement que nous, les Blancs. C'est ce qui expliquerait en partie pourquoi ils ont toujours eu beaucoup de succès dans presque tous les domaines. Pourquoi pas, après tout, que les meilleurs gagnent pourvu qu'ils ne nuisent pas aux autres, car c'est vraiment cela le seul critère valide. Veulent-ils le bien de tout le monde ou seulement celui de leur propre tribu ? Et puis, sont-ils vraiment les meilleurs ?

« Non, affirme Ron Unz, le rédacteur juif du site Internet conservateur le plus influent en Amérique, *The Unz Review*, compte tenu de la piètre performance des étudiants juifs dans les tests d'admission, il est totalement absurde et ridicule qu'ils soient admis en si grand nombre dans les universités d'élite des États-Unis. [...] Ils sont apparemment admis à une fréquence 1000 % plus élevée que les étudiants blancs aussi méritants intellectuellement.[27] » Comment est-ce possible, les étudiants blancs étant 30 à 40 fois plus nombreux ?

Eh bien, selon Ron Unz, ce ne serait pas dû au népotisme, mais « ce n'est pas totalement clair », écrit-il, hésitant et visiblement gêné, « et je ne pense pas que ce soit le cas », même si la plupart des doyens de ces institutions vénérables sont juifs, tout

---

[26] Arthur KEMP, *The War Against Whites: The Psychology Behind the Anti-White Hatred Sweeping the West*, Ostara Publications, 2020, p. 82.
[27] Ron UNZ, "Racial Discrimination at Harvard", *The Unz Review*, 2016.

comme un nombre disproportionné d'administrateurs et de professeurs.

Unz penche plutôt pour la pression des médias américains qui sont tous sous contrôle juif. Ainsi, à la moindre baisse des effectifs juifs, les chiens de garde de la tribu ont vite fait de crier à l'antisémitisme, ce qui se traduit par une hausse subséquente du nombre des étudiants juifs. Les préposés aux admissions, qui sont mal payés et susceptibles d'être corrompus par les parents richissimes des postulants juifs, seraient également responsables de ce parti pris systématique. Mais d'après Ron Unz, la plus grande part de ce favoritisme serait due à la Shoah. Il suffirait en effet pour être admis que les candidats juifs jouent la carte de la grand-mère gazée à Auschwitz[28].

À l'instar du prétendu racisme envers les minorités visibles, la victimisation shoatique est à la fois un bouclier contre la discrimination et un sésame, au grand dam des étudiants blancs qui voient d'un mauvais œil ce racisme anti-blanc insupportable qu'il leur est interdit de dénoncer publiquement sous peine de passer pour des antisémites.

L'hyperethnocentrisme

Le fait d'être plus loyaux envers leur propre peuple qu'envers la nation dans laquelle ils vivent, le fait de constituer une « nation à l'intérieur d'une nation » ne les aide pas non plus à se faire aimer. Comme l'a montré de façon convaincante Kevin MacDonald dans son livre *Separation and Its Discontents*, l'hyper ethnocentrisme des Juifs fait en sorte que les autres communautés parmi lesquelles ils vivent n'existent pas : « Dans les cas extrêmes, note MacDonald, lorsque l'identification au groupe est très forte, le monde se divise en deux groupes, celui des Juifs et celui des non-Juifs, ce dernier groupe devenant une masse homogène sans caractéristiques définies autres que le fait de ne pas être juive.[29] » Ce tribalisme exacerbé a toujours été au cours

---

[28] *Ibid.*

[29] Kevin MACDONALD, *ouvrage cité.*

de l'histoire une source constante d'hostilité populaire. Que ce soit dans la Rome antique, au Moyen Âge ou aujourd'hui, les Juifs ont toujours placé leurs intérêts communautaires au-dessus du bien commun. Ils n'aiment qu'eux-mêmes. C'est plus fort qu'eux, « c'est biologique », insiste MacDonald[30].

La duplicité, la double pensée et le deux poids deux mesures

Refuser de s'assimiler est une chose, mais faire semblant de s'assimiler tout en demeurant juif et hostile à la majorité relève de la plus extraordinaire duplicité qui soit. Lorsque le philosophe juif Alain Finkielkraut est en France, il clame à qui veut l'entendre son amour de la France, mais lorsqu'il est en Israël, la France n'a plus droit à son amour : « Je suis né à Paris et suis fils d'immigrants polonais, mon père a été déporté de France, ses parents ont été déportés et assassinés à Auschwitz, mon père est rentré d'Auschwitz en France. Ce pays mérite notre haine.[31] »

Le journaliste Éric Zemmour quant à lui est l'incarnation parfaite de la duplicité juive. En public, sur les plateaux de télévision, il est plus Français que les Français de souche, mais en privé, chez lui ou à la synagogue, « il suit tous les rituels du judaïsme non par obligation religieuse, puisqu'il est athée, précise l'historien des religions Youssef Hindi, mais par appartenance raciale et tribale[32] ». Son attachement à Israël est non négociable, et au bout du compte, son rôle véritable est de défendre son pays de cœur tout en ayant l'air de défendre son pays d'adoption[33].

À une autre échelle, la diaspora juive toute-puissante et hautement organisée, dispersée parmi d'autres nations, nulle part plus abondamment qu'aux États-Unis d'Amérique et en

---

[30] *Ibid.*, p. 187.

[31] Youssef HINDI, *L'Autre Zemmour*, Kontre Kulture, 2021.

[32] *Ibid.*

[33] *Ibid.*

Europe, prêche chez elle en Israël exactement le contraire de ce qu'elle prêche partout ailleurs en Occident avec un aplomb qui frise la schizophrénie. Ainsi en Israël, les Juifs sont farouchement contre le métissage, le mariage pour tous, l'immigration illégale, les droits des minorités, la démocratie, l'universalisme et farouchement pour le droit du sang, les frontières, l'État ethnique, voire racial, le particularisme, le patriarcat et le port des armes. Voici comment George Orwell définit la « doublepensée » dont il est question :

> Retenir simultanément deux opinions qui s'annulent alors qu'on les sait contradictoires et croire à toutes deux. Employer la logique contre la logique. Répudier la morale alors qu'on se réclame d'elle. Croire en même temps que la démocratie est impossible et que le Parti est gardien de la démocratie. Oublier tout ce qu'il est nécessaire d'oublier, puis le rappeler à sa mémoire quand on en a besoin, pour l'oublier plus rapidement encore. Surtout, appliquer le même processus au processus lui-même. Là était l'ultime subtilité. Persuader consciemment l'inconscient, puis devenir ensuite inconscient de l'acte d'hypnose que l'on vient de perpétrer. La compréhension même du mot « double pensée » impliquait l'emploi de la double pensée.[34]

Zemmour, Finkielkraut et compagnie incarnent parfaitement cette « doublepensée » non seulement dans leur propre psychologie, mais entre eux et entre eux et les non-Juifs. Il s'agit donc à vrai dire d'une « triplepensée », et si les chèvres comprenaient l'hébreu, Zemmour et les siens leur feraient le coup de la « quadripensée » tellement ils sont habiles à ce jeu !

Ils disent tout et son contraire, et surtout, ne vont jamais au fond des choses. S'ils ont contribué d'une certaine façon à droitiser la France[35] en dénonçant, férocement, sur toutes les tribunes médiatiques, le multiculturalisme, l'immigration de remplacement, les émeutes raciales dans les banlieues françaises et

---

[34] George ORWELL, *1984*, première partie, chapitre III.
[35] Alexandre CORMIER-DENIS, « Éric Zemmour et la Droite nationale », *Nomos-TV*, 25 janvier 2021.

ailleurs[36], ils se gardent bien d'identifier les responsables : les mondialistes de leur propre tribu qui les commanditent en douce et les motivent[37].

Évidemment, cette omission est une source majeure d'anti-sémitisme, car si grâce à une longue expérience de la duplicité, certains Juifs comme Zemmour peuvent jouer sur plusieurs tableaux à la fois avec un minimum d'inconfort, ce n'est pas le cas des non-Juifs qui ne sont pas accoutumés à ce genre de gymnastique mentale propre aux talmudistes[38].

Le type d'occupation

En Europe médiévale, l'impopularité des Juifs s'expliquait en grande partie par leurs activités professionnelles. Ils travaillaient surtout comme courtiers ou marchands. Le travail manuel les révulsait. Comme les chrétiens n'avaient pas le droit de pratiquer l'usure, ils avaient le monopole du commerce de l'argent, prêtant à un taux d'intérêt entre 20 % et 40 %, voire 65 %. Une partie de cet argent, explique Kevin MacDonald, était versée sous forme de taxes aux rois et aux aristocrates avec qui ils nouaient des alliances. C'était aussi des collecteurs de taxes exemplaires, car se sentant séparés de la nation qu'ils habitaient, ils avaient peu de scrupules à percevoir les taxes les plus injustes. Connus pour leur dureté, les peuples les détestaient. Mais les nobles, qui s'en servaient pour s'enrichir, les protégeaient contre les jacqueries qu'ils déclenchaient par leur comportement[39].

---

[36] Victor KOULAKOV, « Zemmour qualifie les violences urbaines de "guérilla contre l'État français" », *Sputnik*, 27 avril 2021.

[37] Youssef HINDI, « L'Autre Zemmour, les puissances d'argent et l'idéologie qui le portent », *Égalité et Réconciliation*, 21 février 2021, conférence en ligne.

[38] Ivor BENSON, *The Zionist Factor: A Study of the Jewish Presence in the 20th Century History*, Veritas Publishing Company, 1986, p. 115.

[39] E. Michael JONES, *Barren Metal: A History of Capitalism as a Conflict Between Labor and Usury*, Fidelity Press, 2014.

Et ça n'a guère changé, les Juifs sont toujours le peuple de l'argent. Leur implication disproportionnée, en regard de leur minuscule poids démographique, dans la finance, l'usure, la spéculation, les escroqueries financières comme la taxe carbone et dans une grande variété de commerces illicites comme la traite des blanches, le commerce des organes et de la drogue est notoire[40].

C'est surtout grâce à leur richesse qu'ils peuvent par ailleurs acheter les politiciens, contrôler les médias et promouvoir leurs intérêts[41].

Est-ce pour ces raisons aussi que beaucoup de gens les détestent ?

Le tabou juif

« La plupart des gens savent, écrit Charles Bausman, rédacteur du site *Russia Insider*, dans un article intitulé "Il est temps de lever le tabou juif", qu'il est strictement tabou d'employer le mot "Juif" pour critiquer les Juifs en tant que groupe dans les médias. On ne peut même pas critiquer un petit sous-ensemble de Juifs, un minuscule pourcentage de la population juive, même lorsqu'ils le méritent pleinement.[42] »

Or, ce tabou juif est une autre cause d'antisémitisme qui trouve parfois, selon l'intellectuel catholique E. Michael Jones, un exutoire dans un attentat comme celui de la synagogue juive de Pittsburgh[43]. « Il faut que ça cesse, s'écrie Michael Jones sur

---

[40] Hervé RYSSEN, *Les Milliards d'Israël : Escrocs juifs et financiers internationaux*, Baskerville, 2014.

[41] Philip GIRALDI, "Jewish Power Rolls Over Washington AIPAC Gathering is Full of Lies and Liars", *The Unz Review*, 2019.

[42] Charles BAUSMAN, "It's Time to End the Jewish Taboo", *Russia Insider*, 2018.

[43] E. Michael JONES, « La vraie cause de la fusillade à la synagogue de Pittsburgh » (version française), *E. Michael Jones Chanel*, YouTube, 2019.

une chaîne YouTube slovaque, on doit avoir le droit de les critiquer sans passer pour des antisémites ! Ces gens-là, si on les laisse faire, vont nous amener droit vers une guerre mondiale.[44] »

Pourquoi Hitler et les Allemands étaient-ils antisémites ?

Le Dr Nahum Goldmann, cité par Benton Bradberry dans son livre *Le Mythe du sale Boche : La Stigmatisation de l'Allemagne à des fins hégémoniques* décrit comme suit l'ascension phénoménale de la communauté juive allemande :

> À l'époque de l'émancipation, c'est-à-dire dans la deuxième moitié du 19ᵉ siècle et au début du 20ᵉ siècle, cette colonie juive avait pris un essor extraordinaire. [...] Du point de vue de l'économie, aucune minorité juive dans aucun autre pays, y compris l'Amérique, ne pouvait faire concurrence aux juifs allemands. Ils occupaient des postes de dirigeants dans les grandes banques, situation sans parallèle nulle part ailleurs, et, par l'intermédiaire de la haute finance, ils avaient pénétré également dans l'industrie. Une part considérable du grand commerce se trouvait entre leurs mains et cela même dans des secteurs de l'industrie où ordinairement les juifs n'ont aucun intérêt, tels que les chantiers navals et l'industrie électrique. Leur place dans la vie intellectuelle du pays était également unique. En littérature, ils étaient représentés par des noms illustres. Le théâtre était largement entre leurs mains. Les juifs allemands possédaient dans une vaste mesure la presse quotidienne, notamment les journaux jouissant d'une influence internationale, et s'ils ne les possédaient pas ils les dirigeaient. [...] En résumé, l'histoire des juifs en Allemagne de 1870 à 1933 est probablement la plus glorieuse jamais réalisée par aucune autre branche du peuple juif.[45]

---

[44] E. Michael JONES, "Musíte sa postaviť židovskej tyranii!" ("You Have to Stand Up to the Jewish Tyranny!"), YouTube.

[45] Benton BRADBERRY, *Le Mythe du sale Boche : La Stigmatisation de l'Allemagne à des fins hégémoniques* (traduit de l'américain par Pierre le Blanc), AuthorHouse, 2018, p. 105.

Dans le tableau ci-dessous, tiré du livre de Vincent Reynouard *Pourquoi Hitler était-il antisémite ?*, la disproportion est énorme entre le pourcentage de Juifs dans les postes de dirigeants de diverses villes allemandes durant la période de Weimar et le pourcentage de Juifs dans les postes d'ouvriers[46].

	Pourcentage de Juifs dans les postes les plus élevés en commerce	Pourcentage de Juifs dans les postes d'ouvriers
Berlin	49,4 %	2,4 %
Frankfort	48,9 %	1,9 %
Cologne	49,6 %	2,9 %
Breslau	57,1 %	1,8 %

Le peuple allemand qui vivait dans la misère en raison du Traité de Versailles et du blocus économique des Alliés voyait d'un mauvais œil cette mainmise de leur économie et de leurs institutions par une élite étrangère minuscule, soit 1 % de la population, qui selon le Dr Nahum Goldmann « ne se sentait pas du tout assimilée, mais encore plus juive que les autres juifs des pays européens et de l'Amérique[47] ». Les expulser ou les bannir des postes importants à tous les niveaux de la société était dès lors, pour les Allemands, une question de vie et de mort, car cette minorité, selon le Dr Goldmann, n'avait que ses intérêts à cœur.

Pendant cette époque d'inflation et de déflation galopantes, les Juifs orthodoxes polonais, galiciens, russes et roumains s'étaient rués sur le pays afin de profiter de la détresse du peuple allemand. D'après un livre blanc publié en anglais par le Troisième Reich allemand :

Les nécessités les plus vitales étaient hors de prix. Un dollar américain valait un million de marks, une miche de pain ou un œuf,

---

[46] Vincent REYNOUARD, *Pourquoi Hitler était-il antisémite ?*, Sans Concession, 2019, Annexe 1, p. 141.

[47] Benton BRADBERRY, *ouvrage cité*, p. 105

des millions. Comme l'étalon monétaire allemand avait été détruit, pour acheter du pain et du lait, les gens devaient vendre leurs biens de famille et leurs maisons. Les acheteurs étaient en grande partie des étrangers qui, avec de l'argent étranger, achetaient les droits d'aînesse de la jeunesse du pays et la condamnaient à une existence désespérée. [...] Quand tout fut fini, ces invités étrangers avaient écrémé la crème du lait et laissé la bouteille vide. Des millions et des millions de biens avaient changé de mains. Les profiteurs avaient réduit la classe moyenne du peuple allemand à la mendicité, laissant un héritage de haine dans les âmes de la génération déshéritée, qui s'est retrouvée littéralement dans la rue, le cœur rempli d'amertume en regardant les fenêtres des maisons appartenant autrefois à leurs parents — des maisons maintenant occupées par des personnes d'une race étrangère.[48]

De plus, comme ils le font actuellement aux États-Unis et ailleurs, explique Benton Bradberry, les Juifs utilisaient aussi « leur emprise sur le théâtre, le cinéma et les journaux pour ridiculiser non seulement la culture allemande et les idéaux allemands, mais aussi le christianisme[49] ». Comme nous le verrons dans le mensonge *L'amour avec les animaux est normal et bénéfique*, « nous sommes à une époque où l'Allemagne, écrit Bradberry, avait acquis une réputation internationale pour sa décadence, sa débauche et sa pornographie, comme c'est illustré dans la pièce musicale, et plus tard le film, *Cabaret*, par exemple[50] ». Dans la citation suivante, Adolf Hitler dans *Mon combat* exprime son dégoût face aux responsables de cette décadence morale :

Il suffisait déjà de regarder une colonne de spectacles, d'étudier les noms des auteurs de ces épouvantables fabrications pour le cinéma et le théâtre en faveur desquelles les affiches faisaient de la réclame, et l'on se sentait devenir pour longtemps l'adversaire

---

[48] "Prelude to the Holocaust: Jewish Power & Prosperity in Germany's Crisis Years Following World War I", *The Barnes Review*, 2009, p. 35-43.

[49] Benton BRADBERRY, *ouvrage cité*, p. 106.

[50] *Ibid.*

impitoyable des Juifs. C'était une peste, une peste morale, pire que la peste noire de jadis, qui, en ces endroits, infectait le peuple. [...] Il était épouvantable de penser, mais on ne pouvait se faire d'illusions sur ce point, que le Juif semblait avoir été spécialement destiné par la nature à jouer ce rôle honteux.[51]

Tous les mouvements bolchéviques qui semaient le chaos en Allemagne entre les années 1917 et 1930 étaient par ailleurs dirigés par des Juifs[52, 53]. Le 2 juillet 1922, dans une entrevue accordée à un journaliste du *Chicago Tribune*, le Kaiser Wilhelm II déclara ceci de son lieu d'exil : « Les responsables du bolchévisme autant en Russie qu'en Allemagne sont juifs. J'ai été beaucoup trop indulgent envers eux pendant mon règne, et je regrette amèrement les faveurs que j'ai accordées aux grands banquiers juifs.[54] » D'après Benton Bradberry, « le peuple allemand était convaincu qu'une conspiration bolchévique d'origine juive se tramait contre la civilisation occidentale chrétienne, et savait qu'elle menaçait l'existence même de l'Allemagne[55] », comme en fait foi la citation suivante d'Hitler : « Je fis un effort sur moi-même et tentai de lire les productions de la presse marxiste, mais la répulsion qu'elles m'inspiraient finit par devenir si forte que je cherchai à mieux connaître ceux qui fabriquaient cette collection de canailleries. C'était tous sans exception, à commencer par les éditeurs, des Juifs.[56] » Une poussée subséquente d'antisémitisme accompagnée d'un

---

[51] Cité par Vincent REYNOUARD, *ouvrage cité*, p. 30-32.
[52] Eckart VERLAG, *Jewish Domination of Weimar Germany*, appendices compiled by Francis Dupont, Ostara Publications, 2013 (publication originelle par la Ligue des associations anticommunistes, Berlin, 1933), p. 48 à 54.
[53] Rabbi Dr. Manfred REIFER, "Why Hitler Came to Power. One Rabbi's Explanation", *The Barnes Review*, 2009.
[54] Benton BRADBERRY, *ouvrage cité*, p. 92.
[55] *Ibid.*
[56] Cité par Vincent REYNOUARD, *ouvrage cité*, p. 30-32.

déplacement marquée de l'opinion publique allemande vers la droite s'empara de l'Allemagne[57].

Ce qui n'était pas pour arranger les choses, la juiverie internationale avait dès 1933 déclaré la guerre à l'Allemagne. L'ensemble de la communauté juive vouait aux Allemands une haine viscérale, d'une férocité inouïe. Le fameux livre du Juif Theodore N. Kaufman *Germany Must Perish* (*L'Allemagne doit être détruite*) (1941) est édifiant. Lisez-le, il est toujours édité, et vous verrez à quel point. En matière de vengeance tribale et de haine raciale, aucune diatribe de ce genre ne lui arrive à la cheville. Or, cet ouvrage bourré de propos inhumains et insultants pour les Allemands ne pose aucun problème aux autorités bienpensantes qui nous imposent leurs diktats. Ce qui n'est pas le cas de son pastiche, *Israel Must Perish!* (*Israël doit être détruit !*), que les représentants de la communauté juive canadienne cherchent à faire interdire par tous les moyens. Son auteur, le Canadien Arthur Topham, l'éditeur courageux de radicalpress.com, n'a pourtant fait que remplacer, c'est légal puisque ce livre appartient désormais au domaine public, tous les mots *allemand*, *nazi* et *Allemagne* que contient ce livre par les mots *juif*, *sioniste* et *Israël*, respectivement. Si l'on a le droit de stigmatiser les Allemands et de prôner impunément leur extermination pourquoi ne peut-on pas faire de même à l'égard des Juifs ? Juridiquement, ce deux poids deux mesures est absurde[58].

Lors de la Première Guerre mondiale, les Allemands se sont en outre sentis trahis par les Juifs allemands qui ne s'étaient pas opposés à ce que la juiverie en échange de la Palestine fasse pression sur le président Wilson pour que les États-Unis entrent en guerre du côté du Royaume-Uni de façon à assurer la victoire des Alliés. C'est aussi la juiverie qui a imposé à l'Allemagne le Traité de Versailles et le blocus alimentaire et économique qui

---

[57] *Ibid.*, p. 92.
[58] Arthur TOPHAM, *Israel Must Perish!: The Book That Jews Fear*, Radical Press, 27 mai 2011 (texte intégral disponible en ligne).

a tué des centaines de milliers de femmes, d'enfants et de vieillards. « Dans la rédaction finale de l'accord de paix connu sous le nom de Traité de Versailles, on donna aux intérêts juifs une priorité élevée inexplicable, écrit Benton Bradberry. Ceux-ci avaient plusieurs intérêts à cœur qu'ils poursuivaient vigoureusement, mais ils tenaient particulièrement à inclure dans l'entente finale les trois points suivants : 1) la création d'une Société des Nations comme premier pas vers un gouvernement mondial ; 2) la reconnaissance des droits des minorités juives de l'Europe de l'Est ; 3) la création d'un mandat britannique en Palestine arabe comme premier pas nécessaire vers un éventuel État juif à cet endroit (déclaration de Balfour). Or, ils réussirent à obtenir les trois objectifs.[59] »

Vue de cette perspective, la montée d'Hitler et du mouvement national-socialiste avec ses sentiments anti-juifs extrêmement forts est bien plus facile à comprendre. De fait, l'antisémitisme des Allemands et d'Hitler n'avait rien d'irrationnel et d'incompréhensible. « Il est et demeure le parasite type, l'écornifleur, écrit Hitler dans *Mon Combat*, qui, tel un bacille nuisible, s'étend toujours plus loin, sitôt qu'un sol nourricier favorable l'y invite. L'effet produit par sa présence est celui des plantes parasites : là où il se fixe, le peuple qui l'accueille s'éteint au bout de plus ou moins longtemps.[60] »

Ceci dit, si Hitler voulait que les Juifs quittent l'Allemagne pour les raisons évoquées ci-dessus, jusqu'en 1942, ils étaient bien traités et protégés par la loi. Les Allemands les encourageaient à partir librement ou leur permettaient de rester pourvu qu'ils respectassent les lois de Nuremberg sur la race.

Le 25 août 1933, Hitler avait même signé un pacte avec les représentants des sionistes de l'Agence juive pour aider les Juifs à immigrer paisiblement avec tous leurs biens en Palestine. Ce pacte nommé « Accord Haavara » ou « Accord de transfert » (*haavara* en hébreu signifie « se déplacer » ou « se relocaliser »),

---

[59] Benton BRADBERRY, *ouvrage cité*, p. 42.
[60] Cité par Vincent REYNOUARD, *ouvrage cité*, p. 30-32.

qui a fonctionné jusqu'en 1942, a permis à un grand nombre de Juifs des populations allemande et autrichienne de quitter le pays en emportant avec eux leur fortune. De fait, entre les années 1933 et 1939, plus de 60 % des investissements en Palestine juive provenaient de l'Allemagne hitlérienne.

Selon Lenni Brenner, l'auteur juif du livre *Zionism in the Age of Dictators* (*Le Sionisme à l'âge des dictateurs*), sans l'aide de l'Allemagne, il est fort probable qu'Israël n'existerait pas[61]. Et d'après Edwin Black, l'auteur juif du livre peu populaire auprès des Juifs *The Transfer Agreement* (*L'Accord de transfert*) (que le livre de Brenner mentionné ci-dessus a tenté de faire oublier) : « Les sionistes proposaient même des moyens pour accélérer le transfert hors de l'Allemagne, notamment le port de l'étoile jaune par tous les Juifs allemands. Selon les sionistes, plus on mettrait de pression sur eux, plus ils seraient enclins à quitter le pays.[62] »

Que les Allemands aient par la suite gazé systématiquement six millions de Juifs est incompréhensible, compte tenu de ce qui vient d'être dit. Et nous ne chercherons pas à comprendre, car il est strictement interdit légalement de nier la version officielle du génocide des Juifs dans des chambres à gaz explosible.

---

[61] Lenni BRENNER, *Zionism in the Age of Dictators*, Croom Helm Ltd, 2014.
[62] Edwin BLACK, *The Transfer Agreement*, Dialog Press, 1984.

MENSONGE 5

Les Ashkénazes sont des Khazars, et non des Juifs

Tant que le mensonge demeure dans nos cœurs, il ne sera pas possible de construire un monde meilleur.

Michele CAMPOSEO

SELON la théorie développée par Arthur Koestler dans son livre *La Treizième Tribu : L'Empire khazar et son entourage* (1996), les Juifs ashkénazes n'ont aucun lien biologique avec les Juifs bibliques de la Terre sainte. Ils sont plutôt les descendants des Khazars, un peuple d'origine turque ayant vécu depuis les temps anciens entre la mer Noire et la mer Caspienne dans une région largement occupée aujourd'hui par la Géorgie. Les Khazars se seraient convertis en masse au judaïsme à la fin du 8e siècle.

Ce peuple guerrier régnait autrefois sur toute la région, mais ayant finalement perdu sa domination, il s'est ensuite installé en tant que minorité ethnique et religieuse parmi les Vikings de la Russie kiévienne et les Slaves de l'Europe de l'Est. Les Khazars étaient aussi présents dans toute l'Europe chrétienne où ils formaient de petites communautés dans les pays hôtes.

À la fin du 19e siècle, la majorité des Juifs khazars résidait en Europe de l'Est dans une région désignée par le gouvernement russe comme la « Zone de résidence ». Cette zone comprenait la Pologne, l'Ukraine, la Biélorussie, la Lituanie et la Bessarabie. Ces régions faisaient partie de l'Empire russe, mais non de la Russie comme telle. Aux 19ᵉ et 20ᵉ siècles, ces Juifs khazars de l'Europe de l'Est et de l'Europe centrale, au nombre de 5,2 millions, selon le recensement de 1897, formaient la plus grande minorité ethnique de l'Empire russe. À l'heure actuelle, 85 % des Juifs de la Terre et 90 % des Juifs vivant aux États-Unis sont des Ashkénazes et donc des Khazars.

Ce qui signifie implicitement que les véritables Juifs sémites originaires de la Terre sainte ne sont pas responsables des actions des Ashkénazes. Et accessoirement, comme les Ashkénazes ne sont pas des Sémites, mais des Khazars, ceux qui les accusent de tous les maux ne sont pas antisémites. Donc, si vous voulez diaboliser les Juifs ashkénazes sans être accusé d'antisémitisme, évoquez leur origine khazare pour vous disculper, et le tour est joué. Et si vous êtes juifs, blâmez les Khazars si l'on vous pointe du doigt.

Si seulement c'était vrai, tout le monde serait content, mais ce ne l'est pas. De fait, cette théorie hautement spéculative a été rejetée par de nombreux historiens conscients de la nature apologétique de l'hypothèse. Une difficulté cruciale est que les groupes ashkénazes parlent une langue basée sur l'allemand (yiddish) plutôt qu'une langue basée sur le turc. De plus, il est très peu probable que les Ashkénazes hautement alphabétisés n'aient conservé aucune trace de leurs origines turques. Les données génétiques pèsent également fortement contre une telle hypothèse[1]. Selon la journaliste juive Tina Hesman Saey :

> Des études génétiques d'envergure ont montré que les diverses communautés juives actuelles ont une cohésion génétique remarquable. Les Juifs d'Iran, d'Irak, du Yémen, d'Afrique du Nord, les Ashkenazes européens de même que d'autres groupes sémites sont tous originaires du Moyen-Orient. Une origine géographique commune peut être observée pour tous les principaux groupes juifs étudiés. Cette recherche génétique a clairement réfuté l'histoire des

---

[1] Kevin MACDONALD, "Refuting the Khazar Theory & Occidental Observations", *Red Ice TV*, 29 septembre 2014.

Khazars : un empire turco-asiatique d'avant le 10ᵉ siècle qui se serait converti en masse au judaïsme. Les chercheurs ont comparé la signature ADN des Juifs ashkénazes avec celle des personnes d'origine turque et n'ont trouvé aucune correspondance. Les résultats des tests ADN soutiennent l'hypothèse que les pools de gènes paternels des communautés juives d'Europe, d'Afrique du Nord et du Moyen-Orient sont issus d'une population ancestrale commune du Moyen-Orient, et suggèrent que la plupart des communautés juives sont restées relativement isolées des communautés non juives voisines pendant et après la diaspora.[2]

Les Khazars sont néanmoins devenus une sorte de dispositif polyvalent. Arthur Koestler, par exemple, utilise la conjecture des Khazars pour désamorcer l'antisémitisme racial qui, de ce point de vue, serait mal dirigé, les Juifs ashkénazes n'étant pas des Sémites. Ainsi, si pour une raison ou une autre les Ashkénazes se comportent mal, les chrétiens évangélistes, par exemple, qui sont convaincus que les Juifs sont le peuple élu de Dieu, pourront continuer à le croire puisque les mauvais Juifs en question ne sont pas de vrais Juifs, mais des imposteurs[3].

D'après le biologiste évolutionniste américain Kevin MacDonald, plusieurs historiens juifs comme Yitzhak Schipper ont tenté par ailleurs de montrer que les Juifs ashkénazes provenant pour la plupart des vestiges de l'Empire khazar ayant vécu en Pologne aussi longtemps que les Polonais avaient eu une influence civilisatrice décisive sur le pays. Or, cette théorie a indigné de nombreux historiens polonais, dont A. Marylski qui voit dans ce mensonge une tentative « de placer la Pologne préhistorique sous la botte des Juifs[4] ». L'hypothèse khazare a également été utilisée par Samuel Weissenberg, un raciste juif du

---

[2] Tina HESMAN SAEY, "Tracing Jewish Roots: Genome Study Helps Map Diaspora, Highlights How Heritages Blended", *Science News*, 3 juin 2010.

[3] Kevin MACDONALD, *ouvrage cité.*

[4] *Ibid.*

19ᵉ siècle, afin de prouver que les Juifs faisaient intégralement partie de la Russie[5].

Dans un registre similaire, Éric Zemmour pratique ce genre de subterfuge en essayant de faire croire, selon le mot de l'historien et politologue Youssef Hindi, qu'Israël est « l'alpha et l'oméga de la France, son commencement et son destin[6] ». L'agent d'influence israélien Gilles-William Goldnadel voit lui aussi un « lien historique sacré entre Paris et Jérusalem, saint Louis et David, la France chrétienne et l'État juif[7] ». Or, « on a beau chercher dans les profondeurs de l'histoire, écrit Youssef Hindi dans son livre *L'Autre Zemmour*, on ne trouve aucune trace des liens sacrés entre la France et Israël, ni même de lien culturel ou anthropologique[8] ».

Selon Kevin MacDonald, les Juifs sont constamment en train d'inventer toutes sortes de légendes et d'idéologies de ce genre pour se protéger, atteindre leurs objectifs et maintenir leur hégémonie[9]. Ainsi, le judaïsme est une stratégie évolutionnaire de groupe qui permet à la race juive de faire passer cette idéologie pour une religion alors que c'est véritablement un projet politique qui lui permet non seulement de survivre, mais de s'imposer. Hitler dans *Mon combat* avait percé le secret de cette forme de darwinisme cryptique : « C'est l'un des tours de passe-passe les plus ingénieux au monde que d'avoir fait naviguer cet État sous l'étiquette de "religion", et de lui avoir assuré ainsi la tolérance que l'Aryen est toujours prêt à accorder à la croyance religieuse. En réalité, la religion de Moïse n'est rien d'autre que la doctrine de la conservation de la race juive.[10] »

Ceci dit, la plupart des défenseurs de cette thèse sont tout simplement ignorants tellement ce mensonge est diffus.

---

[5] *Ibid.*

[6] Youssef HINDI, *L'Autre Zemmour*, Kontre Kulture, 2021, p. 112.

[7] *Ibid.*, p. 114.

[8] *Ibid.*

[9] Kevin MACDONALD, *ouvrage cité.*

[10] Adolf HITLER, *Mein Kampf*, Hurst and Blackett Ltd, 1939, p. 127.

MENSONGE 6

La Liste de Schindler et Le Choix de Sophie sont des histoires vraies

*Ce qui se construit sur le mensonge
ne peut pas durer.*

Marc LEVY

DANS ce sixième mensonge, nous n'avons aucune intention de nier la véracité de la Shoah (terme hébreu désignant l'Holocauste). Comme le dit Jérôme Bourbon, le directeur du journal *Rivarol*, dans son éditorial du 19 juin 2019, à propos du crime des crimes contre l'humanité :

> Il est interdit de contester, même de manière insidieuse, indirecte, sous une forme dubitative ou interrogative, l'existence des chambres à gaz, la réalité et l'ampleur du génocide juif. La contestation de l'existence de crimes contre l'humanité n'a nul besoin d'être explicite pour que les tribunaux entrent en voie de condamnation. La simple expression du doute, l'utilisation d'un conditionnel, l'usage de guillemets, une formule ambiguë suffit à être condamné.

Fin juillet 2004, souligne à son tour l'abbé Olivier Rioult à la page 305 de son livre *De la question juive*, publié aux éditions Saint Agobard (2018), « le parlement d'Israël (Knesset) a même adopté à l'unanimité une loi permettant de réclamer l'extradition vers Israël de toute personne coupable, en n'importe quel point du globe, de déni d'Holocauste ».

C'est assez étrange comme interdiction. Soixante-quinze ans plus tard, on devrait pouvoir discuter librement du sujet, chercher la contradiction comme on le fait avec l'esclavage et la colonisation. Où est le problème ?

Mais c'est ainsi, et il n'y a rien à dire depuis que la Shoah est devenue un culte religieux auquel tout le monde est obligé de croire pour les raisons suivantes, selon le politologue et historien des religions Youssef Hindi :

> La sacralisation en cours de l'État hébreu nécessitait au préalable la sacralisation du peuple juif. Dans l'époque contemporaine, où règne, du moins en apparence, l'athéisme, il fallait, pour faire accepter aux goyim (les non-juifs) occidentaux l'idée de la sacralité des juifs, inventer un culte « profane », ou plus précisément, un culte dépourvu de transcendance.[1]

Dans cette version des choses, le culte de la Shoah est un substitut du christianisme servant entre autres à remplacer Jésus par le peuple juif lui-même qui s'est proclamé son propre Messie. De fait, « le sionisme prône une rupture avec une attitude passive des Juifs, qui depuis trop longtemps attendent un Messie. Il prône une prise en main du destin juif par les Juifs eux-mêmes, une volonté de réaliser sur Terre et maintenant, et par des moyens humains, quelque chose qui, jusque-là, avait été un horizon vague entre les mains de Dieu[2] ».

Dans cette optique, précise Youssef Hindi, « le sacrifice sur la Croix est remplacé par la chambre à gaz et le four crématoire, le Golgotha, par Auschwitz, le chemin de croix, par les rails de

---

[1] Youssef HINDI, *La Sacralisation de l'État d'Israël*, youssefhindi.fr, 29 juillet 2017.
[2] Esther BENBASSA, Jean-Christophe ATTIAS, *Les Juifs ont-ils un avenir ?* Cité par l'abbé Olivier RIOULT, *ouvrage cité*, p. 301.

train où passaient les wagons de déportés (d'où la commémora-tion quasi religieuse du Vel' d'Hiv')³ ». On peut rajouter à cette liste, les cathédrales, remplacées par les musées de la Shoah pré-sents dans presque toutes les grandes villes d'Occident, les saints, remplacés par d'anciens détenus des camps comme les grands menteurs Elie Wiesel et Martin Gray, les livres saints, remplacés par des livres comme le faux journal d'Anne Frank, etc.⁴.

Mais pourquoi sacraliser les Juifs et l'État d'Israël ?

Afin d'établir leur primauté sur le monde, il est vital que les Juifs et l'État d'Israël soient non seulement protégés de toute critique, mais qu'ils obtiennent un traitement de faveur, les êtres humains, surtout de race blanche, étant naturellement plus indulgents envers les victimes⁵. Le culte de la Shoah, de même que les accusations d'antisémitisme et d'incitation à la haine sont à la fois l'épée et le bouclier grâce auxquels les Juifs et l'État d'Israël, à l'aide de leur insupportable police de la pensée et de leurs alliés non juifs⁶, obtiennent des réparations finan-cières⁷, ⁸, censurent et persécutent leurs opposants, se protègent de toute critique, unissent et mobilisent leur communauté et réalisent leurs ambitions hégémoniques sur le monde. « C'est un instrument que l'on utilise beaucoup, souligne l'historien isra-élien Moshe Zimmerman. D'une façon cynique, on peut dire que

---

³ Youssef HINDI, *article cité*.

⁴ Anne KLING, *Menteurs et affabulateurs de la Shoah*, Éditions Mithra, 2013.

⁵ Kevin MACDONALD, *Individualism and the Western Liberal Tradition: Evolutionary Origins, History, and Prospects*, Kindle Direct Publishing Edition, 2019.

⁶ Anne KLING, *La France licratisée : Enquête au pays de la Ligue interna-tionale contre le racisme et l'antisémitisme*, Éditions Mithra, 2006.

⁷ Anne KLING, *Shoah : La Saga des réparations*, Éditions Mithra, 2015.

⁸ Norman G. FINKELSTEIN, *L'Industrie de l'Holocauste : Réflexions sur l'exploitation de la souffrance des Juifs*, La fabrique éditions, 2001.

la Shoah est l'un des objets qui se prêtent le mieux à la manipulation du public, du peuple juif en particulier, en Israël et à l'extérieur.[9] »

Comme le dit l'écrivain juif Philip Roth, c'est donc Auschwitz qui permet entre autres à Israël de faire reculer ses frontières. C'est Auschwitz qui justifie les bombardements des civils des pays limitrophes. C'est Auschwitz qui justifie que l'on brise les os des enfants palestiniens et que l'on mutile les mères arabes[10]. Dans cet ordre d'idées, c'est aussi Auschwitz qui justifie des lois liberticides dignes des pires romans dystopiques. C'est Auschwitz qui bloque la résurgence des nations ethniquement homogènes. Au bout du compte, Auschwitz est la clé de voûte du mondialisme, avec le consumérisme, la démocratie libérale et l'antiracisme :

> La Shoah a évolué au cours des années pour devenir le mythe national non seulement du peuple juif, mais des mondialistes en général. Elle possède désormais toutes les caractéristiques d'une religion, avec son propre Satan, Hitler, et son propre saint, la nation juive. Dans cette version des choses, le Christ crucifié sur la croix est remplacé par la nation juive crucifiée dans les chambres à gaz. Par cette substitution, ce peuple « martyr » essaye de plagier la christologie chrétienne et de s'approprier le titre de messie afin de pousser les catholiques et les chrétiens en général à se « judaïser » et à accepter sans rechigner leur projet mondialiste. Cette ruse s'inscrit dans une stratégie évolutionnaire de groupe à finalité hégémonique. Cette religion de la Shoah est par ailleurs la colle qui tient le peuple juif ensemble en tant que nationalité distincte, car il n'y a rien de tel que la persécution et la victimisation pour rallier ses

---

[9] Moshe ZIMMERMAN cité par Yakov M. RABKIN dans *Au nom de la Torah : Une histoire de l'opposition juive au sionisme*, Les Presses de l'Université Laval, 2004, p. 211. Cité par l'abbé Olivier RIOULT, *ouvrage cité*, p. 304.

[10] Philip ROTH, *Opération Shylock*, Gallimard, 1995, p. 137-142. Cité par l'abbé Olivier RIOULT, *ouvrage cité*, p. 302.

troupes. C'est donc surtout pour ces deux raisons que les juifs l'entretiennent et la protègent si soigneusement.[11]

« Des Juifs fous de pouvoir, voilà ce qu'ils sont, déplore l'écrivain juif Philippe Roth, aucune différence avec les autres fous de leur espèce, sauf qu'eux utilisent le mythe de la Shoah pour justifier leur désir éperdu de pouvoir et le fait qu'ils nous victimisent.[12] »

Mark Weber de l'Institute for Historical Review a rassemblé dans l'un de ses articles les citations suivantes d'universitaires juifs qui ne laissent aucun doute sur l'instrumentalisation de la souffrance juive à des fins politiques et idéologiques[13] :

> Norman Finkelstein, un universitaire juif ayant occupé des postes d'enseignant à l'Université de New York et à l'Université DePaul, écrit dans son livre à succès *L'Industrie de l'Holocauste* : « [...] invoquer l'Holocauste [*est*] un stratagème pour délégitimer toute critique des Juifs ». Il ajoute : « En conférant une totale innocence aux Juifs, le dogme de l'Holocauste immunise Israël et la communauté juive américaine contre la censure légitime. [...] La communauté juive américaine organisée a exploité l'Holocauste nazi pour détourner la critique d'Israël et de ses propres politiques moralement indéfendables.[14] »

> Pour Paula Hyman, une professeure d'histoire juive moderne de l'Université de Yale : « L'Holocauste peut être utilisé pour prévenir les critiques politiques et réprimer le débat ; il renforce le sentiment qu'ont les Juifs d'être un peuple éternellement assiégé qui peut compter, à la place d'une argumentation rationnelle, sur l'invocation de la souffrance endurée par les Juifs pour convaincre les

---

[11] Benton BRADBERRY, *Le Mythe du sale Boche : La Stigmatisation de l'Allemagne à des fins hégémoniques*, AuthorHouse, 2018, p. 6.

[12] Philip ROTH, *ouvrage cité.*

[13] Mark WEBER, "Holocaust Remembrance: What's Behind the Campaign?", *Institute for Historical Review.*

[14] Norman G. FINKELSTEIN, *The Holocaust Industry*, Verso, 2003, p. 37, 52 et 149.

sceptiques de la légitimité de la politique actuelle du gouvernement israélien.[15] »

Ce point de vue est repris par un autre universitaire juif, Tony Judt, directeur du Remarque Institute de l'Université de New York : « La Shoah est fréquemment exploitée en Amérique et en Israël pour détourner et interdire toute critique d'Israël ; il permet à Israël de surpasser les souffrances de toute autre nation (et de justifier ses propres excès) en affirmant que la catastrophe juive était unique et incomparable ; et (en contradiction avec les deux premiers), elle est présentée comme une métaphore polyvalente du mal — partout, partout et toujours — enseignée aux écoliers partout en Amérique et en Europe sans aucune référence au contexte ou à la cause. Cette instrumentalisation moderne de l'Holocauste à des fins politiques est éthiquement peu recommandable et politiquement imprudente.[16] »

En Israël, explique Tom Segev, un éminent journaliste et auteur israélien, l'Holocauste est devenu « un objet de culte ». De plus, écrit-il, « l'"héritage de l'Holocauste", tel qu'il est enseigné dans les écoles [d'Israël] et promu dans les cérémonies commémoratives nationales, encourage souvent le chauvinisme insulaire et le sentiment que l'extermination nazie des Juifs justifie tout acte qui semble contribuer à la sécurité d'Israël, y compris l'oppression de la population dans les territoires occupés par Israël pendant la guerre des Six Jours.[17] »

Amira Hass, une journaliste et auteure israélienne de renom, est encore plus directe. Écrivant dans un grand quotidien israélien, elle dit ceci : « … Israël a fait de la liquidation des Juifs d'Europe un atout. Nos proches assassinés sont enrôlés pour permettre à Israël de continuer à se moquer des décisions internationales contre l'occupation. Les souffrances que nos parents ont endurées dans les ghettos et les camps de concentration […] sont utilisées comme des

---

[15] Paula E. HYMAN, "New Debate on the Holocaust", *The New York Times Magazine*, 14 septembre 1980, p. 79.
[16] Tony JUDT, "Goodbye To All That?", *The Nation* (New York), 3 janvier 2005, p. 17.
[17] Tom SEGEV, *The Seventh Million: The Israelis and the Holocaust*, Picador Editions, 2000, p. 513 et 517.

armes pour contrecarrer toute critique internationale de la société que nous créons ici.[18] »

La grande leçon de l'Holocauste, comme le dit le Premier ministre israélien Ariel Sharon, est que nous les Juifs devons « toujours rester vigilants et ne faire confiance à personne d'autre qu'à nous-mêmes. Les Juifs ne peuvent compter que sur eux-mêmes. Les jeunes Juifs, ajoute-t-il, ont le devoir de transmettre cette leçon, ces souvenirs et ces histoires, pour souligner l'importance de l'existence de l'État juif[19] ».

Mais venons-en à *La Liste de Schindler,* le film du réalisateur juif Steven Spielberg, le sujet qui nous concerne. Notre intention est de démontrer comment Hollywood, une entreprise de divertissements entièrement entre les mains des Juifs[20], falsifie les faits, notamment afin d'inciter à la haine non seulement des Allemands, mais, par association, des chrétiens et des Blancs en général, en les faisant passer pour l'incarnation du Mal absolu. Cette stigmatisation systématique dans un grand nombre de films et de séries télévisées sert entre autres à culpabiliser, et par le fait même, à neutraliser l'instinct de défense de ces populations afin de leur faire accepter sans résister le multiculturalisme, le métissage, leur propre remplacement par des populations allogènes extra-européennes et au bout du compte la gouvernance mondiale[21].

Le personnage de Schindler a bel et bien existé, même s'il ne ressemblait pas du tout au personnage du film. Mais la scène la

---

[18] Amira HASS, "Using the Holocaust to Ward off Criticism", *Haaretz* (Israël), 16 mars 2005.
Leonard FEIN, "Too Young to March?", *Forward* (New York), 13 mai 2005, p. 8.
[19] "Israel Marks Auschwitz Liberation", *BBC News*, 27 janvier 2005 ; "Sharon: Never Forget Nazi Killers", *CNN News*, 6 mai 2005.
[20] Lisa KLUG, "Who Said Jews Run Hollywood?", *The Times of Israel*, 2016.
[21] Stéphane BRUCHFELD, *Dites-le à vos enfants : Histoire de la Shoah en Europe, 1933-1945*, Ramsey, 2000.

plus marquante, celle du commandant nazi qui tue pour s'amu-
ser des prisonniers du haut de son balcon est complètement
inventée. Dans ce film de propagande mensongère, écrit l'ancien pilote de l'US Navy Benton Bradberry dans son livre *Le
Mythe du sale Boche*[22] :

> Le commandant nazi du camp de concentration (censément le
> camp de Płaszów situé en dehors de Cracovie, pas loin d'Ausch-
> witz) se tient torse nu sur le balcon de sa maison avec sur l'épaule
> un fusil de chasse équipé d'une lentille télescopique. Dans le film,
> la maison est située sur une colline surplombant le camp de sorte
> que le commandant peut regarder vers le bas les prisonniers qui se
> déplacent dans le camp en dessous. Il épaule son fusil et se met à
> balayer la foule des prisonniers avec son télescope en passant d'un
> prisonnier à l'autre ; l'image vue à travers le télescope remplit main-
> tenant tout l'écran ; les réticules du télescope s'arrêtent sur un pri-
> sonnier choisi au hasard ; le commandant appuie sur la gâchette et
> le prisonnier s'écroule, raide mort. L'image revient sur le comman-
> dant nazi que l'on voit machinalement recharger son fusil avec une
> insouciance évidente, le visage figé par l'ennui. Il épaule son fusil
> de nouveau, et tire sur un autre prisonnier qui s'écroule à son tour,
> raide mort. Puis, lassé par cet « exercice de tir à la cible », il tourne
> son attention vers la belle femme sexy et nue couchée sur son lit à
> l'intérieur de la chambre adjacente au balcon. La femme est l'une
> de ses servantes juives choisies parmi les prisonnières du camp, et
> qui lui servent également d'esclaves sexuelles. Le visage du com-
> mandant affiche un cynisme révoltant.[23]

Comme l'explique Benton Bradberry, le but de cette
effroyable scène, de même que la présence de la servante nue
d'origine juive, est de faire passer l'officier nazi pour un psychopathe totalement dépravé. Les prisonniers assassinés étant tous
juifs, à travers ce film de propagande, deux thèmes juifs popu-
laires sont exploités et mis en valeur :

---

[22] Benton BRADBERRY, *Le Mythe du sale Boche : La Stigmatisation de
l'Allemagne à des fins hégémoniques*, AuthorHouse, 2018.
[23] *Ibid.*

> 1. Les nazis, les chrétiens et les Blancs par association, sont l'incarnation du Mal absolu ;
> 2. La persécution des Juifs est précisément ce qui les singularise.

Mais qu'en est-il exactement ? Où est la vérité ? Où est le mensonge ?

Ce qui est faux : Cette scène est entièrement fictive. Le vrai camp de Płaszów était complètement hors de vue du balcon du commandant. Ainsi, même si ce dernier l'avait voulu, il ne pouvait pas tirer dans le camp du haut de son balcon comme il est montré dans le film afin d'amplifier la cruauté du personnage. En outre, Amon Goeth avait bel et bien eu deux servantes juives choisies parmi les prisonnières du camp, mais elles n'étaient pas belles et sexy comme celles du film, et rien n'indique qu'il ait eu des relations inconvenantes avec elles. Cette histoire de sexe a été ajoutée au film uniquement pour lui donner du piquant[24].

Ce qui est vrai : Le commandant Goeth était bel et bien un psychopathe cruel et sanguinaire, sans Dieu ni loi, comme on en trouve partout, notamment en temps de guerre, dans un environnement qui favorise leur épanouissement.

Ce qui est faux : Mais ce que les millions de spectateurs qui ont vu *La Liste de Schindler* ne savent pas, c'est que ce n'était pas un comportement généralisé, typique de tous les nazis et de tous les Allemands, comme le film le laisse entendre. Les Juifs, par ailleurs, n'étaient pas les seules victimes.

Ce qui est vrai : En septembre 1944, Goeth a été arrêté et emprisonné pour corruption et meurtre de détenus par le SS HaupAmtGericht, le bureau central de la justice SS. L'arrestation de Goeth (il a été exécuté en 1946) est intervenue après une enquête menée par le juge militaire allemand Konrad Morgen et des officiers du Bureau de la sécurité du Reich. De fait, les SS avaient une force de police de sécurité intérieure dont la mission

---

[24] *Ibid.*

était de poursuivre le personnel des camps allemands (comme Goeth) impliqué dans la corruption ou la brutalité[25].

Ce n'est au bout du compte qu'une autre de ces bizarreries sur la Shoah — et l'image de la Shoah qui nous est présentée par Hollywood et les médias — qui porte à se demander ce qui s'est véritablement passé pendant cette époque tragique.

Le Choix de Sophie, le film du réalisateur juif Alan J. Pakula, est un autre exemple de propagande mensongère qui restera longtemps gravé dans la mémoire des spectateurs.

Dans ce film, Sophie et ses deux petits enfants sont envoyés à Auschwitz, le nouveau Golgotha de la religion schoatique. Durant la sélection dès l'arrivée — la sélection est désormais devenue l'une des étapes du chemin de croix de cette religion —, un officier nazi incroyablement cruel — d'une cruauté digne du célèbre Dr Joseph Mengele, l'un des Satans présumés d'Auschwitz[26] — lui annonce qu'elle doit garder seulement l'un de ses enfants, et que l'autre sera exécuté dans la chambre à gaz. Sophie, désemparée, est donc forcée de choisir lequel de ses deux enfants elle va garder, et lequel elle va envoyer à la chambre à gaz ; de là le titre du film, *Le Choix de Sophie*.

Dans le film, le méchant officier nazi ne donne aucune raison ou explication pour exiger qu'un des enfants meure ou pour forcer Sophie à faire ce choix crève-cœur. Le fait qu'il soit un méchant nazi est présumé être une explication suffisante. Examinons maintenant ce qui selon Benton Bradberry se cache derrière cette fiction :

C'est une adaptation d'un roman de l'auteur américain William Styron, qui n'avait absolument aucune connaissance pratique des camps. Auschwitz a tout simplement servi de décor pour une fable tout droit sortie de son imagination. En réalité, rien

---

[25] "The Holocaust Issue", *The Barnes Review*, 2009, p. 74.
[26] Carlo MATTOGNO et Miklós NYISZLI, *An Auschwitz Doctor's Eyewitness Account: The Tall Tales of Dr. Mengele's Assistant Analyzed*, Castle Hill Publishers, 2020.

de la sorte ne s'est jamais produit. N'empêche que les histoires de méchants nazis de ce type sont depuis longtemps le pain et le beurre de Hollywood et de nombreux auteurs en mal de popularité, et qui sont prêts à tout pour faire de l'argent. Les amateurs de cinéma et de romans sont conditionnés par ce genre de balivernes au point de faire passer la fiction pour une vérité. Autrement dit, nous avons tous été entraînés à prendre ces absurdités au pied de la lettre sans nous poser aucune question. Comme les Allemands sont foncièrement « méchants », ils ne peuvent faire que des choses « méchantes ». Aucune autre explication n'est requise.[27]

Un constat s'impose, il est difficile de trouver une seule cause politique qu'il s'agisse des droits des pitbulls, de la défense des chats errants, de la vie ou du libre choix des femmes, du droit des États, qui ne se soit pas servie de l'Holocauste comme faire-valoir[28].

C'est donc surtout pour ces raisons que les mondialistes juifs et non juifs entretiennent et protègent si soigneusement ce « détail » de la Seconde Guerre mondiale.

Pour empêcher cette arme de dissuasion massive de perdre son mordant, on doit continuellement dépeindre les juifs en victime ultime de l'histoire, et pour ce faire, on a besoin, évidemment, d'un agresseur qui soit à la hauteur. Or, l'Allemagne a été désignée pour remplir ce rôle... à perpétuité.

Toute modification ou remise en question de cette image soigneusement entretenue de l'Allemagne incarnation du Mal absolu, et en particulier de l'Allemagne agresseur sadique des juifs, menacerait l'histoire entière de la Shoah, et par conséquent la domination des juifs.

Cette stigmatisation systématique est en conséquence jalousement et soigneusement protégée par la presse et les médias d'information sous domination juive, et gare à celui qui oserait la remettre en question. Toute personne qui oserait le faire est en effet

---

[27] Benton BRADBERRY, *ouvrage cité*.
[28] Norman G. FINKELSTEIN, *L'Industrie de l'Holocauste : Réflexions sur l'exploitation de la souffrance des Juifs*, La fabrique éditions, 2000, p. 84-85.

tout de suite attaquée et cataloguée d'antisémite mentalement dérangé.

Dans 18 pays, les juifs se sont même organisés pour faire interdire, sous peine de prison ferme et d'amendes juteuses, la remise en question, voire la simple investigation du récit officiel de la Shoah.[29]

Des révisionnistes ont été assassinés ou, comme le professeur Faurisson, sauvagement battus et laissés pour morts[30]. Des dizaines d'incrédules, comme la prisonnière politique allemande de 92 ans Ursula Haverbeck, sont en prison ou en exil, comme Vincent Reynouard et Germar Rudolf, pour avoir osé lever ce tabou[31]. À cause de la Shoah, les pauvres Allemands, tout comme nous, quand on y pense bien, les pauvres Blancs des autres pays, sommes consignés à perpétuité dans le rôle de monstre le plus maléfique de l'histoire[32].

> En définitive, nous sommes face ici à une inversion accusatoire. Ce ne sont en effet pas les Juifs qui sont dans les réticules du télescope du commandant allemand dans *La Liste de Schindler*, mais les Allemands, et par association, l'humanité non juive tout entière. Et ceux qui tiennent le fusil sont bel et bien les mondialistes juifs et leurs alliés non juifs.

---

[29] Benton BRADBERRY, *ouvrage cité.*

[30] Christian VILLE, « Agressé en septembre, le professeur Faurisson persiste : "Pour me faire taire, il faudra me tuer." », *Le Choc du mois*, décembre 1989.

[31] Germar RUDOLF, *Les pensées ne sont pas libres en Allemagne*, Akribeia, 2005.

[32] Irmin VINSON, *L'« Holocauste » : Une arme de dissuasion massive*, La Sfinge, 2012.

MENSONGE 7

La démocratie est le régime politique idéal

L'État est le plus froid des monstres froids. Il ment
froidement ; et voici le mensonge qui s'échappe de sa
bouche : « Moi l'État, je suis le peuple. »

Friedrich NIETZSCHE

L E meilleur réquisitoire contre la démocratie, le plus « documenté, clair, serré et implacable[1] » est sans aucun doute
celui de Jean Haupt. De fait, après avoir analysé tous ses
rouages, soit ses principes fondateurs, le suffrage universel, les
partis, le parlement, le gouvernement et le chef de l'État, « il
conclut que la démocratie est contraire aussi bien aux intérêts
légitimes des citoyens qu'aux intérêts supérieurs de la Nation[2] ».

C'est un constat étonnant, voire scandaleux pour la très
grande majorité des Occidentaux qui ne jurent que par la démocratie, mais Jean Haupt a-t-il raison ? Les autres formes de gouvernement comme le fascisme et sa variante allemande, le
national-socialisme, sont-elles aussi pernicieuses, criminelles et
condamnables que le prétendent les démocrates ? Les démocrates vainqueurs de la Seconde Guerre mondiale ont-ils eu

---

[1] Jean HAUPT, *Le Procès de la démocratie*, Éditions Baris, 2019, p. 6
(« Aperçu biographique de l'auteur »).
[2] *Ibid.*

raison de faire disparaître la moindre trace de ces gouverne-ments autoritaires par des purges massives de documents[3] et l'assassinat systématique de plusieurs millions de personnes notamment en France[4] et en Allemagne[5] ? C'est ce que nous allons tenter d'éclaircir dans ce huitième mensonge et le suivant.

Les principes fondateurs de la démocratie

La sacro-sainte trilogie d'origine maçonnique « Liberté, Éga-lité, Fraternité » est la clé de voûte de toute démocratie. Trois mots magiques fortement connotés, mais qui contiennent tout un monde de contradiction. Comme l'explique en effet Nesta Webster dans son livre *La Révolution mondiale*, « il est impos-sible d'avoir une complète liberté et l'égalité en même temps, l'une exclut l'autre. Il est possible d'avoir un système de com-plète liberté dans lequel chaque homme est libre de se comporter comme il lui plaît, de faire ce qu'il veut, même de voler ou tuer, de vivre par conséquent selon la loi de la jungle dont la règle est celle du plus fort, mais il n'y a là aucune égalité. Ou bien l'on peut avoir un système d'égalité absolue, réduire tout le monde au même bas niveau, broyer toute ambition chez l'homme de s'élever au-dessus de ses compagnons, mais il n'y a plus alors de liberté[6] ». La Fraternité est quant à elle, la plus criante des impostures : « La Fraternité, enfant chérie de la démocratie, a été baptisée dans un bain de sang [*la Révolution française de 1789*], et qui ne devait pas être le dernier ! Jamais les hommes ne se sont aussi trahis, haïs, enviés, volés, torturés, assassinés, massacrés, que depuis que la Fraternité est inscrite au fronton de nos édifices publics. Il suffit de parcourir l'histoire des cent

---

[3] Gianantonio VALLI, *La Race selon le national-socialisme : Théorie anthropologique et pratique juridique*, Akribeia, 2014.

[4] Jean-Pierre ABEL, *L'Âge de Caïn : Premier témoignage sur les dessous de la libération de Paris*, Éditions Nouvelles, 1947.

[5] Savitri DEVI, *Gold in the Furnace*, Calcutta, 1952.

[6] Nesta WEBSTER, *La Révolution mondiale : Le Complot contre la civili-sation*, Éditions Saint-Rémi, 2006, p. 42.

cinquante dernières années pour constater que la démocratie, c'est la guerre civile endémique et permanente.[7] »

Ainsi, en accouplant trois termes à jamais incompatibles, les dominants ont introduit dans l'arène sociale une pomme de discorde permanente qui sied bien au judaïsme politique qui s'épanouit dans ce genre d'environnement divisé et miné par les dissensions multiples. En d'autres mots, en raison de cette particularité propre aux démocraties, selon Louis-Ferdinand Céline, « la démocratie est le paravent de la dictature juive ».

La liberté de pensée

Dans une démocratie, la liberté de pensée est-elle assurée ? Non, affirme Jean Haupt, car « les hommes, de nos jours, quels qu'ils soient, où qu'ils soient, sont soumis, heure par heure, dans la rue, au bureau, à l'usine, à l'atelier, dans leur travail, dans leurs loisirs et dans leurs distractions, et jusque dans l'intimité de leur foyer, par l'intermédiaire de l'image, du livre, de la presse, du cinéma, de la radio, de la télévision, à l'action constante, permanente, envahissante, déclarée ou insidieuse, brutale ou sournoise, de la propagande pandémocratique[8] ».

Tout ce qui ne contribue pas à la gloire de la démocratie est occulté. Et comme les médias appartiennent aux oligarques au pouvoir, ces derniers ont une mainmise complète sur les affaires politiques du pays. La démocratie est dans cette optique un gouvernement autoritaire qui ne dit pas son nom. Elle ne tolère pas la dissonance et prend tous les moyens à sa disposition pour mettre au pas ceux qui n'adhèrent pas à la doxa officielle. Ainsi, pour le dire comme Jean Haupt, « les heureux citoyens d'une démocratie sont libres comme le condamné à mort est libre de se déplacer, les chaînes aux pieds, sur les deux mètres carrés de sa cellule...[9] ».

---

[7] Jean HAUPT, *ouvrage cité*, p. 35.

[8] *Ibid.*, p. 18.

[9] *Ibid.*, p. 19.

La liberté de la presse

Aucun média grand public aujourd'hui n'est libre, c'est-à-dire indépendant. Ils sont tous entre les mains d'un trust quelconque ou d'un groupe financier, lui-même entre les mains de Dieu sait quelle autre entité. Qu'ils soient de gauche ou de droite, démocrate ou républicain, libéral ou conservateur, c'est *bad cop, good cop*. L'information diffusée à la population est totalement censurée, filtrée, manipulée par des forces cachées qui dirigent même les gouvernements. Et c'est sans parler des pressions qui s'exercent par l'intermédiaire de la publicité mensongère. Sur ces questions, on lira à profit *La Fabrication du consentement* de Noam Chomsky, *Propaganda : Comment manipuler l'opinion en démocratie* d'Edward Bernays, et d'Henry Coston, *La République des Rothschild*.

Disons en résumé que celui qui contrôle l'argent et la presse contrôle le monde. C'est d'ailleurs pour cette raison que les démocrates imposent d'abord au nom des droits de l'homme la « liberté de presse » aux pays autoritaires qu'ils tentent de démocratiser. Ils savent très bien que c'est par cette brèche que « s'engouffrera, irrésistible, le torrent de la subversion […] qui leur permettra de monter à l'assaut du régime et de détruire les institutions[10, 11] ».

Et si c'est insuffisant, les démocrates passeront aux bombes comme ils l'ont fait en Libye et ailleurs. « Pas de liberté pour les ennemis de la liberté » a dit Louis Antoine de Saint-Just, un homme politique de la Révolution française guillotiné à Paris le 28 juillet 1784 sur la place de la Révolution (l'actuelle place de la Concorde).

Le suffrage universel

« C'est sur l'égalité absolue qui, par nature, n'existe pas et ne peut exister, insiste Jean Haupt, que les démocrates fondent

---

[10] *Ibid.*, p. 21.
[11] *Ibid.*, p. 26.

l'institution du suffrage universel. C'est le fameux principe "un homme, un vote".[12] » Dans ce système, le vote du plus taré, du plus illettré, du plus ignorant, du plus incompétent moralement et politiquement, du plus facilement manipulable par la propagande médiatique a exactement la même valeur que le vote du plus intelligent, du plus instruit, du moins manipulable et du plus compétent moralement et politiquement.

Or, comme la majorité de la population appartient au groupe le moins compétent, c'est elle qui élit les candidats. Dans ce système, on présuppose que la majorité à un jugement émergeant meilleur que le jugement des parcelles qui la constitue, le citoyen lambda, et réciproquement, on présuppose qu'une minorité ne peut jamais avoir raison. Ce qui est faux dans les deux cas. Une majorité n'a pas nécessairement raison et c'est souvent l'élite minoritaire la plus compétente.

La démocratie est donc l'opinion de la médiocrité. Avec une bonne couverture médiatique, suffisamment d'argent, de fausses promesses électorales et dans certains pays, comme les États-Unis, la manipulation frauduleuse du vote, ceux qui dirigent réellement sont en mesure dès lors de faire élire quasiment n'importe qui.

Jacques Attali qui fait partie des véritables dirigeants de la France savait d'avance que son poulain, Emmanuel Macron, peu connu du public, serait le prochain président. Grâce à une couverture médiatique de tous les instants, la ploutocratie au pouvoir l'a fait élire haut la main par la majorité qui répond au doigt et à l'œil à toutes les manipulations médiatiques.

Les partis contre la nation

Tout est dit dans cette citation de Salazar : « Nous nous sommes proposé d'éliminer le régime des partis, convaincus que l'organisation partisane, avec ses luttes et ses incompatibilités, ses intérêts et ses influences, ne nous avait apporté que la paralysie de l'État et l'instabilité gouvernementale, une contrefaçon

---

[12] *Ibid.*, p. 34.

de la représentation nationale, un ferment de guerre civile... La Nation tend instinctivement à l'union ; les partis tendent à la division...[13] »

Selon Jean Haupt, « l'existence de partis multiples, avec leurs comités, leurs journaux, leurs tracts, leurs meetings, leurs congrès, leurs défilés, leurs manifestations, entretiennent dans le pays, dans la rue, au bureau, à l'usine et parfois jusqu'au sein des familles, un état endémique d'agitation, de division, d'hostilité, de haine, qui, dans les périodes de campagne électorale [...], se transforme en crises aiguës, en poussées de fièvre, en une explosion de passions exacerbées. Les partis sont un ferment de guerre civile[14] ».

Mais les divisions ne sévissent pas uniquement entre les partis, mais aussi à l'intérieur même des partis. Chaque parti a en effet un centre, une droite, une extrême droite, une gauche et une extrême gauche avec son chef et ses adeptes parfois aussi passionnés pour leur camp que s'il s'agissait d'un parti opposé. Et lorsque les querelles internes deviennent importantes, le parti se divise en plusieurs factions ennemies.

Comment dans ces conditions être fonctionnaire, juge, policier ou professeur et être membre d'un parti politique ? Chacun aura tendance à défendre son option politique, parfois au détriment de la collectivité. Ainsi, si le parti au pouvoir est l'adversaire du parti d'un quelconque fonctionnaire, ce dernier sera déloyal envers le gouvernement dont il réprouve la politique. Il lésera et trahira les contribuables qui le paient en pensant bien faire, car il est convaincu que les mesures du parti au pouvoir sont néfastes pour le pays. De fait, selon Mário Saraiva, « quand sont en jeu, à la fois les intérêts nationaux et les intérêts du parti, l'expérience nous enseigne qu'il est vain d'espérer une solution autre que le sacrifice de l'intérêt national a l'intérêt du parti[15] ».

---

[13] *Ibid.*, p. 52.

[14] *Ibid.*, p. 56.

[15] Mário SARAIVA, *Os Pilares da Democracia*, Livraria Clássica Editora, Lisbonne, 1949. Cité par Jean HAUPT à la page 62, *ouvrage cité.*

L'incompatibilité entre l'intérêt du parti et l'intérêt national est particulièrement dangereuse lorsqu'il s'agit de partis internationalistes ou mondialistes comme le Parti démocrate des États-Unis, la République en marche de Macron, le Parti libéral du Canada et du Québec, la Coalition avenir Québec, les partis marxistes comme les Insoumis de Mélenchon et les partis socialistes comme le Labour Party au Royaume-Uni.

Sous différents noms trompeurs, ces partis prônent tous la fin des nations, l'immigration de remplacement, la ruine économique de la classe moyenne, la désindustrialisation, l'esclavage par la dette, la créolisation, la tiers mondialisation et la gouvernance mondiale. Les peuples qui les ont élus sont pour eux sans intérêt. Une fois au pouvoir, leur projet politique prime sur tout. Leur jeu consiste à manipuler les populations, notamment par la peur, pour les forcer subrepticement à accepter une option politique qu'elles refuseraient en toute connaissance de cause.

Le parlement

> Le parlement, issu des luttes partisanes et du scrutin majoritaire, fonctionne, à son tour, sur une base partisane et majoritaire. Autrement dit, l'activité parlementaire n'est que le prolongement, au sein de l'Assemblée, des divisions, des luttes, des rivalités des partis ; le parlement est le théâtre où s'affrontent les idéologies, ou simplement les intérêts des partis ; il est l'image, à une échelle réduite, de la nation démocratique. [...] Le parlement démocratique, à base majoritaire et partisane, souffre, naturellement, du mal congénital, inévitable et incurable, qui ronge du haut en bas, comme une gangrène, tous les régimes démocratiques et les pays qui en sont affligés : la division, la guerre civile, plus ou moins endémique ou plus ou moins déclarée.[16]

Comment voulez-vous qu'il en soit autrement ? Les députés sont élus pour défendre leur parti et ses intérêts. Leur siège au parlement est un poste de combat contre les autres députés des partis adverses. Ils sont moins préoccupés par les intérêts de

---

[16] Jean HAUPT, *ouvrage cité*, p. 74.

l'ensemble de la communauté que par les intérêts partisans entre les partis et à l'intérieur même de leur propre parti. « C'est pourquoi le parlement n'est qu'un champ clos où s'affrontent, sans doute, les idéologies, souligne Jean Haupt, mais où s'affrontent surtout les haines et les ambitions.[17] »

Qu'exige-t-on par ailleurs des députés en ce qui concerne les compétences ? Rien, à part savoir lire et écrire. On ne leur demande même plus d'être éloquents. « […] l'affiche, le tract et le slogan publicitaire tiennent lieu d'éloquence et, dans ces campagnes électorales "nouveau style" […] le grand "bagage" du candidat député, c'est l'*argent*.[18] »

Avoir une belle gueule de star comme Trudeau et Macron est un atout majeur. Les électrices surtout choisiront immanquablement le plus séduisant pour les représenter, quelles que soient ses autres qualifications.

Ces hommes politiques financés par de richissimes donateurs leur seront *de facto* redevables. Ils ne seront pas libres de défendre les intérêts de leurs électeurs. Il est impossible dès lors que la majorité des élus soit des modèles de vertu, de probité et de dignité comme il se doit lorsqu'on représente une nation. Trump financé par des Juifs comme Sheldon Adelson n'a-t-il pas fait avant tout le jeu d'Israël ? Et Macron n'obéit-il pas aux banquiers qui l'ont fait élire ? Legault de même obéit aux ordres des technocrates de Davos et de l'OMS au détriment des intérêts de son propre peuple. Ces dirigeants sont de vulgaires promoteurs au service de forces occultes dont les intérêts sont contraires à ceux des peuples et des nations.

Le gouvernement et le chef de l'État

Il est impossible dans ces conditions que le gouvernement et le chef de l'État soient forts si le parlement est affaibli par les chicanes partisanes et si les députés ne font pas leur travail. Si la fondation est bancale, le reste de l'édifice le sera aussi. L'État et

---

[17] *Ibid.*, p. 76.
[18] *Ibid.*, p. 77-78.

son chef seront dysfonctionnels comme c'est d'ailleurs le cas dans toutes les démocraties occidentales actuelles qui sont toutes au bord de l'effondrement :

> L'idole « démocratie » sert aujourd'hui à démolir les peuples et les races, et à fabriquer, à la « Frankenstein », une humanité grise et sans visage, espérée homogène. Cette vieille illusion se dissipera vite : le chaos racial reformera, mais en désordre, les caractères héréditaires qu'on voulait dissoudre par métissage. Les apprentis sorciers au service de l'idole auront préparé des lendemains auxquels l'humanité pourrait ne pas survivre.[19]

---

[19] G. A. AMAUDRUZ, postface à l'ouvrage de Jean HAUPT déjà cité, p. 134.

MENSONGE 8

Le fascisme est le comble de l'abomination

La rumeur, cette vérité qui se promène comme un mensonge, de bouche à oreille, qui ne fait pas réfléchir les gens, qui passe comme un soupir au-dessus du vent.

Charles SOUCY

L E terme « fascisme » est dérivé du mot italien *fascio*, qui veut dire « le groupe », ou plus spécifiquement « en considération du groupe ». Dans ce système politique, les individus sont appelés à concilier leurs besoins individuels et les besoins du groupe (leur nation). Tous leurs actes doivent être jugés en fonction de leurs conséquences sur la collectivité. Dit autrement, le fascisme rejette la mentalité égoïste du « moi d'abord » et « après moi le néant » si fréquente dans le capitalisme. On s'attend donc à ce que chaque personne vive sainement pour ne pas tomber sérieusement malade et augmenter le fardeau collectif. On encourage dès lors les gens à bien s'alimenter, à faire de l'exercice et à éviter les excès en tout genre. C'est l'essence même du fascisme : l'individualisme tempéré par une forte considération pour les besoins du groupe[1]. Il existe différentes saveurs de fascismes, mais elles ont toutes en commun les points suivants :

Système économique

Dans le fascisme, le gouvernement joue un rôle central dans la supervision des activités bancaires, du commerce, de la production et du marché du travail. Cette surveillance n'a qu'un seul but : voir au bien commun et à la sécurité de la nation. Les gouvernements autoritaires de ce type sont donc un moyen vers une fin, c'est-à-dire les intérêts de la nation et de son peuple plutôt que les intérêts des élites au pouvoir et des oligarques qui les manipulent comme c'est le cas dans une démocratie.

L'axiome suivant est absolument non négociable : le gouvernement n'approuve aucune activité commerciale qui n'a pas un effet positif sur la nation au complet ainsi que ses habitants. Par « effet positif », il faut comprendre : Cette entreprise est-elle bonne pour les travailleurs ? Paie-t-elle un salaire équitable ? Fabrique-t-elle un produit ou procure-t-elle un service qui contribuent au bien-être de la population et à faire progresser la nation technologiquement, moralement et spirituellement ?

Dans un tel système, la pornographie, par exemple, serait interdite, car elle corrompt les gens, exploite et avilit, en particulier les femmes. De même, les accords de libre-échange comme le Traité transatlantique seraient proscrits à jamais parce que ce genre d'accord délocalise les industries dans les pays où la main-d'œuvre ne coûte rien, ce qui a pour effet de nuire considérablement à la main-d'œuvre locale.

Le fascisme s'appuie par ailleurs sur l'entreprise libre avec une seule contrainte : Cette activité profite-t-elle à la nation et au peuple ? À l'intérieur de cette balise, le gouvernement n'a aucune objection à ce qu'un homme d'affaires s'enrichisse con-

---

[1] Ce texte est en partie adapté de l'article de James L. MILLER, Ph.D. "What is Fascism?", *Immigration, Globalization, Political Correctness: The Jewish Elites Attack on the Western World*, 5 septembre 2011.

trairement au communisme fondamentalement contre la fortune personnelle, du moins en théorie car on sait aujourd'hui
qu'en URSS les hommes d'affaires faisaient fortune et que les
élites judéo-bolchéviques vivaient la vie de pacha pendant que
le peuple croupissait dans la misère et les privations[2]. La propriété privée est en outre permise contrairement au communisme où elle est interdite. Pour le dire autrement, si vous êtes
un entrepreneur, allez-y, démarrez autant d'entreprises que
vous voulez, enrichissez-vous, ayez du succès, mais ne produi-
sez aucun produit ou service qui pourrait faire du tort à la nation
et à son peuple ; assurez-vous par ailleurs que vos ouvriers sont
bien traités et qu'ils sont payés un salaire qui leur permet de
vivre décemment. Sinon, nous mettrons fin à vos activités[3].

Dans un système fasciste, les employeurs et les employés
sont unis contre le communisme et le capitalisme. Sous Hitler,
par exemple, le national-socialisme a en effet souligné le principe que les travailleurs et les employeurs sont faits pour être
ensemble en tant qu'entité unie et qu'ils ne doivent pas être agi-
tés ni montés les uns contre les autres, contrairement au système
capitaliste d'aujourd'hui[4]. Les syndicats et la grève, il va sans
dire, sont interdits. Tout cela est bien expliqué par Friedrich
Kurreck, un ingénieur allemand rescapé de la dénazification
massive que l'Allemagne a subie après la guerre :

> Que peut faire un employeur avec des inventions et des idées
> toutes meilleures les unes que les autres, s'il n'a pas d'ouvriers dans
> son atelier pour les produire ? Rien ! Et vice versa : que peut faire
> un très bon travailleur, s'il n'a pas d'employeur dont les décisions
> d'affaires peuvent lui fournir la technologie moderne ? Rien ! Le
> principe est que ceux qui travaillent avec leur tête et leurs mains

---

[2] Richard PIPES, *Russia Under the Bolshevik Regime*, Vintage Books,
1995.
[3] Lothrop STODDARD, *Into the Darkness: An Uncensored Report From
Inside the Third Reich at War*, Fairborne Publishing, 2011, p. 213.
[4] Friedrich KURRECK, "Life in the Third Reich and the World Political
Situation Then and Now", *Der Schlesier*, juillet-août 2002.

forment une équipe avec des employeurs soucieux de l'intérêt national.[5]

Les banques

Dans un système fasciste, l'usure est interdite. Le gouvernement contrôle de près tous les aspects de la politique monétaire, y compris les prêts. C'est le gouvernement qui imprime la monnaie, et qui la prête sans intérêts contrairement à une démocratie où les banques privées appartenant à des étrangers impriment la monnaie, contrôlent la politique monétaire et accordent des prêts à des taux d'intérêt usuraires qui finissent par endetter les nations irrémédiablement. Les nationaux-socialistes pratiquaient aussi le troc à grande échelle afin d'éviter de devenir les esclaves du prêt à intérêt des banquiers cosmopolites[6]. Cette méthode commerciale était naturellement une épine dans le pied des banquiers juifs anglo-américains, car ils ne pouvaient plus exploiter les Allemands. Une extrême agitation contre l'Allemagne en fut le résultat[7].

Aspects culturels et sociaux

Afin que tout soit propre et respectable, afin de maintenir un standard de moralité élevé, de cultiver le sens de l'honneur et un patriotisme ardent, afin de prévenir la dissémination de saletés pouvant corrompre et dépraver la société, le gouvernement fasciste surveille étroitement les films, le théâtre, l'art, la littérature, la musique, l'éducation, les organismes non gouvernementaux, les groupes de réflexions, etc. Dans un régime autoritaire, les ONG et les oligarques comme George Sorros seraient incapables de poursuivre leurs activités subversives[8].

---

[5] *Ibid.*

[6] *Ibid.*

[7] *Ibid.*

[8] James L. MILLER, *article cité.*

La condition féminine

Dans le fascisme, les femmes sont très respectées. En tant que porteuse d'une future vie, on s'attend à ce qu'elles soient bien éduquées et cultivées. Elles sont encouragées à poursuivre leurs intérêts et à faire carrière, mais uniquement si ça n'interfère pas avec les besoins de leur famille. La famille passe donc en premier, en tout temps. On les encourage à être fortes, mais féminines. Dans l'art fasciste, les femmes sont dépeintes en héroïnes ou comme de quasi-déesses[9].

La politique

Dans le fascisme, les députés qui siègent au parlement sont choisis par le peuple d'après leurs qualités intrinsèques : intelligence, dévouement, réalisations passées, capacité de travail et d'organisation, honnêteté, et non pas d'après leur appartenance à un parti. Les députés élus mettent leurs qualités au service de la nation, s'attachent, dans le recueillement, à l'étude, à la discussion et à l'élaboration des lois, aident le gouvernement de leurs critiques et de leurs suggestions, au lieu de lui mettre des bâtons dans les roues ou de se lancer des insultes ou des boules de papier à la figure. Les ministres sont choisis par le chef de l'État parmi les meilleurs entre les meilleurs et non pas par souci de parité. Ils s'efforcent de gouverner dans l'intérêt général du pays, et non dans l'intérêt d'une poignée de ploutocrates qui les a fait élire grâce à des campagnes électorales savamment planifiées par des professionnels de la manipulation publique. Le chef de l'État n'est pas l'élu d'un parti, mais le digne représentant de la nation, plébiscité et respecté par tous les citoyens. Il est au service de la nation au complet. Et contrairement à une démocratie, les représentants de la nation sont directement responsables de leurs actions. Leur but n'est pas de diviser la nation, mais de l'unir et de l'enrichir, technologiquement, moralement et spirituellement. Ce n'est donc pas un État totalitaire comme

[9] *Ibid.*

le précise, dans la citation suivante, le journaliste américain Lothrop Stoddard :

> La relation entre le peuple et l'État montre à quel point il est faux de qualifier l'État national-socialiste d'État totalitaire. Un État qui travaille lui-même pour une fin et n'est pas une fin en soi ne peut en aucun cas être qualifié d'État totalitaire, dans lequel le centre de gravité a été déplacé au détriment de l'individu. Dans ce cas, l'individu sans défense est confronté à un État tout-puissant. Mais l'État national-socialiste existe pour servir le peuple et donc chaque membre. Le tout est donc appelé à coopérer à la vie de l'État.
>
> Le terme, la totalité, s'applique correctement à la *Weltanschauung* (*vision du monde*) national-socialiste qui est incarnée dans le peuple tout entier et active toutes les branches de l'existence nationale.[10]

L'écologie et les animaux

L'écologie n'est pas à l'origine une préoccupation de la gauche, mais de la droite conservatrice, notamment fasciste. Les fascistes encouragent en effet le respect de la nature parce que c'est pour eux la source de toute vie. L'Allemagne et les pays nordiques européens en général sont le véritable berceau du souci de l'environnement et de la protection animale aussi bien domestique que sauvage. Les nationaux-socialistes allemands, par exemple, avaient les lois de protection animale les plus progressistes que le monde ait connues[11].

Tous les grands précurseurs du mouvement vert sont des conservateurs ennemis du progrès exclusivement tourné vers l'utile et l'exploitable et « qui finit par considérer l'homme lui-même comme un cobaye ». Comme le signal à bon escient

---

[10] Lothrop STODDARD, *ouvrage cité*, p. 207.
[11] Luc FERRY, *Le Nouvel Ordre écologique : L'Arbre, l'Animal et l'Homme*, Grasset, 1992, p. 147-168.

Giovanni Monastra, l'un des auteurs du livre *Piété pour le cosmos*, même le terme « écologie » est une invention du conservateur allemand Ernst Haeckel[12].

Plus on va vers le Sud, « y compris au sein même de l'Europe », constate Philippe Baillet, l'autre auteur de cet excellent livre, plus le sentiment écologique se délite. Il y a donc une facette raciale à l'écologie, les Blancs étant en général plus respectueux de la nature et des animaux que les autres races.

Philippe Baillet fait par ailleurs une distinction importante entre les libéraux et les écolos gauchistes mondialistes, les tenants de l'identité sans frontières ou « métissée », et les écologistes de droite, les tenants de l'enracinement territorial et de l'identification ethnique. Ces derniers entendent protéger non seulement la nature, mais aussi les particularités raciales et culturelles. Tandis que les écologistes de gauche ne sont concernés que par la protection de la nature, du moins en théorie, car pour les marxistes, par exemple, l'écologie, selon Monastra, est un masque dont ils se servent pour assouvir leur volonté de puissance[13].

La liberté

Si une personne n'aime pas vivre dans un pays fasciste, libre à elle de partir vivre ailleurs. Contrairement au communisme où si vous n'aimez pas crever de faim comme à Cuba, vous êtes mieux de vous taire au risque de finir dans un camp de rééducation où l'on vous forcera par un lavage de cerveau implacable à être un bon petit communiste obéissant et docile. Si vous résistez, vous serez probablement assassiné. Soumettez-vous donc ou subissez-en les conséquences.

---

[12] Giovanni MONASTRA et Philippe BAILLET, *Piété pour le cosmos*, Akribeia, 2019.
[13] *Ibid.*

Quelles sont pour résumer les différences fondamentales entre le communisme et le fascisme ?

Le fascisme est pour le concept de la propriété privée et de l'économie de marché, tandis que le communisme est contre la propriété privée et pour une économie contrôlée par le gouvernement à l'aide d'un plan centralisé. Dans un système fasciste comme le national-socialisme, les moyens de production sont généralement entre les mains du privé, même si l'État se réserve un rôle de « guide ». Dans un système communiste, la propriété privée, y compris les fermes, les usines ou les moyens de production, voire les logements, sont confisqués par l'État. Les deux systèmes sont certes tous les deux foncièrement autoritaires, mais le national-socialisme est considérablement plus convivial que le communisme. De fait, dans le national-socialisme, les droits des citoyens sont respectés et protégés, alors que dans le communisme, les droits privés n'existent pas.

Les buts de ces deux systèmes sont également différents. Le national-socialisme hitlérien est un mouvement révolutionnaire qui vise à « protéger » la civilisation occidentale chrétienne, alors que le communisme est un mouvement révolutionnaire qui vise à la « détruire ». Dans les mots de Harold Cox, un membre du parlement britannique et un érudit libéral tout ce qu'il y a de typique : « Les socialistes (communistes) ne visent pas le progrès du monde comme tel, mais sa destruction comme prélude à la construction d'un Nouveau monde [*Nouvel ordre mondial*] tout droit sorti de leur imagination… Et pour construire ce monde, ils s'adressent délibérément à l'envie, à la haine et aux malices, ce qui est contraire éthiquement à tout ce qui a inspiré toutes les grandes religions du monde. »[14]

Quelles sont pour résumer les différences fondamentales entre le capitalisme et le fascisme ?

Le fascisme place au centre de l'économie la valeur du travail au lieu de la valeur de l'argent. En d'autres mots, même si le fascisme est pour l'économie de marché, le fascisme n'est pas le capitalisme. Le but premier du capitalisme est le profit, alors que le but

---

[14] Benton BRADBERRY, *Le Mythe du sale Boche : La Stigmatisation de l'Allemagne à des fins hégémoniques*, AuthorHouse, 2018, p. 117.

premier du fascisme est le bien-être de la nation et le bien commun. Dans un pays capitaliste, rien ne peut interférer avec la maximisation des profits, ni les travailleurs ni l'environnement, absolument rien. Entraîné par la cupidité, le capitalisme dérive immanquablement vers la dérégulation gouvernementale et le capitalisme du laissez-faire. Ce qui finit par faire souffrir les travailleurs en baissant leur salaire ou en créant le chômage si leur employeur décide de transférer ses activités outremer comme en Chine ou en Inde où les salaires sont dérisoires.

En outre, les capitalistes pensent à tort que l'argent accumulé par une poignée d'entrepreneurs richissimes finit toujours par ruisseler vers les masses et que tout finit par s'équilibrer pour le mieux. Ce n'est pas totalement faux, mais la plupart du temps, ce n'est pas le cas. L'argent ne descend pas vers les moins nantis, et ce sont les travailleurs et l'environnement qui en subissent les conséquences.

Bref, tout comme les fascistes rejettent complètement le communisme, ils rejettent aussi ce type de capitalisme qui ne profite pas à la nation et au bien commun.[15]

Quelles sont les différences entre le socialisme de l'Allemagne fasciste et le socialisme du marxisme ?

Dans un article publié dans la livraison du 28 décembre 1938 du journal *Guardian, Sunday Express*, Adolf Hitler dit ce qui suit sur le socialisme à l'allemande :

> Pour moi le terme « socialiste », un terme dérivé du mot « social », veut surtout dire « équité sociale ». Un socialiste est quelqu'un qui sert le bien commun tout en gardant son individualité ou sa personnalité, voire le produit de son travail personnel. La définition que nous faisons du terme « socialiste » n'a rien à voir avec celle du marxisme. Le marxisme est contre la propriété privée alors que le véritable socialisme ne l'est pas. Le marxisme ne donne aucune valeur à l'individu, à l'effort ou à l'efficacité individuelle ; le véritable socialisme, quant à lui, donne de la valeur à l'individu et l'encourage à être efficace individuellement pourvu que ses intérêts correspondent à ceux de la communauté. Toutes les grandes inventions, découvertes et réalisations sont le fruit d'un individu.

---

[15] *Ibid.*, p. 118.

On m'accuse d'être contre la propriété et d'être un athée. Or, ces accusations sont toutes les deux fausses.[16]

Pour une remise à l'endroit du national-socialisme, voir les petits livres de la collection « IIIe Reich authentique » des éditions Sans Concession du révisionniste Vincent Reynouard (blogue-sc.com), notamment :

– *La Sollicitude de l'Allemagne pour les vieillards et les faibles,*
– *Le Chef d'entreprise dans la nouvelle Europe,*
– *L'Habitation en Allemagne,*
– *Standard de vie de l'ouvrier allemand,*
– *Une économie sans crise,*
– *La Famille dans l'Allemagne rénovée,*
– *Le Vrai Visage de l'Allemagne,*
– *Les Principes du national-socialisme,*
– *Espace vital,*
– *Pourquoi l'ouvrier allemand est-il pour Adolf Hitler ?,*
– *La Jeunesse, bêche à la main,*
– *Le financement de la guerre par l'Allemagne n'a rien qui tienne du prodige,*
– *Ville et campagne, une seule communauté,*
– *Du prolétariat à la dignité d'homme,*
– *La Politique paysanne de l'Allemagne,*
– *La Jeunesse dans la nouvelle législation allemande,*
– *Un peuple conquiert la joie,*
– *Les Entreprises modèles de l'Allemagne,*
– *Les Armes de la paix de l'Allemagne,*
– *L'Œuvre du Service du travail allemand.*

---

[16] *Ibid.*, p. 119.

MENSONGE 9

Le sexe avec les animaux est normal et bénéfique

*Mieux vaut une amère vérité
qu'un doux mensonge.*

Proverbe russe

IL est difficile d'évaluer avec certitude la popularité de la zoophilie. Ce sujet étant encore tabou dans de nombreuses sociétés civilisées, peu de gens oseraient avouer publiquement sans complexe leur penchant sexuel pour leur chien ou leur cheval[1]. Mais à en juger par les milliers de sites pornographiques consacrés à ce thème, la zoophilie est beaucoup plus répandue qu'on ne le croit[2], suffisamment du moins pour être légalement interdite au Danemark. Autres signes des temps : d'après le *Daily Mail*, les zoos érotiques où il est possible d'avoir une relation sexuelle payante avec un lama, une chèvre ou une brebis sont de plus en plus à la mode[3]. Et selon RT, en Suisse, les violences sexuelles sur les chevaux augmentent de façon inquiétante.

---

[1] Midas DEKKERS, *Dearest Pet: On Bestiality*, Verso books, 2000.
[2] *Bestiality Is Much, Much More Common Than You Think*, Health 24, 18 février 2015.
[3] *Zoophiles Engagement für Toleranz und Aufklärung*, ZETA-Verein.

Le bestialisme se pratique partout dans le monde, autant au Québec qu'en Europe, notamment en France où certains couples paient des prostituées pour qu'elles se fassent pénétrer en levrette par leur berger allemand ou un autre gros chien du genre. D'autres demandent à leur esclave sexuelle de faire une fellation à leur chien. Le tout est enregistré sur vidéo et retransmis aux amateurs de sensations fortes lors de soirées organisées à cette fin. Même les journalistes qui ont étayé ces faits pour l'émission québécoise *Les Francs-tireurs* étaient choqués, et c'est peu dire[4].

Au Canada ultra libéral de Justin Trudeau, où les limites et les frontières sont honnies, les relations sexuelles avec les animaux sont légalement permises, voire encouragées, à condition qu'il n'y ait pas de pénétration[5]. En d'autres mots, vous pouvez vous faire lécher l'organe par votre esclave sexuel à quatre pattes, mais vous ne pouvez pas l'introduire dans ses orifices naturels. C'est légalement interdit. Comment M. Trudeau va faire pour pénaliser les délinquants n'est pas très clair pour le moment. À suivre…

Peter Singer, quant à lui, l'autorité suprême en ce qui concerne la relation avec les animaux, voit dans la zoophilie la fin du spécisme, l'équivalent du racisme chez les humains. Cet éthicien d'origine juive encourage à cette fin toute forme de sexualité entre les espèces. Il est temps de laisser tomber les frontières entre l'homme et l'animal comme il est temps de laisser tomber les frontières qui séparent les hommes, prétend Singer à peu près dans ces termes[6].

M. Kenneth Pyan (1960-2005), un ingénieur de la compagnie Boeing, voyait la vie exactement comme M. Singer et M. Trudeau. M. Pyan, alias *Mr. Hands*, adorait en effet franchir

---

[4] Amély-James KOH BELA, *La Prostitution africaine en Occident*, Ccinia éditeur, 2004 ; *Les Francs-tireurs*, Télé-Québec, novembre 2006.

[5] Michael BÉDARD, « *Il n'y a pas de crime de bestialité sans pénétration, dit la Cour suprême du Canada* », *Ici Radio-Canada*, 9 juin 2016.

[6] Peter SINGER, "Heavy Petting", *Nerve magazine* (page consultée le 21 juin 2013).

les barrières entre les espèces en se faisant sodomiser par un cheval. Il en est mort, le pauvre, l'intestin perforé par un étalon trop vigoureux et inconscient de ses limites[7].

Même le pédopsychiatre d'origine juive Boris Levinson, le promoteur de fausses théories sur la zoothérapie, un homme obsédé dans ses écrits par la sexualité des jeunes garçons, recommandait la zoophilie avec autant d'enthousiasme que les ultras libéraux Peter Singer et Justin Trudeau :

> [...] Chaque grande ville est remplie de solitaires — des hommes et des femmes qui passent leur temps à contempler un monde apparemment hostile. Les plus fortunés ont des *pets* comme bouée de sauvetage. Quelques-uns de ces solitaires maintiennent un intérêt pour le sexe, mais sans avoir d'exutoire. Or, la masturbation, voire une relation plus intime avec leurs animaux, devrait être considérée comme désirable et normale.
>
> À mon avis, il est malaisé d'interdire les relations sexuelles entre les animaux et les humains. Pour un enfant, la masturbation avec un animal est préférable à la masturbation en solitaire. Pour les quelques femmes qui s'assurent une gratification sexuelle en pratiquant le cunnilingus avec leur chien de poche, les animaux jouent un rôle d'hygiène mentale dans la mesure où ils permettent aux femmes de satisfaire des besoins qui autrement ne seraient pas assouvis.
>
> [...] Se défouler sur les animaux sert à canaliser des comportements passibles d'être sévèrement punis légalement. Le voyeur par exemple, au lieu de devenir un *Peeping Tom* qui embarrasse les femmes ou les couples engagés dans un rapport sexuel, peut ouvertement et sans honte observer ces comportements chez ses *pets*. Il peut même se masturber en même temps sans mettre en danger la paix publique et la morale.[8]

---

[7] Enumclaw horse sex case, *Wikipedia*.

[8] Boris LEVINSON, "Ecology of the Surplus Dog and Cat", Chicago, Ill., conference, 1974, p. 18-31 ; "Pets and Personality Development", *Psychological Reports*, 42, 1031-1038, 1978 ; *Pet-Oriented Child Psychotherapy*, second edition, Charles C. Thomas, 1997.

Dans le Talmud, qui est la loi orale mise à l'écrit du peuple élu par Dieu pour dominer le monde, il est écrit par ailleurs que dans le jardin d'Éden, Adam s'accouplait avec toute bête ou animal, et Ève avec le serpent. « Que le lecteur le sache, écrit l'abbé Rioult dans la préface du livre *Talmud : Voyage au bout de la nuit*, cette littérature talmudique n'est pas sans lien ni sans influence avec la profusion des sites pornographiques et la promotion de toutes les perversités contre nature, y compris la zoophilie, qui explosent aujourd'hui.[9] » « Chaque fois qu'il étudiait dans les champs, précise Juda le Prince, l'auteur du livre cité ci-dessus, Rabbi Abayé chassait d'abord tous les animaux pour s'assurer de ne pas se trouver seul avec eux. Ainsi que l'écrivait Voltaire, il faut croire que prendre une telle précaution pour ne pas céder à la zoophilie démontre qu'il s'agissait d'une pratique courante.[10] »

Or, d'un point de vue pratique, plusieurs maladies sont transmises des animaux aux humains par les relations sexuelles, notamment la brucellose, la leptospirose et l'échinococcose. Par conséquent, faire l'amour à son chien n'est pas à conseiller. Des blessures de tout genre sont également à redouter, à moins, évidemment, de demander aux vétérinaires de dégriffer et d'extraire les dents des animaux employés à cette fin.

Quant au sexe avec les animaux de ferme comme le cheval, c'est folie pure de s'y aventurer. Vous pouvez, par exemple, avec un système de poulie placer un étalon au-dessus d'une femme libérée de ses contraintes morales liberticides et ennuyeuses, mais assurez-vous que les cordes sont solides. Il peut arriver en effet que le système lâche et que le cheval tombe de tout son poids sur la candidate de sensations fortes qui en aura plein les bras, c'est le cas de le dire. En définitive, le sexe avec les équidés n'est pas de tout repos. Les ruades, les sursauts brusques, les morsures et les coups de reins violents sont à craindre.

---

[9] Juda LE PRINCE, *Talmud : Voyage au bout de la nuit*, Éditions Saint Agobard, 2020, p. 31.
[10] *Ibid.*, p. 201.

M. Kenneth Pyan, alias, *Mr. Hands*, dont nous avons raconté les exploits ci-dessus, en savait quelque chose !

Et les Allemands de la République de Weimar également. Ils ont tout vécu, eux aussi, en matière de zoophilie et de vices de toutes sortes. Pendant la démocratie ultralibérale à forte saveur juive[11] qui sévit en Allemagne de 1918 à 1933, la décadence ressemblait en effet étrangement à celle qui vient d'être décrite[12].

Berlin était la capitale mondiale du vice. Les pervers venaient du monde entier pour se livrer impunément à leurs penchants sexuels les plus dépravés. Les pauvres allemands affamés par les sanctions et le blocus naval que les vainqueurs de la Première Guerre mondiale leur imposaient se vendaient corps et âme aux plus offrants.

La nudité, la prostitution, la pédophilie, les orgies, les cabarets de travestis et d'homosexuels, la traite des blanches et les violences de toutes sortes étaient endémiques, tout comme les meurtres sexuels, le fameux *lustmord* (*meurtre de luxure*) qui faisait sensation dans les tabloïdes[13].

Comme au Canada de Justin Trudeau, aucune barrière, aucune limite, aucun tabou n'était respecté. Même les oies étaient victimes des pires sévices. Dans ses mémoires, *The Europeans*, le journaliste italien Luigi Barzini décrit en effet ce qui est possiblement l'acte sexuel le plus bizarre des annales de la sexologie :

> J'ai vu des proxénètes offrir à peu près n'importe quoi à n'importe qui : des petits garçons, des petites filles, des adolescents vigoureux, des femmes libidineuses, des animaux. On racontait qu'une oie, dont on coupait le cou exactement au bon moment

---

[11] Eckart VERLAG, *Jewish Domination of Weimar Germany*, Ostara Publications, 2013. Publication originelle par la Ligue des associations anticommunistes, Berlin, 1933.

[12] Anne KLING, *Shoah : La Saga des réparations*, Mithra, 2015.

[13] Luigi BARZINI cité par Bradford HANSON, "Pre-Hitler Germany Is America Today – What Was the 'Weimar Republic' and Why Is It Hidden From Americans?", *Truth to Power*, 2020.

extatique, vous donnait le plus merveilleux frisson que vous puissiez imaginer — vous aviez l'occasion de ressentir en même temps le plaisir de la sodomie, de la bestialité, de l'homosexualité, de la nécrophilie et du sadisme, sans parler du plaisir gastronomique, car vous pouviez manger cette oie par la suite.[14]

Le chirurgien juif Magnus Hirschfeld était au centre de cette révolution sexuelle semblable en tout point à celle de la Révolution française de 1789, celle de la Révolution bolchévique russe de 1917 et celle des années 60 en Occident. Ce fondateur de l'Institut de sexologie de Berlin, « l'homme qui mit la science au service du désir[15] », l'instigateur de la théorie du genre, pratiquait déjà à son époque des changements de sexe[16].

À l'instar des pornographes juifs actuels qui monopolisent toute l'industrie de la pornographie[17], l'ancien caissier de banque d'origine juive Kurt Tucholsky, qui disposait d'un vivier sans fond de femmes au chômage, faisait des affaires d'or avec la pornographie[18].

L'art totalement décadent de cette époque préhitlérienne, que les élites ultras libérales portaient aux nues n'inspirait pourtant que la dépression, la tristesse et la discorde. C'était l'époque du dadaïsme et du cubisme ; les peintres juifs comme Hanns Ludwig Katz faisaient la pluie et le beau temps. Et les photographes juifs comme Erwin Blumenfeld faisaient déjà dans leurs photos l'apologie du métissage blanc-noir[19].

Les médias, les éditeurs, le théâtre et le cinéma, presque tous entre les mains de Juifs richissimes comme Theodor Wolff, Georg Bernhard et Rudolf Mosse étaient, comme aujourd'hui,

---

[14] *Ibid.*

[15] E. Michael JONES, *Libido Dominandi: Sexual Liberation and Political Control*, St. Augustine's Press, 2000, p. 196.

[16] Bradford HANSON, *article cité.*

[17] Nathan ABRAMS, "Triple-exthnics: Nathan Abrams on Jews in the American Porn Industry", *Jewish Quarterly*, n° 196, 2004.

[18] Bradford HANSON, *article cité.*

[19] *Ibid.*

les ennemis du peuple. Les tabloïdes, les livres, les pièces de théâtre et les films qu'ils produisaient ne servaient en effet qu'à détruire les fondements moraux de la société allemande et du christianisme[20].

Lorsque survint la dépression de 1929, la première démocratie ultralibérale du monde sombra dans le chaos total. Les bolchéviques dirigés par les Juifs manifestaient librement dans les rues et s'apprêtaient à prendre le pouvoir ; l'argent ne valant plus rien, les requins de la finance juive achetaient pour une bouchée de pain les fleurons immobiliers de l'Allemagne ; les arnaques et les scandales financiers se multipliaient ; la mafia juive aux commandes était roi et maître[21].

---

[20] *Ibid.*
[21] Anne KLING, *ouvrage cité.*

MENSONGE 10

La théorie du genre est prouvée scientifiquement

Dans le mensonge l'humanité régresse.

Gilbert CHOULET

TOUTES les études actuelles sur la théorie du genre ne s'appuient que sur l'autorité morale abusive des intervenants et des institutions qui en font la promotion à l'aide d'une pléthore de déclarations sensationnalistes et sans fondements scientifiques. C'est ce que le psychologue conservateur canadien Jordan Peterson explique dans l'entrevue ci-dessous qu'il a donnée à la chaîne de télévision américaine Fox News. Cette entrevue est importante pour comprendre comment fonctionnent les mondialistes qui se cachent derrière la science pour faire avancer leur projet. On comprend par ailleurs pourquoi la science a si mauvaise réputation.

Avant l'entrevue, Jordan Peterson déclare ceci au journaliste :

> Vous soutenez des idéologues qui déclarent que toute vérité est subjective, que toutes les différences sexuelles sont des

constructions sociales et que l'impérialisme occidental est la seule source des problèmes du tiers-monde.[1]

Puis l'entrevue suit :

De plus en plus, et ce n'est pas seulement dans les universités, les gens sont instruits par des idéologues plutôt que des éducateurs, et les idéologues ont une façon très simple de voir le monde, ils le réduisent à quelques principes de base comme l'inégalité, l'injustice et le pouvoir ; ce sont les principes fondamentaux de la gauche radicale.

Ces gens sont en campagne idéologique au niveau élémentaire et secondaire aussi, surtout parce que les institutions de l'enseignement sont infestées de gauchistes radicaux. Ceci est très bien documenté. La revue *Chronicles of Superior Education* (*Chroniques de l'Éducation supérieure*) a publié le mois dernier un article éloquent sur les universitaires où ils sont décrits comme étant « académiquement suspects et idéologiquement possédés ». […]

Mais d'où sortent-ils, lui demande l'interviewer ?

Ce sont en partie des vestiges des années soixante, et peut-être aussi de la guerre froide. Ils sont issus de la mentalité des années soixante et soixante-dix. Il y avait beaucoup de stress à cette époque, à cause de la guerre du Vietnam et des conséquences de la guerre froide en cours. Un grand nombre d'entre eux souffrait des séquelles de cette bataille idéologique.

Les universités ont commis une terrible erreur en incorporant par ailleurs dans leurs programmes en sciences humaines des disciplines comme les études sur les femmes et les études sur les ethnies. Ce ne sont pas des disciplines, mais au mieux, de pseudo disciplines ayant des standards académiques très bas et qui, par ce fait, corrompent le reste de l'entreprise éducative.

En éducation, vous avez besoin de standards. Or, le fait que des disciplines aient pu émerger sans aucune méthodologie, sans mode de preuve, sans antécédents philosophiques ou historiques réels, le fait qu'elles aient pu devenir des entreprises pouvant accorder des diplômes n'est pas si étonnant que cela lorsqu'on sait que ces disciplines servent à produire des activistes politiques.

---

[1] "Jordan Peterson Warns Parents: Dangerous People Indoctrinating Young Minds at Colleges", *Fox News Insider*, 31 juillet 2018 (vidéo).

C'est d'ailleurs exactement ce qu'ils annoncent sur leurs sites Internet afin d'attirer des candidats. Vous avez à ce moment-là une cinquième colonne d'idéologues opérant derrière la scène. Ils passent le plus clair de leur temps engagés dans l'activisme politique. C'est très mauvais aussi bien pour l'université en général que l'ensemble de la société.

Comment faites-vous à ce moment-là pour choisir une bonne université quand on sait que la plupart des universités aujourd'hui sont à gauche, lui demande l'interviewer ?

Vous pouvez consulter *The Guide to Colleges of the Heterodox Academy* de Jonathan Haidt (*Le Guide des universités de l'Académie hétérodoxe* – heterodoxacademy.org). Il classe les universités en fonction du dévouement à la recherche de la vérité plutôt qu'à la justice sociale. [...] Les parents ne veulent plus envoyer leurs enfants dans les universités qui se livrent au jeu des idéologies. Le côté conservateur de l'opinion est totalement occulté dans ces universités gauchistes. La gauche est reconnue pour ses excès et lorsqu'elle divague dans le radicalisme, c'est très mauvais pour l'éducation et pour la société en général.

Nous ne perdrons pas notre temps par conséquent à examiner en détail les failles de la théorie du genre qui est portée aux nues par nos élites complètement déconnectées de la réalité. Limitons-nous à expliquer à quoi elle sert.

Mais avant de continuer, faisons une parenthèse pour spécifier que toutes les idéologies les plus farfelues qui sévissent actuellement dans notre société sont presque toutes issues du judaïsme. Vu leur poids démographique minuscule, le nombre de militants juifs dans les milieux progressifs, libéraux, gauchistes, démocrates, appelez-les comme vous voulez, c'est bonnet blanc et blanc bonnet, dépasse l'entendement. Quatre auteurs américains, Kevin MacDonald, E. Michael Jones, Scott Howard et John Q. Publius, et un auteur français, Hervé Ryssen, ont dressé dans leurs livres la liste de toutes les organisations, fondations, entreprises ainsi que de tous les militants juifs qui sont impliqués dans ces mouvements[2]. C'est grâce surtout à ces cinq auteurs que le « Roi est nu », et c'est peu dire. C'est impressionnant d'une certaine manière tellement ils sont nombreux, mais c'est aussi frustrant, voire enrageant de constater comment notre société a été judaïsée par des agents sociaux juifs qui non seulement ne voient pas du tout le monde comme nous, mais qui tiennent à tout prix à nous imposer de force leur façon de voir les choses[3, 4].

Après cette parenthèse, examinons à quoi sert cette théorie fumeuse.

L'aspect financier

Des hommes d'affaires peu scrupuleux comme la famille juive des Pritzker et des laboratoires pharmaceutiques appartenant à des Juifs font des affaires d'or avec ces billevesées[5]. En faisant croire aux parents que leurs bébés sont nés dans le mauvais corps, par exemple, ils prescrivent à ces enfants qui viennent à peine d'apprendre à parler, le bloqueur de puberté Lupron à un prix exorbitant de 775 US$ par mois. Ce qui fait au bout d'une « période de pause » d'une durée de 5 ans 46 500 US$. Multipliez ce chiffre par le nombre considérable de cas dus à une promotion tapageuse dans les écoles, les réseaux sociaux et les médias, et vous avez-là un revenu faramineux.

---

[2] Kevin MACDONALD, *ouvrages cités* ; E. Michael JONES, *L'Esprit révolutionnaire juif et son impact sur le monde*, Éditions Saint-Rémi, 2019 ; John Q. PUBLIUS, *Plastic Empire*, Ostara Publications, 2020 et *The Way Life Should Be? The Globalists' Demographic War on America With Maine as a Microcosm*, Ostara Publications, 2020 ; Scott HOWARD, *The Transgender-Industrial Complex*, Antelope Hill Publishing, 2020 ; Hervé RYSSEN, *Les Espérances planétariennes*, Baskerville, 2008.

[3] Andrew R. HEINE, *Jews and the American Soul: Human Nature and the 20th Century*, Princeton University Press, 2014.

[4] Yuri SLEZKINE, *Le Siècle juif*, Éditions La Découverte, 2012.

[5] "Jews Masquerading As 'Rich, White Men' Are Funding the Transgender Movement", *Renegade Tribune*, 31 juillet 2019.

Selon le School of Law (École du droit) de l'Institut Williams de l'Université de Californie à Los Angeles, il y aurait aux États-Unis 150 000 adolescents transgenres[6]. S'ils se font tous traiter, faites le calcul, il est question d'une somme importante. Dans ce pays, le nombre de transgenres de 18 ans et plus est passé en l'espace de six ans de 2 % à 20 %, et ce chiffre continue d'augmenter à une vitesse vertigineuse. Chez les 80 % des plus raisonnables qui abandonnent en route, combien souffriront des effets indésirables du Lupron durant de longues années ? Les autres serviront à enrichir les bouchers qui les mutileront moyennant une rémunération importante : 12 000 US$ pour une inversion de pénis, 28 000 US$ pour un transfert rectosigmoïde, et c'est sans compter les coûts associés aux complications qui sont nombreuses[7]. Selon les prévisions de l'industrie, le marché américain de la chirurgie transgenre en 2026 sera d'environ 1,5 milliard US$[8].

L'aspect idéologique

La théorie du genre et les autres mensonges énumérés dans ce manuel d'exorcisme politiquement incorrect servent entre autres à déstabiliser la structure sociale et à engendrer le chaos généralisé ; métaphoriquement, ce sont des « coins », qui servent à affaiblir et faire éclater en mille morceaux la « bûche » sociale des pays autrefois forts et cohésifs. Rappelons qu'en langage messianique, « pour faire le bien, pour se purifier de l'impur, il faut d'abord faire le mal ! », et c'est ce que les kabbalistes font avec une passion qui frise la démence.

Ceci dit, rappelons que le judaïsme a toujours été un précurseur dans le domaine des sexualités hors-norme. L'homosexualité, l'intersexualité et la diversité des genres font en effet partie

---

[6] Evie BLAD, "How Many Transgender Children are There?", *Education Week*, 7 mars 2017.

[7] Scott HOWARD, *ouvrage cité*, p. 18-22.

[8] "Sex Reassignment Surgery Market", *Industry Trends*, 2019.

intégrale du peuple juif et de la tradition du judaïsme. Le Talmud contient des centaines de références à ce sujet. Il reconnaît au moins quatre genres qui ne sont ni mâles ni femelles. Selon le judaïsme, la diversité des genres fait partie du plan divin, elle est le reflet de l'image de Dieu. Dans la tradition juive, comme on n'est pas à la naissance ce que l'on devient plus tard, on peut choisir son genre. Que l'on naisse avec un sexe mâle ou femelle n'a aucune importance[9]. C'est sans doute pour cette raison que la parade de la Gay Pride de Tel Aviv est la plus importante au monde.

La troisième raison idéologique est celle du Juif Charles E. Silberman : « Les Juifs américains sont attachés à la tolérance culturelle en raison de leur croyance fermement ancrée dans l'histoire selon laquelle les Juifs ne sont en sécurité que dans une société acceptant un large éventail d'attitudes et de comportements, ainsi qu'une diversité de groupes religieux et ethniques.[10] » En tant que Juif, George Soros lui-même, l'un des promoteurs les plus acharnés du multiculturalisme et de la diversité sexuelle et autres ne se sent à l'aise et libre d'agir comme il le veut que dans les pays multiraciaux, multiethniques et pluralistes. Dans les pays balkanisés en plusieurs enclaves sexuelles, ethniques et raciales où les minorités peuvent vivre librement selon leurs us et coutumes particuliers et où les mœurs les plus décadentes sont permises, les Juifs dans ce désordre se sentent comme des poissons dans l'eau. « Mon père, explique, Alex Soros, qui porte lui-même une jupe, est convaincu qu'un Juif ne peut se sentir en sécurité que dans un monde où toutes les minorités sont protégées. Vous vous battez pour une société ouverte parce qu'en tant que Juif, vous ne pouvez vivre que dans ce genre de société, à moins de devenir un nationaliste et de

---

[9] *Ibid.*, p. 187-200.
[10] Charles E. SILBERMAN, *A Certain People: American Jews and Their Lives Today*, Simon and Schuster, 1985. Cité par Scott HOWARD, *ouvrage cité*, p. 116.

vous battre uniquement pour vos propres droits dans votre propre pays[11] », comme en Israël, par exemple...

Il a donc fallu trouver des moyens pour diversifier les choses. Comment faire pour imposer les impératifs juifs aux pays nationalistes ancrés dans leurs traditions ancestrales ? Comment briser la cohésion et l'homogénéité raciale des pays forts auxquels on cherche à imposer ses valeurs ? Eh bien, c'est simple, on jette tout à terre, dans le langage postmoderne du philosophe juif Jacques Derrida, on « déconstruit », mais sans jamais rien reconstruire de positif, sauf évidemment dans son propre pays, Israël, les Juifs étant universalistes pour les autres et particularistes pour eux-mêmes.

Le marxisme culturel

Lorsque les messianistes s'aperçurent que la révolution communiste qu'ils préconisaient afin de réaliser la gouvernance mondiale n'enflammait pas le prolétariat occidental comme prévu, ils conçurent un plan alternatif plus doux, mais beaucoup plus efficace par sa subtilité. Il s'agissait de pourrir la société occidentale de l'intérieur. Voici quelques-uns de leurs buts et les moyens de les atteindre :
– pénaliser le racisme afin de favoriser le mélange des races et le métissage ;
– provoquer le changement continuel afin de créer la confusion ;
– enseigner la sexualité et l'homosexualité aux enfants afin de détruire le modèle traditionnel de la famille et du mariage ;
– saper l'autorité des écoles et des enseignants afin de promouvoir la culture du laisser-aller ;
– favoriser l'immigration massive et le métissage afin de détruire l'identité ;

---

[11] Michael STEINBERGER, "George Soros Bet Big on Liberal Democracy: Now He Fears He Is Losing", *The New York Times Magazine*, 17 juillet 2018.

– faire la promotion de la consommation excessive d'alcool et de drogues afin d'abrutir les gens et les empêcher d'affirmer leurs droits et de se défendre ;
– vider les églises, sans morale et sans spiritualité, les gens étant sans défense ;
– instituer un système de justice biaisé en faveur des criminels au détriment des victimes afin de démoraliser la population et créer la confusion ;
– créer la dépendance aux bénéfices sociaux afin d'empêcher la dissidence ;
– contrôler et abrutir les médias et les journalistes à des fins propagandistes ;
– encourager l'éclatement de la famille en favorisant entre autres le féminisme, la contraception et l'avortement.

Dans son livre *The Dispossessed Majority* (*La Dépossession de la majorité*), le racialiste américain Wilmot Robertson décrit brillamment l'effet désastreux de cette déconstruction en règle sur la majorité blanche américaine.

L'École de Francfort

L'un des objectifs principaux de l'École de Francfort dont il est question était d'exploiter la doctrine du pansexualisme du Juif Sigmund Freud, selon laquelle tout acte s'expliquerait par une motivation sexuelle inconsciente. Dans cette optique, cette école, dont les penseurs comme Herbert Marcuse et Theodor W. Adorno étaient tous juifs, sans exception, préconisait la recherche du plaisir, la jouissance sans entraves, l'exploitation des différences entre les sexes, le renversement des relations traditionnelles entre les sexes. Pour faire avancer leur cause, voici les principales mesures qu'ils recommandaient :
– saper l'autorité du père, rejeter les rôles spécifiques attribués au père et à la mère, arracher aux parents leurs droits inaliénables à l'éducation de leurs enfants ;
– abolir la différence d'éducation entre les filles et les garçons ;
– abolir toute forme de domination masculine ;

– déclarer que les femmes étaient une classe opprimée et les hommes des oppresseurs.

L'un des propagandistes les plus influents de l'École de Francfort, Willi Münzenberg, a résumé ainsi l'objectif à long terme de cette école de subversion mondialiste : « L'Occident que nous allons créer sera corrompu au point de puer.[12] »

Ce plan machiavélique a eu à partir des années 60 un impact considérable non seulement sur la jeunesse, mais aussi sur les populations de souche de tous les pays occidentaux. Il n'y a qu'à regarder autour de nous pour constater à quel point la majorité blanche occidentale a été dépossédée et traînée dans la boue[13].

Pour résumer, tout kabbaliste sait qu'une société morale et vertueuse ne peut être corrompue. En d'autres mots, pour réussir à imposer son projet, tout kabbaliste sait qu'il est nécessaire d'éliminer l'amour de la famille, de Dieu et de la patrie. L'allégeance à ces valeurs est en effet un obstacle insurmontable pour qui veut renverser une société et imposer sa volonté. En sachant cela, il est facile de comprendre pourquoi les kabbalistes détestaient tant le maréchal Pétain et pourquoi aujourd'hui ils détestent tant Vladimir Poutine. Est-ce parce qu'il a rechristianisé la Russie ? En partie, oui, évidemment ! Dans la lumière du Christ, la raison et la vérité incarnées, l'hydre du mondialisme, la déraison et le mensonge incarnés, se flétrit et meurt de sa belle mort[14].

---

[12] Willi MÜNZENBERG, *Spartacus Educational*.

[13] Wilmot ROBERTSON, *The Dispossessed Majority*, H. Allen, 1981.

[14] Vincent REYNOUARD, *Ne pas se tromper d'ennemi*, Blogue Sans Concession, 27 avril 2021 (vidéo).

MENSONGE 11

Hitler et les nazis n'aimaient pas les animaux

*L'histoire est un mensonge raconté
par les vainqueurs.*

Adrien GOETZ

DANS son livre *Le Nouvel Ordre écologique : L'Arbre, l'Animal et l'Homme*, le philosophe Luc Ferry, ancien ministre français de l'Éducation nationale (2002-2003), avait choqué les protecteurs des animaux que nous appellerons dorénavant les « animalistes », le pendant des humanistes pour les humains.

Dans un chapitre de son livre intitulé « L'écologie nazie : les législations de novembre 1933, juillet 1934 et juin 1935[1] », Ferry a eu le malheur non seulement d'encenser les dispositions juridiques des nationaux-socialistes relatives au bien-être animal, mais de faire des recoupements entre les thèses philosophiques de la législation allemande et celles des mouvements animalistes contemporains.

Cet amalgame sulfureux entre les nazis et les amoureux des bêtes actuels a fait un énorme scandale dont on entend encore les échos aujourd'hui. Profondément blessées dans leur amour-

---

[1] Luc FERRY, *Le Nouvel Ordre écologique : L'Arbre, l'Animal et l'Homme*, Grasset, 1992, p. 147-168.

153

propre, ces dames du mouvement animaliste refusaient d'admettre que les nazis avaient pu aimer les animaux et la nature aussi bien sinon mieux qu'elles. Incapables de faire face à ce terrible amalgame, elles s'évertuèrent par conséquent à prouver que c'était faux.

Ainsi, si les Allemands de l'époque avaient les lois de protection animale les plus progressistes que le monde ait connues, selon la philosophe attitrée des animalistes, Mme Élisabeth Hardouin-Fugier, ils ne les appliquaient pas, mais s'en servaient uniquement comme faire-valoir, « pour se parer d'un prétendu humanisme[2] ».

L'amour notoire d'Adolf Hitler pour les animaux fut tourné en ridicule. On prétendit qu'il se faisait photographier avec des animaux uniquement par démagogie, pour impressionner la galerie[3], et qu'il n'était pas vraiment végétarien.

Or, Margot Woelk, l'une de ses goûteuses attitrées, est pourtant claire à ce sujet : « Le Führer était en effet végétarien, ne consommant ni viande ni poisson, mais des produits frais en majorité. Il s'interdisait également la cigarette et l'alcool.[4] » Comment expliquer dès lors cet acharnement à nier le végétarisme d'Hitler, pourtant confirmé par les historiens[5] ?

L'amour des animaux hors-norme des nationaux-socialistes est par ailleurs avéré. Comme le confirme en effet Luc Ferry, « ces législations n'en sont pas restées aux paroles, mais se sont incarnées dans les faits[6] ».

---

[2] Élisabeth HARDOUIN-FUGIER, « La protection de l'animal sous le nazisme », *Luc Ferry ou le Rétablissement de l'ordre*, Éditions Tahin Party, 2002, p. 129-151.

[3] Protection de la nature et des animaux sous le Troisième Reich, *Wikipédia*.

[4] Blandine LE CAIN, « La goûteuse d'Hitler raconte ses années de terreur », *Le Figaro*, 24 février 2014.

[5] Hal HERZOG, "Was Hitler a Vegetarian? The Paradox of the Nazi Animal Protection Movement", *Psychology Today*, 2011.

[6] Luc FERRY, *ouvrage cité*, p. 149.

Pourquoi les animalistes actuels craignent-ils d'être amalgamés aux nazis au point d'occulter dans la littérature consacrée à l'écologie et au bien-être animal toute référence à la législation nationale-socialiste sur les animaux et la nature ? « La présence d'un authentique intérêt pour l'écologie [*et les animaux*] au sein du national-socialisme n'est pas à mes yeux, en tant que telle, s'étonne Luc Ferry, une objection pertinente dans un examen critique de l'écologie contemporaine. À ce compte, il faudrait aussi dénoncer comme fasciste la construction d'autoroute dont on sait qu'elle fut une des priorités du gouvernement hitlérien.[7] »

Si en outre « l'intérêt pour la nature et les animaux n'implique pas *ipso facto* la haine des hommes, souligne Ferry, il ne l'interdit pour le moins pas[8] ». En d'autres mots, il est possible d'être l'incarnation du Mal absolu et d'aimer sincèrement les animaux. Et l'inverse est aussi vrai, il est possible d'être un saint et de ne ressentir strictement aucun intérêt pour les animaux.

L'amour des animaux n'est pas l'apanage du Beau, du Bien et du Bon. Toutes les combinaisons sont possibles. On peut être bon et aimer les animaux, on peut être méchant et aimer les animaux, on peut être bon et ne pas aimer les animaux et l'on peut être méchant et ne pas aimer les animaux.

L'amour des animaux d'Hitler et des nationaux-socialistes était peut-être le fruit du lien erroné entre le Bien et l'amour des animaux. Il se peut en effet qu'ils aient voulu émuler l'injonction suivante d'Arthur Schopenhauer, l'un de leurs philosophes favoris : « Celui qui est cruel envers les animaux ne peut être un homme bon. » Si c'est bel et bien le cas, sous un vernis de compassion, ils n'étaient pas plus vertueux que les animalistes actuels.

Mais il semble plutôt que ce lien, dans leur cas, était légitime. Leur amour des animaux n'avait en effet rien de superficiel puisque contrairement aux animalistes contemporains, ils ne se

---

[7] *Ibid.*
[8] *Ibid.*

limitaient pas aux actions symboliques et à la rhétorique com-passionnelle ostentatoire[9]. Ils faisaient ce qu'ils disaient[10].

On l'oublie trop facilement, mais à l'époque où les législations sur le bien-être animal et la nature furent appliquées, c'est-à-dire au début des années trente, l'Allemagne, qui n'était pas encore en guerre jouissait d'une solide réputation. On venait du monde entier pour saluer le chancelier Adolf Hitler et voir de ses yeux le miracle économique et social allemand.

En sept ans, de 1933 à 1939, Hitler, l'homme du moment le plus populaire au monde, remit au travail sept millions de chô-meurs, mit fin à la lutte des classes, plaça le travail (la produc-tion) au lieu de l'argent au centre de l'économie, élimina l'usure et le capitalisme financier, expulsa les filous de la finance apa-tride, ferma les loges maçonniques, mis les communistes alle-mands hors d'état de nuire et remis de l'ordre dans la société complètement dépravée de la République de Weimar que nous avons brièvement survolée dans un mensonge précédent[11].

Grâce à ce travail de salubrité publique, en moins de deux ans, l'Allemagne n'avait plus ni dette ni inflation et sa monnaie était solide et stable. Après les épreuves du Traité de Versailles et du blocus de la faim (qui a tué autant d'enfants, de femmes et de vieillards que le blocus irakien de la ministre des Affaires étrangères d'Israël à Washington Madeleine Albright), le peuple allemand tout entier avait retrouvé sa fierté, sa dignité et sa joie de vivre. Il n'est pas exagéré de dire que le Beau, le Bien et le Bon régnaient en maître dans le royaume national-socialiste de la période d'avant-guerre[12].

---

[9] Patrick WEST, *Conspicuous Compassion: Why Sometimes It Really Is Cruel to Be Kind*, Civitas, 2004.

[10] Luc FERRY, *ouvrage cité*, p. 149.

[11] Friedrich KURRECK, "Life in the Third Reich and the World Political Situation Then and Now", *Der Schlesier*, juillet-août 2002.

[12] Benton BRADBERRY, *Le Mythe du sale Boche : La Stigmatisation de l'Allemagne à des fins hégémoniques*, AuthorHouse, 2018.

Élu « homme de l'an-
née » en 1938 par *Time
Magazine*, qui en avait fait sa
page de couverture en 1936,
Hitler était adulé par son
peuple et admiré par de
nombreuses personnalités, y
compris Winston Churchill,
qui dira d'Hitler en 1935 :
« [...] On peut penser ce que
l'on veut de ces exploits,
n'empêche qu'ils sont indé-
niablement parmi les plus
remarquables de toute l'histoire du monde.[13] »

Quant au Premier ministre du Canada William Mackenzie
King, il comparaît le Führer à Jeanne d'Arc :

> Assis en lui parlant, j'ai eu l'impression qu'il aimait vraiment
> son prochain. Son visage était bien plus engageant que ses photos
> ne le laissaient croire. Ce n'était pas celui d'une nature ardente et
> surmenée mais celui d'un homme calme et profondément sérieux
> et réfléchi... Ses yeux m'ont surtout impressionné. Ils étaient clairs
> et brillants, indiquant une perception vive et une profonde sympa-
> thie. D'une nature calme et composée, on pouvait comprendre
> pourquoi les gens particulièrement humbles en seraient venus à l'ai-
> mer profondément. En lui parlant, je ne pouvais m'empêcher de
> penser à Jeanne d'Arc.[14]

Même après la guerre, en 1945, il restait encore des gens
capables de parler en bien d'Hitler. C'est notamment le cas du

---

[13] *Ibid.*, p. 148.
[14] Robert FISK, "The Premier Who Thought Hitler Was a 'Joan of
Arc'", *The Independent*, 23 octobre 2011.

futur président des États-Unis John F. Kennedy : « Hitler émergera de la haine qui l'entoure maintenant comme l'une des personnalités les plus importantes de tous les temps.[15] »

Avec un tel palmarès, comment expliquer que le monde entier se soit ligué contre Hitler ? L'invasion de la Pologne aurait déclenché la guerre selon la version officielle, mais est-ce bien le cas ? Quelles sont les autres causes possibles ? La question se pose, tellement la réalité qui nous est offerte semble invraisemblable.

Comme l'avance notamment Thomas Dalton, n'est-ce pas plutôt parce qu'Hitler a mis fin à l'emprise néfaste des Juifs sur son pays ? Ne pouvant accepter ni la réussite éclatante d'Hitler entre les années 1933 et 1939 ni le fait qu'un pays puisse vivre et réussir sans eux, ils ont eu peur que cela fasse tache d'huile. Ils se sont donc arrangés pour liguer les nations contre lui. Pour les Juifs du monde entier, c'était une question de vie et de mort[16]. C'était d'ailleurs eux, dès 1933, les premiers à avoir déclaré la guerre à Hitler[17].

Selon « l'aveu proprement effarant » de Churchill, écrit Jean-Jacques Stormay à la page 76 de son livre *Réflexions sur le nationalisme : En relisant 'Doctrines du nationalisme' de Jacques Ploncard d'Assac* : « Le crime impardonnable de l'Allemagne avant la Seconde Guerre mondiale était la tentative de détacher sa puissance économique du système de commerce mondial et de créer son propre système d'échanges duquel la finance mondiale ne pouvait plus bénéficier.[18] » En d'autres mots, les puissances internationales judéo-anglo-américaines, celles qui ont

---

[15] John F. KENNEDY, *Prelude to Leadership: The Post-War Diary of John F. Kennedy: Summer, 1945*. Cité par Benton BRADBERRY, *ouvrage cité*, p. 171.

[16] Thomas DALTON, Ph.D., *The Jewish Hand In the World Wars*, Castle Hill Publisher, 2019.

[17] Francis GOUMAIN, « La "déclaration de guerre" des Juifs à l'Allemagne », *Jeune Nation*, 24 mars 2021.

[18] Citation de CHURCHILL tirée d'*Écrits de Paris*, n° 613, septembre 1999, p. 40.

déclenché la Seconde Guerre mondiale, ne pouvaient tolérer qu'une « Europe puissante, à vocation autarcique, puisse se rendre indépendante de la Haute Finance internationale » souligne Jean-Jacques Stormay. C'eût été la fin du libéralisme lui-même dans les autres régions du monde. « […] le libéralisme ne pouvait pas ne pas en venir à vouloir la peau des nations anciennes, toujours tentées, lorsqu'elles demeurent fidèles à elles-mêmes (et c'est pourquoi il faut les avilir) de se soustraire à la férule du Gros Argent », l'arme toute-puissante des mondialistes. « Ceux que l'Histoire officielle et les conventions de langage nous obligent à nommer les "Alliés" ne sont nullement intervenus pour "libérer" l'Europe de la "barbarie" hitlérienne. Ils sont intervenus, précise Stormay, pour dépecer l'Europe traditionnelle — d'autant plus dangereuse pour eux qu'elle était en passe, grâce aux nationalismes adoptés par ses nations traditionnelles par eux enfin redevenues complémentaires et non plus conflictuelles, de redevenir elle-même en se rénovant — au profit des idéologies internationalistes libérale et communiste.[19] »

Selon le grand journaliste hongrois Louis Marschalko :

> L'hitlérisme n'était pas la seule chose que la communauté juive mondiale détestait. Elle redoutait bien plus ces mouvements [*fascistes*] ouvrant la voie à une nouvelle compréhension entre les nations d'Europe. Son objectif principal était de discréditer ces nouvelles tendances [*fascistes*] et de les faire détester par le reste du monde. Les Allemands ont essayé avec beaucoup de zèle d'établir une coopération et un partenariat avec l'élite européenne. Ils n'étaient pas à la recherche de collaborateurs au sens vulgaire du terme, mais de bons patriotes dans leur propre pays, des gens dévoués à la cause de leur propre terre natale. Ils avaient reconnu que l'individu a des droits sociaux. Ils avaient démontré que c'était la seule solution satisfaisante sur une base nationale au problème du bolchévisme. Ils croyaient avec une ferveur révolutionnaire que

---

[19] Jean-Jacques STORMAY, *Réflexions sur le nationalisme : En relisant 'Doctrines du nationalisme' de Jacques Ploncard d'Assac*, Reconquista Press, 2019, p. 76 -77.

s'ils réussissaient à libérer les masses de l'exploitation capitaliste, la paix pourrait être assurée pendant longtemps.

Ils avaient vu comment le « nazisme » juif s'interposait pour perturber l'unité du peuple allemand au moyen de sa puissance monétaire et de son contrôle de la presse afin d'assurer une domination exclusive sur toute la nation. Ayant réussi à éliminer tout cela par leur révolution nationale-socialiste, ils avaient de grands espoirs d'assurer la paix et aussi la coopération des peuples voisins, une fois que l'influence de ce « nazisme » supranational de l'Ancien Testament aurait été éliminée dans ces pays également.

C'était la nouvelle Europe en devenir. Et c'est précisément ce que la communauté juive devait éviter à tout prix, même si cela impliquait de réduire en poussière la culture chrétienne de l'Europe. Car si ce plan réussissait, de plus en plus d'États seraient libérés de l'emprise de la domination juive.

Il fallait donc discréditer le concept de l'Europe des nations ou de toute coopération possible. Et parce que plus de 60 % de la presse du monde occidental était entre les mains des Juifs et 85 % de la presse américaine et 100 % des films américains, cette campagne a été menée à une échelle jamais vue.

En interprétant sciemment de travers le concept racial, les Juifs ont fait croire que les Allemands revendiquaient la suprématie de la nation allemande sur toutes les autres nations. Ils ont déformé la théorie *Blut und Boden* (*le sang et la terre*) selon laquelle l'homme appartient à son sol natal en faisant croire que les Allemands revendiqueraient tous les territoires dans lesquels vivaient des habitants d'origine allemande. Par ce moyen, ils ont suscité la jalousie de toutes les nations européennes indépendantes où se trouvaient des minorités. Ils ont essayé d'expliquer les exportations toujours croissantes de l'Allemagne comme une préparation à la guerre. Ils ont ridiculisé les parties sincèrement probritanniques de *Mon Combat*, et ont cité certains passages hors contexte afin de faire peur autant à l'Est qu'à l'Ouest. L'empoisonnement de l'esprit s'est réalisé à une échelle gigantesque à travers le monde.

Comme toile de fond de toutes ces formes de propagande, il y avait, bien sûr, le fait indéniable que l'abolition du règne de l'or et la coopération pacifique entre le capital et le travail ont été un véritable choc pour les Juifs. L'opinion mondiale a été amenée à croire que le niveau de vie des travailleurs allemands n'augmentait que grâce à l'armement. Alors qu'en fait, les Juifs savaient très bien que de grandes colonies de travailleurs étaient en construction partout, et que l'existence des travailleurs et des familles satisfaites était une réfutation vivante des théories enseignées par la communauté juive depuis plus d'un siècle.

« Qu'est-ce qui a bien pu arriver ? », se demandèrent-ils effrayés. « Ces nazis détestés ont-ils vraiment détruit la splendide théorie de la lutte des classes marxiste qui servait si bien nos intérêts ? » « Comment, s'est demandé le grand écrivain nationaliste juif Bettelheim, les grandes villes comme Berlin, Vienne et Budapest peuvent-elles se passer des Juifs ? Une nation peut-elle vraiment vivre sans exploitation, sans presse nationale juive, sans cinéma, sans théâtre et sans "l'esprit mercenaire" juifs ? Après tout, nous avons maintenu le monde entier sous notre tutelle pendant des siècles en suggérant que sans nos activités culturelles, notre sens des affaires et notre intelligence supérieure, toutes les nations périraient et tout "progrès" cesserait. Et maintenant l'Allemagne prospère sans nous — avec une prospérité qui est la négation vivante de notre nationalisme arrogant. » Quiconque regarde ces cités-jardins en croissance constante, les gens satisfaits et heureux et les activités intellectuelles et économiques prospères peut constater que Bettelheim a eu tort lorsqu'il a prédit que la civilisation mondiale périrait sans les Juifs. « Jusqu'à présent, ces chrétiens sont de plus en plus satisfaits, tandis que nous, les Juifs, perdons de plus en plus de terrain. Si le reste du monde apprend cela au niveau international, et si les touristes étrangers et le prolétariat mondial voient que tout cela est possible sans nous, voire contre nous, ils comprendront que nous leur avons menti. Les politiciens, les journalistes, les dirigeants syndicaux, les capitalistes sous notre botte deviendront tous des menteurs ! Il faut donc détruire les preuves ! Par conséquent, ces belles maisons avec jardins ainsi que les nouvelles usines, les crèches, les camps de jeunes et les hôpitaux doivent être rayés de la surface de la Terre. »[20]

Si les Juifs avaient pu accepter en d'autres mots qu'une nation sans Juifs puisse avoir le droit d'exister, il n'y aurait pas eu de guerre. Mais parce qu'il avait refusé d'être dominé par les Juifs, aucun homme de l'histoire n'a été plus diabolisé qu'Adolf

---

[20] Louis MARSCHALKO, *The World Conquerors: The Real War Criminals*, Britons Publishing Society, 1958.

Hitler. Or, peu importe ce que l'on croit sur l'envergure du génocide d'Hitler contre les Juifs, les meurtres de masse commis par Staline et Mao sont bien plus importants que tout ce qu'Hitler est accusé d'avoir fait. Selon *Le Livre noir du communisme*, le communisme aurait en effet tué plus de 100 millions de personnes, un carnage qui défie l'imagination. Pourtant seul Hitler est pointé du doigt. Pourquoi ? Au communisme, au libéralisme et à la gouvernance mondiale, Hitler opposait la nation. C'est donc aussi pour cette raison qu'il continue à être démonisé avec un tel acharnement par les mondialistes. Pour que leur utopie universaliste se réalise, ils doivent absolument tuer dans l'œuf toute résurgence du nationalisme et du racialisme qu'ils pratiquent eux-mêmes sans vergogne :

> La conception de la supériorité raciale avec ses cultes religieux et politiques ne sont pas des inventions hitlériennes. Les lois juives de protection de la race et le nationalisme tribal juif remontent à l'époque de Moïse dans l'Ancien Testament (Pentateuque). Ces lois existent depuis 3000 à 4000 ans. […] Pendant le règne du « Führer » Moïse, tout était pareil dans le régime totalitaire de JAHVÉ. Les lois de protection de la race juive et le nationalisme juif ont survécu jusqu'à ce jour. Ce ne sont pas des inventions hitlériennes. Hitler, Goebbels et Rosenberg n'utilisaient contre la communauté juive que les armes de la communauté juive. […] Les Juifs se sont pendus eux-mêmes à Nuremberg. Les lois relatives à la ségrégation raciale et à la supériorité ont été publiées pour la première fois dans les livres des prophètes Esdras et Néhémie et non dans la loi de protection de la race de Nuremberg. Les premiers camps de concentration ont été créés non par Himmler, mais par le roi Salomon. La devise de l'extermination totale et de l'anéantissement de l'ennemi vaincu est apparue pour la première fois dans les ordres de Moïse, le premier « Führer » de l'histoire. […] Hitler avait seulement proclamé que les Allemands étaient supérieurs aux Juifs. Moïse est allé beaucoup plus loin en annonçant que les Juifs étaient d'origine divine directe et le peuple élu de Dieu, et par conséquent, sacré. […] Les lois juives considèrent la pureté raciale comme un commandement de la plus haute importance. La conscience d'être la race maîtresse brûle dans l'Ancien Testament avec la lueur féroce du nationalisme le plus fanatique de tous les temps. La première loi

de Moïse concerne la sauvegarde de la pureté raciale. [...] Les Juifs se sentent en droit d'assujettir les étrangers et de traiter comme esclaves tous ceux qui tombent en leur pouvoir. Les plans des chambres de torture soviétiques et des camps de travaux forcés de l'empire Kaganovitch ont été conçus au pays de Salomon. C'est l'Ancien Testament et non *Mon combat* qu'il faut étudier pour voir que la chambre à gaz rendue mondialement connue par la presse du Juif Sulzberger était en fait l'invention du peuple élu. Le prophète Samuel nous raconte comment dans l'atmosphère extatique de la victoire, la race la plus humanitaire au monde a traité ses ennemis vaincus : « Il fit sortir les gens qui s'y trouvaient (dans la ville ammonite de Rabba) et les mit sous des scies et sous des herses et des haches de fer, et les fit passer à travers le four à briques, et il fit ainsi à toutes les villes des enfants d'Ammon (II Samuel XII, 31). » Le premier camp de concentration, la première chambre à gaz (four à briques) du monde étaient en terre d'Israël. Et le premier ghetto a été établi à Jérusalem et non en Europe. Ce nationalisme tribal juif ne s'est jamais éteint. Il a continué à tuer les peuples et les races voisines. Chaque fois qu'il était vaincu, il resurgissait. La race juive avait souffert, mais après la libération de Babylone, elle continua à construire la Nouvelle Jérusalem avec la véhémence d'un nationalisme ravivé. La race juive avait souffert mais attendait le nouveau Messie, le libérateur nationaliste juif et le chef politique, le nouveau Führer, qui placerait le pouvoir mondial sur toutes les nations entre les mains de la communauté juive. Le peuple juif n'a jamais abandonné ce rêve national grandiose. Lors du congrès sioniste de 1897 à Bâle, le Dr Mandelstein, professeur à l'Université de Kiev, dans son discours d'ouverture de la conférence, déclara catégoriquement que : « Les Juifs utiliseront toute leur influence et leur puissance pour empêcher l'essor et la prospérité de toutes les autres nations et sont résolus à adhérer à leurs espérances historiques, c'est-à-dire à la conquête de la puissance mondiale » (*Le Temps*, 3 septembre 1897). Le national-socialisme allemand était prêt et disposé à coopérer avec d'autres peuples. Il était hostile à une seule race — la juiverie. Alors que le nazisme de type juif est hostile à toutes les races et à toutes les castes sociales et dirigeantes non juives.[21]

---

[21] Louis MARSCHALKO, *ouvrage cité.*

Comme le rapporte la journaliste d'*Al Jazeera* Susan Abulhawa à propos du nationalisme tribal juif :

> Plus de 80 ans après que l'Allemagne nazie a promulgué ce que l'on a appelé les lois raciales de Nuremberg, les législateurs israéliens ont voté en faveur de la prétendue « loi de l'État-nation ». Ce faisant, ils ont essentiellement codifié la « suprématie juive » dans la loi, ce qui reflète effectivement la législation de l'époque nazie sur la stratification ethnoreligieuse des citoyens allemands. La « loi sur l'État-nation » d'Israël stipule dans sa première clause que « l'actualisation du droit à l'autodétermination nationale dans l'État d'Israël est unique au peuple juif »… De la même manière, la première des lois de Nuremberg, la loi sur la citoyenneté du Reich, considérait la citoyenneté comme un privilège exclusif aux personnes de « sang allemand ou apparenté ». Les autres étaient classés comme sujets d'État, sans droits de citoyenneté.[22]

En définitive, écrit un internaute anonyme sur Facebook : « La plus grande menace aux magouilles financières des banquiers est la mise en œuvre réussie d'un système monétaire honnête. Si vous supprimez en effet les chaînes de l'usure internationale, vous supprimez le pouvoir des financiers sur les nations. Par conséquent, les Allemands, ainsi que le reste du monde, devraient examiner attentivement l'exemple qu'une brave génération de Teutons a donné à la postérité. »

---

[22] Susan ABULHAWA, "Israel's 'Nation-State Law' Parallels the Nazi Nuremberg Laws", *Al Jazeera*, 26 juillet 2018.

MENSONGE 12

Les Juifs sont des universalistes

Tout est pardonnable, excepté le mensonge,
l'infidélité et la trahison.

Christine, reine de Suède

LES Juifs méritent notre respect au moins pour une chose :
aucun peuple, aucune race n'a su survivre et dominer avec
autant de succès. Qu'ils soient riches ou pauvres, bêtes ou bolés,
croyants ou athées, quand les choses tournent aux pogroms, les
enfants d'Abraham s'aident, se pistonnent et s'organisent pour
défendre leurs intérêts et détruire les nuisibles qui menacent leur
vitalité raciale.

Vous n'arriverez pas à les stigmatiser parce qu'ils revendi-
quent, sans complexe, leur appartenance à la race juive. Vous
ne réussirez pas non plus à les diaboliser parce qu'ils tiennent à
tout prix à avoir un pays où ils peuvent vivre entre eux comme
bon leur semble. Prenons-en de la graine, nous, les Blancs racialement complexés, ce n'est pas pour les Juifs un crime affreux
d'agir dans les intérêts de sa race.

Curieusement, personne ne les traite de « racistes » parce que
dans leur Terre promise, les mariages entre Juifs et non-Juifs
sont interdits par les rabbins. Personne ne les traite d'« homo-
phobes » parce que la Cour suprême d'Israël a interdit le
mariage pour tous. Personne ne les traite de « xénophobes »

parce que seuls les Juifs de sang ont le droit d'immigrer librement en Israël. Personne ne les traite de « SS » parce que les minorités arabes (20 %), chrétiennes et autres n'ont pas les mêmes droits que la majorité, et ce, même s'ils ont accès à la citoyenneté et à la Knesset[1]. Personne ne les traite de « machos » parce que ce sont les hommes, et non les femmes comme en Occident, qui portent la culotte. Personne ne les traite de « nazis » parce qu'ils sont tous armés jusqu'aux dents. Enfin, personne ne les traite de « fachos » parce que dans leur pays, l'immigration et les frontières sont sévèrement contrôlées par des murs en béton infranchissables[2].

Là-bas, chez les sionistes, les protestataires anti-immigration ne se gênent pas pour scander dans les rues, « nègres rentrez chez vous, les nègres en Afrique ». Or, un tel manque d'inclusion ici au Québec et ailleurs en Occident serait sévèrement puni, et c'est peu dire. Mais comme le dit l'ancienne ministre de la Justice d'Israël Ayelet Shaked, dans la livraison du 13 février 2018 du journal *Haaretz*, « nous devons préserver la majorité juive de la nation même si des droits sont violés. […] Israël est un État juif. Ce n'est pas un État composé de différentes nationalités. Il est normal qu'une communauté juive soit par définition uniquement juive ».

Ainsi, Israël ne refuse pas seulement d'accueillir les illégaux qui l'envahissent, mais les incarcère dans des camps de concentration, avant de les déporter massivement, *manu militari*, vers leurs pays d'origine, voire chez nous avec la bénédiction de Justin Trudeau et des médias aux ordres qui nous cachent cette réalité étonnante tout en nous faisant croire à nous pauvres Québécois que le nationalisme est un péché et que la diversité nous fera monter tout droit au ciel sans passer par le purgatoire.

---

[1] Philip WEISS, "This Is What 'Jewish Democracy' Looks Like", *Mondoweiss, News about Palestine, Israel & the United States*, 26 mars 2021.
[2] Norman DACEY, *"Democracy" in Israel*, Noontide Press, 1976.

Prenez garde, les hommes et les femmes du paradis à Bibi ne sont pas des enfants de chœur ; l'individualisme forcené, l'empathie pathologique et l'altruisme suicidaire qui gangrènent notre race sont étrangers à leur culture ; au moindre faux pas, les soldats du Tsahal, comme un seul homme, vous trucideront sans la moindre hésitation.

En définitive, le racialisme décomplexé est l'une des forces du peuple-prêtre. Ils sont juifs et fiers de l'être… au plus profond de leur ADN. Ils savent, n'en doutez pas une seconde, que l'unité, la force et la cohésion d'une nation s'enracinent dans son homogénéité raciale ; ils savent, soyez-en sûr, que la diversité raciale et culturelle dans un même pays n'est pas une richesse, mais un cheval de Troie servant à diviser, fragmenter et affaiblir ceux qui succombent à ses charmes ; ils savent, enfin, que la nation ethnique est le seul modèle de société capable d'assurer la sécurité et le bonheur des hommes.

La véritable démocratie n'est possible, a dit Aristote, que dans les sociétés ethniquement homogènes. Les despotes et les tyrans ont toujours régné sur des sociétés très fragmentées comme les sociétés occidentales actuelles. Une société multi-ethnique est donc obligatoirement chaotique, car elle est totalement dénuée de *philia*, un concept fondamental défini ainsi par Aristote : une fraternité identitaire enracinée dans le sang et la chair des citoyens. Ainsi, le chaos ethnique empêche toute expression de *philia*, la condition indispensable à la cohésion et la souveraineté d'un peuple.

Pour le dire d'une façon que les bien-pensants refusent d'entendre, la race est bel et bien une réalité biologique de mieux en mieux étayée scientifiquement par de nombreuses études génétiques de haut niveau. Si nous sommes par ailleurs égaux devant Dieu et la loi, nous ne sommes pas égaux sur le plan des talents, de l'intelligence, du mérite, de la beauté et des capacités physiques. Les femmes et les hommes ne jouissent pas des mêmes aptitudes. L'égalitarisme racial, ethnique, sexuel, individuel et culturel est un autre mensonge de la pensée libérale. Ceux qui prétendent le contraire nous font du cinéma pour nous pousser au suicide racial... une fleur à la boutonnière.

À ce chapitre, Israël et les Juifs donnent l'exemple. Afin en effet de protéger la pureté de la race, l'État juif a les lois sur le métissage les plus strictes au monde. Israël n'autorise pas le mariage civil, même si selon un sondage récent, l'État sioniste est le pays le moins religieux au monde. Les mariages impliquant des Juifs ne peuvent avoir lieu qu'en accord avec la loi religieuse juive et avec l'approbation des tribunaux rabbiniques du pays. De nombreux Israéliens considérés comme juifs par les autorités civiles ne sont pas considérés comme juifs par le grand rabbinat. Ces Juifs « non juifs » ne sont pas autorisés à épouser de « vrais » Juifs [3]. Une personne juive qui voudrait se marier à une personne pouvant être racialement impure doit soumettre cette dernière à un test d'ADN afin de prouver son appartenance à la race juive confirmant par le fait même, comme le pensait Hitler, que les Juifs sont une race [4, 5, 6]. C'est bien la preuve que les races existent. Les convertis au judaïsme de même que les Juifs éthiopiens sont bannis du mariage. De plus, 89 % des Juifs refuseraient que leur enfant se mariât avec un gentil, et jusqu'à 97 %, si le partenaire en question est musulman. Alors que le métissage est rare, l'État finance néanmoins toute initiative visant à empêcher les Juifs de sortir avec des non-Juifs. Lehava, une organisation composée d'hommes juifs, patrouille les quartiers les plus cosmopolites de Jérusalem et s'attaque physiquement aux couples racialement mixtes [7].

---

[3] *Ibid.*

[4] Mark WEBER, "Jews: A Religious Community, a People, or a Race?", *The Journal of Historical Review*, mars-avril 2000, vol. 19, n° 2, p. 63.

[5] Jim GOAD, "The Ultimate JQ: Religion or Race?", *Taki's Magazine*, 17 juin 2019.

[6] Oscar SCHWARTZ, "What Does It Mean to Be Genetically Jewish?", *The Guardian*, 13 juin 2019.

[7] Eric STRIKER, "New Documentary Sheds Light on Israel's Strict Prohibitions on Interracial Marriage", *National Justice*, 9 décembre 2020.

Nous les Blancs d'origine européenne aurions tout intérêt à imiter le peuple du livre si nous ne voulons pas finir par raser les murs le jour où nous serons minoritaires dans nos propres pays. Nous tous, nationalistes de race blanche, avons des intérêts aussi légitimes que ceux de la nation juive, et comme elle, sommes parfaitement dans notre droit de les revendiquer et de les défendre, le suprématisme et l'apartheid en moins, mais non les bombes, car elles sont utiles pour défendre sa patrie contre les attaques des oppresseurs. Nous respectons en effet tous les peuples, y compris celui d'Israël, pourvu que ce soit réciproque. Nous sommes donc ouverts sur le monde à l'intérieur de nos frontières. Un état, un peuple.

Les Indiens, les Japonais, les Coréens et les Chinois sont tous fiers de leur race et font tout ce qu'ils peuvent pour la protéger du métissage forcé par la propagande mensongère. La Pologne, la Tchéquie, la Slovaquie et la Hongrie s'illustrent, elles aussi, en refusant en bloc de laisser des races extra-européennes envahir leur espace vital et détruire leur homogénéité raciale, religieuse et culturelle. Essayez d'immigrer dans ces pays et vous verrez que ces peuples ne lésinent pas avec les gènes. Ils savent, aussi sûrement que les Israéliens, que la culture d'un pays est une manifestation de la composition raciale de son peuple ; ils savent, n'en doutez pas une seconde, que la force et la cohésion d'une nation s'enracinent dans son identité raciale.

Posons-nous la question : pourquoi nous les Blancs n'aurions-nous pas le droit d'avoir un foyer, un territoire, un pays, un continent où nous pourrions vivre entre nous comme bon nous semble, à la façon des Juifs d'Israël, des Inuits de la région du Nunavut et des Amérindiens ? Ne sommes-nous pas, nous aussi, une minorité menacée d'extinction ?

Il n'existe aucune objection morale ou juridique. L'autodétermination et la possession d'un territoire propre à une race ou un sous-groupe racial sont un droit inaliénable reconnu par tous.

Où est le problème ?

Eh bien, en voici quelques-uns :

Les despotes et les tyrans qui nous dominent par le chaos racial et culturel sont prêts à accepter les revendications de toutes les communautés et de toutes les races sauf celles de la race blanche, la seule en mesure de résister à leur projet mondialiste.

Jamais ils ne nous laisseront vivre en paix. Demandez aux Russes pour voir. Sans une armée puissante et des citoyens prêts à se sacrifier pour la patrie, la Russie serait détruite et sa population remplacée par des Africains et des Asiatiques dans l'esprit du projet mondialiste des élites juives et non juives qui veulent détruire notre identité et mettre en place une gouvernance mondiale.

Un grand nombre de Blancs, peut-être même la majorité, ne veulent pas d'un État ethnique. Décérébrés par la propagande de la diversité et du métissage qui leur est servie en boucle dans les écoles, les films, les téléromans et les médias aux ordres ; subjugués par l'empire des sens ; prisonniers de Mammon qui les robotise ; paralysés par la peur de l'anathème ; aveuglés par l'idéologie des droits de l'homme et des droits civiques, ces blancs aliénés de leur conscience raciale et totalement coupés de leur instinct de survie sont même prêts à se battre du côté de ceux qui veulent rayer leur race de la carte… noblesse oblige.

MENSONGE 13

Les races n'existent pas

Plus le mensonge est gros, plus il passe.

Joseph GOEBBELS

L A science et le simple bon sens ont démenti depuis long-temps la plupart des dogmes de la culture dominante du politiquement correct. Mais la tentation de l'utopie étant plus forte que la raison et la réalité, les kabbalistes s'entêtent à promouvoir leurs idées fausses sans aucun souci pour les conséquences.

Prenez la race par exemple, combien de fois avez-vous entendu dire que les races n'existent pas, que la race étant une construction sociale, chaque personne, quelle que soit sa couleur, est identique aux autres ? Soyons donc aveugles à la couleur et par souci d'égalitarisme donnons-nous la main et chantons en cœur comme Michael Jackson : « Qu'est-ce que ça peut bien faire d'être noir ou blanc ! ».

Ne soyez pas surpris par conséquent si à Montréal et ailleurs, on voit partout des couples métissés. La propagande... ça marche ! Dans son livre *La France interdite*, Laurent Obertone rapporte qu'aux États-Unis :

> [...] depuis les années 1950, l'approbation des mariages inter-raciaux est passée de 5 % à 80 % (*Gallup*, 2007). Leur pourcentage a triplé en trente ans (*Pew Research Institute*, 2012). C'est encore

pire en Angleterre où près de la moitié des Anglais nés afro-caribéens auraient un partenaire issu d'un groupe ethnique différent (*Bland*, 2005), et où les enfants métis de moins de dix ans seraient deux fois plus nombreux que les enfants noirs (*The Economist*, 10 février 2014). Selon le généticien Steve Jones, « on assiste à un métissage qui entraîne un changement génétique considérable à Londres », où « près de la moitié des habitants ne sont pas d'origine européenne ».[1]

On met tout beau et du moment que tout le monde est pareil pourquoi se casser la tête ? Mélangeons-nous, marions-nous. Vive le mélange des couleurs ! C'était Benetton, souvenez-vous, l'un des premiers à promouvoir cette idée.

Il y a eu aussi le film du réalisateur juif Stanley Kramer *Devine qui vient dîner…* avec le charmant Sidney Poitier que tout parent voudrait avoir comme gendre. Plus récemment, on a vu *Qu'est-ce qu'on a fait au Bon Dieu ?*, du producteur juif Romain Rojtman, un film hilarant qui donne envie de donner la main de sa fille au premier Chinois venu[2].

Toujours en avance sur son temps, en 2014, le kabbaliste juif Jacques Attali, le conseiller de plusieurs présidents français, voyait se dessiner, au-delà du chaos que le mélange des races pouvait semer, « la promesse d'un métissage planétaire, d'une Terre hospitalière à tous les voyageurs de la vie[3] ». Car c'est bien le Jardin d'Éden que les mondialistes comme Jacques Attali veulent réaliser envers et contre tous à travers l'effacement des frontières et des nations, le mélange des populations, le multi-culturalisme et le métissage forcé[4].

Eh bien, navré de décevoir ces dangereux rêveurs, mais les choses ont bien changé depuis vingt ans. Aucun généticien ou

---

[1] Laurent OBERTONE, *La France interdite : La Vérité sur l'immigration*, Ring, 2018, p. 368.

[2] Hervé RYSSEN, *Satan à Hollywood : La Christianophobie au cinéma*, livre et DVD, Baskerville, 2016.

[3] Cité par Laurent OBERTONE, *ouvrage cité*, p. 372.

[4] Hervé RYSSEN, *Les Espérances planétariennes*, Baskerville, 2008.

anthropologue digne de ce nom n'oserait dire aujourd'hui que les races n'existent pas et que nous sommes tous pareils.

Comme le dit en effet Wiktor Stoczkowski, directeur d'étude à l'École des hautes études en sciences sociales (EHESS), chercheur d'anthropologie sociale au Collège de France : « Jusqu'au début des années 2000, la génétique des populations alors en vogue semblait démontrer que les races humaines n'existent pas. La situation a changé au début du 21ᵉ siècle, avec l'invention de nouvelles méthodes d'exploration du génome humain.[5] »

Ainsi, si nous sommes égaux devant Dieu et la loi, nous ne sommes pas du tout égaux devant la maladie et les médicaments. Conséquence incontournable de la consanguinité (endogamie), la race juive, par exemple, est affectée par une quarantaine de maladies typiquement juives comme la maladie de Tay-Sachs, de Gaucher, de Niemann-Pick, la mucolipidose de type IV ; la prévalence du cancer du sein et de l'ovaire est particulièrement élevée dans cette population[6]. Le cancer de la prostate est « raciste » puisqu'il frappe les Noirs trois fois plus souvent que les autres sous-espèces. De même, le médicament rosuvastatine contre le cholestérol est « raciste » envers les Chinois, les Vietnamiens, les Japonais, les Coréens et les Philippins, car ces races qui font partie de la sous-espèce asiatique, que l'on appelait autrefois la « race jaune », réagissent très mal à ce médicament. Enfin, le BiDil, un médicament traitant l'insuffisance cardiaque, est également « raciste » puisque c'est le premier médicament réservé à une seule catégorie d'humain, celle des Noirs. Ce sont d'ailleurs les Noirs eux-mêmes les premiers à réclamer des études et des essais cliniques spécifiques à leur

---

[5] Wiktor STOCZKOWSKI, *L'antiracisme doit-il craindre la notion de race ?*, Maison des sciences de l'homme (MSH) Alpes, YouTube, 17 octobre 2018.
[6] Jon ENTINE, "DNA Links Prove Jews Are a 'Race,' Says Genetics Expert", *American Enterprise Institute*, 7 mai 2012.

race, car les réactions aux médicaments varient d'une sous-espèce à l'autre, voire d'une race à l'autre[7].

Or, si la maladie et les médicaments agissent différemment sur les différentes races humaines, c'est bien parce que les races existent et qu'elles sont différentes génétiquement. Ce n'est pas une invention des obscurantistes qui veulent introduire des discriminations entre les hommes, mais une réalité scientifiquement démontrée. Et cette différence biologique ne se limite pas aux médicaments et aux maladies.

De fait, comme l'a notamment montré Robert Plomin, le plus grand spécialiste au monde de la génétique comportementale, l'hérédité joue aussi un rôle majeur dans le comportement, l'intelligence et les capacités cognitives en général. On peut même se servir aujourd'hui des différences dans l'ADN pour prédire les traits psychologiques d'une personne, ses chances de succès à l'école et dans la vie. Plus important encore, Plomin a montré que rien ne change les prédispositions génétiques que nous héritons[8, 9]. Si vous n'avez aucun talent musical, aucune éducation ne fera de vous un Mozart. Jean-Jacques Rousseau a tort : l'homme n'est pas une page blanche à la naissance sur laquelle on peut écrire ce que l'on veut pourvu que les circonstances sociales soient appropriées[10]. N'est pas ingénieur qui veut… la nature est bien plus forte que nous !

À propos des différences raciales, voici ce que dit l'honorable scientifique canadien J. Philip Rushton :

[7] Wiktor STOCZKOWSKI, *article cité*.

[8] Robert PLOMIN, John DEFRIES, Gerald MCCLEARN et Michael RUTTER, *Des gènes au comportement : Introduction à la génétique comportementale*, adaptation et traduction de la 3e édition américaine par Patricia Arecchi, Université De Boeck, 1999.

[9] Robert PLOMIN, *Blueprint: How DNA Makes Us Who We Are*, Allen Lane, 2018.

[10] Steven PINKER, *The Blank Slate: The Modern Denial of Human Nature*, Penguin, 2003.

Pendant les vingt dernières années, j'ai étudié les trois grandes sous-espèces que sont les Orientaux (Asiatiques de l'Est, mongoloïdes), les Blancs (Européens, caucasoïdes) et les Noirs (Africains, négroïdes)... En ce qui concerne la grosseur du cerveau, l'intelligence, le comportement sexuel, la fertilité, la personnalité, la maturité, la longévité, les taux de criminalité et la stabilité de l'institution familiale, j'ai trouvé que les Asiatiques se situent à une extrémité du spectre, les Noirs, à l'autre extrémité, et les Blancs, entre les deux. En moyenne, les Asiatiques connaissent une maturation plus lente, sont moins fertiles, moins actifs sexuellement, moins agressifs, et ont un cerveau plus gros et un QI plus élevé que les autres races. Les Noirs sont à l'opposé. Les Blancs se situent entre les deux, mais plus près des Asiatiques que des Noirs. J'ai montré que ce schéma à trois voies des différences raciales se vérifie tout au long de l'histoire et à travers les peuples. Il est donc impossible de faire comme s'il n'existait pas [...].[11]

À vrai dire, toutes les races et tous les individus ne sont pas interchangeables. Il existe bel et bien des races plus compétentes et des individus à l'intérieur des races plus intelligents que d'autres, plus dociles ou plus portés génétiquement à la violence et au crime[12, 13, 14, 15]. C'est l'évidence même pour la plupart des chercheurs sérieux et des gens qui se frottent à la réalité raciale sur le terrain, pourquoi le nier ?

L'inégalité étant une loi de la nature inscrite dans nos gènes, ce n'est pas par le métissage, la discrimination positive et en nivelant vers le bas les résultats scolaires que vous allez la faire disparaître. Vous allez plutôt brimer les plus intelligents et les

---

[11] J. Philip RUSHTON, *Race, évolution et comportement*, Institut de recherche Charles Darwin, 2015.

[12] Helmuth NYBORG, *The Scientific Study of General Intelligence: Tribute to Arthur N. Jensen*, Elsevier, 2003.

[13] Charles MURRAY, *Human Diversity: The Biology of Gender, Race, and Class*, Twelve, 2020.

[14] Arthur KEMP, *The War Against Whites: The Racial Psychology Behind the Anti-White Hatred Sweeping the West*, Ostara Publications, 2020.

[15] Robert J. STERNBERG (*editor*), *The Nature of Human Intelligence*, Cambridge University Press, 2018.

plus méritants, et par le fait même, affaiblir la société, la rendre moins compétitive et l'appauvrir à tous points de vue[16].

Voici ce que dit à ce propos un collectif d'auteurs spécialisés dans ce domaine :

> Il apparaît que les tenants de la détermination essentielle des capacités par le milieu ou la « culture seule » sont avant tout des idéologues enfermés dans leurs idées fausses, indifférents aux leçons répétées de l'expérience, toujours prêts à mettre en œuvre des politiques grosses de frustrations de toutes sortes pour les races concernées (aux États-Unis, les Blancs et les Noirs avant tout) : des politiques qui donnent forcement lieu à un mélange catastrophique de chaos vaguement contrôlé à base d'aides sociales, d'effets dysgéniques pour l'ensemble de la population et de totalitarisme à travers l'intervention invasive de l'État, comme pour faire disparaître toute trace de ce qu'est une société libre et ordonnée.[17]

Au Brésil, par exemple, l'un des pays les plus racialement mélangés et métissés au monde, la violence, la criminalité récidiviste et la pauvreté sont la norme. De fait, les pays les plus fortement métissés et racialement mélangés comptent parmi les pays les plus chaotiques au monde. Or, pourquoi diable voudrions-nous les imiter ? Imitons plutôt les pays les plus racialement homogènes comme le Japon, la Corée du Sud, la Malaisie et Singapour, des pays où la sécurité et le niveau de vie moyen sont les plus élevés au monde. « Il n'existe aucun pays au monde, souligne Laurent Obertone, où le métissage a réduit si peu que ce soit les inégalités, le communautarisme ou la xénophobie.[18] »

---

[16] Laurent OBERTONE, « Les conséquences d'une baisse nationale du QI » (chapitre 6), *La France interdite : La Vérité sur l'immigration*, Ring, 2018, p. 351 à 374.

[17] Collectif, *QI et races : Le Cauchemar des multiculturalistes devant le réel*, avec un texte d'Henry GARRETT et une présentation des recherches d'Arthur JENSEN, de J. Philippe RUSHTON, de Richard J. HERRNSTEIN, de Charles MURRAY, de Richard LYNN, de Tatu VANHANEN et d'autres auteurs, Akribea, 2019.

[18] Laurent OBERTONE, *ouvrage cité*, p. 370.

Le public ignore ces faits étayés par des scientifiques de renom, comme Henry Garrett, Arthur Jensen, J. Philippe Rushton, Richard Lynn ou encore Charles Murray et Richard J. Herrnstein, parce qu'ils sont occultés par les autorités libérales au pouvoir, les médias aux ordres et autres agents sociaux des droits de l'homme, de l'antiracisme, des bonnes œuvres, des sciences humaines [19], de l'éducation, des arts, etc.

L'idéologie fondamentale de notre classe dirigeante, que personne ne peut contredire sans risquer de perdre son gagne-pain, est le déni de race. Les différences de résultats entre les races selon les données statistiques ne peuvent absolument pas être d'origine biologique. Les seules raisons de ces différences qu'il est permis de discuter en public sont d'ordre social : pauvreté, oppression, manque d'estime de soi. Et de fait, toutes ces raisons ont une seule cause fondamentale : le « racisme systémique » de la part des Blancs envers les autres races.

Bien sûr, il y a au moins deux problèmes avec ce déni de la race.

Problème 1 : un demi-siècle d'efforts, y compris un favoritisme massif envers les Noirs, des dépenses de milliers de milliards et l'élection d'un président noir, n'a fait qu'une légère brèche dans les différences de résultats.

Problème 2 : les Asiatiques de l'Est et du Sud, qui sont désormais plus riches et plus prospères en moyenne que les Blancs.

Vous pourriez donc penser que les preuves contre le déni de la race sont maintenant si manifestement évidentes que les négationnistes sont obligés de remettre en question la validité de leur théorie.

Ce serait cependant sous-estimer le fanatisme des négationnistes raciaux.[20]

À l'instar des bonnes âmes John Lennon et Raymond Levesque, ces messieurs dames de la coterie des pelleteux de

---

[19] Noretta KOERTGE, *A House Built on Sand: Exposing Postmodernist Myths About Science*, Oxford University Press, 1998.
[20] John DERBYSHIRE, "Race Denial Fanatics vs. Law Enforcement, Academic Reality", *The Unz Review*, 12 décembre 2020.

nuages, qu'une élite kabbaliste a instrumentalisés [21], n'ont d'yeux que pour un monde en paix où les hommes vivront d'amour ; un monde sans races, ni frontières, ni religions, ni injustices ; un monde où toute violence aura disparu et où « toutes les créatures seront réconciliées » ; un monde « où le loup habitera avec la brebis, le tigre reposera avec le chevreau ; veau, lionceau, bélier vivront ensemble et un jeune enfant les conduira [22] ».

Ce beau rêve, présent dans l'eschatologie des grandes religions [23], se réalisera peut-être un jour, qui sait, laissons les gens rêver, mais en attendant ne mettons pas la charrue devant les bœufs, ne gâchons pas la sauce avec des politiques en aval qui font plus de mal que de bien, changeons-nous d'abord nous-mêmes en amont, et les changements escomptés couleront de source sans avoir à les imposer par la force.

Et puis, d'un point de vue éthique, personne n'a le droit de façonner les humains à son image et de reconstruire la société sans le consentement du public, voire contre sa volonté, par des moyens furtifs non démocratiques et parfois violents comme l'invasion migratoire extra-européenne, le multiculturalisme et le métissage forcé par la propagande mensongère. On a vu le résultat avec les bolchéviques. Lénine, juif par sa mère, et Trotski, né Lev Bronstein, voulaient aussi rendre les gens heureux par la force. Or, 30 millions de morts plus tard, ils n'avaient toujours pas réussi [24].

Pour cette raison, par prudence, on ferait mieux de faire attention, car c'est toujours la même clique qui tire les ficelles.

---

[21] Hervé RYSSEN, *Les Espérances planétariennes*, Baskerville, 2008.

[22] Hervé RYSSEN, *La Guerre eschatologique : La Fin des temps dans les grandes religions*, Baskerville, 2013.

[23] *Ibid.*

[24] Richard PIPES, *Russia Under the Bolshevik Regime*, Vintage Books, 1995, p. 512.

MENSONGE 14

L'Afrique est le berceau de l'humanité

*Le mensonge donne des fleurs
mais pas de fruits.*

Proverbe africain

« VOUS et moi, à vrai dire, nous tous, partout dans le monde, sommes Africains sous la peau ; des frères et sœurs séparés par à peine deux mille générations. Les vieux concepts de race en plus d'être une source de division sont faux scientifiquement » affirme Spencer Wells, l'anthropologue américain responsable, de 2005 à 2015, du projet génographique du *National Geographic*, un magazine appartenant au Council of Foreign Affairs, un groupe de réflexion américain totalement dévoué à la promotion du mondialisme[1].

Sous l'impulsion de sa rédactrice juive Susan Goldberg, le *National Geographic* est devenu depuis 2014 une véritable arme de propagande mondialiste dont le seul but est de promouvoir

---

[1] Spencer WELLS, "Deep Ancestry: Inside the Genographic Project. The Landmark DNA Quest to Decipher Our Distant Past", *National Geographic*, 2007.

REQUIEM POUR LA BÊTE

l'invasion migratoire, le multiculturalisme, le métissage et la négation du concept de race[2].

Ainsi, le projet génographique du *National Geographic* fait partie des nombreux accessoires utilisés par les mondialistes pour nous faire avaler tout rond la société ouverte de George Soros, né Schwartz[3].

Voici ci-dessous un échantillon des idées qui sont véhiculées dans les notes de cours du *National Geographic* destinées aux étudiants au deuxième cycle du secondaire et du lycée :

> D'après les preuves fournies par le projet génographique et autres projets de recherche scientifique, les humains du passé et du présent peuvent retracer leurs origines à un seul ancêtre vivant en Afrique il y a 60 000 ans.
>
> Il est prouvé génétiquement que tous les humains sont 99,9 % identiques. Les êtres humains ne se divisent pas en catégories physiques bien délimitées que certaines personnes nomment « race ». Les différences entre nous — comme la couleur de la peau et la texture des cheveux — ont évolué lorsque les humains se sont adaptés à différents environnements. Or, ces différences constituent moins de $1/10^e$ de 1 % de notre constitution génétique.[4]

Ces notions qui font l'opinion sont reprises en boucle quasiment textuellement par les nombreux agents sociaux impliqués dans la promotion du multiculturalisme et du métissage comme l'animateur québécois d'origine africaine Éric M'Boua : « […] il est prouvé scientifiquement que l'humanité tire son origine de la terre africaine. Ce qui ferait de nous des citoyens d'une même terre nommée AFRIQUE [*sic*].[5] »

---

[2] Lance WELTON, "What Makes National Geographic Race-Denying Editor Susan Goldberg Run?", *The Unz Review*, 2019.

[3] Pierre-Antoine PLAQUEVENT, *Soros et la société ouverte : Métapolitique du globalisme*, Éditions La Découverte, 2018.

[4] genographic.nationalgeographic.com

[5] Éric M'BOUA, « Nous venons tous d'Afrique », *HuffPost Québec*, 2012.

Dans un article du *HuffPost Québec*, un média Internet appartenant au groupe juif Verizon, un autre promoteur tous azimuts de la société sans frontières[6], M. M'Boua, dont l'enthousiasme pour le mélange des races et le métissage crève les yeux, cautionne son propos avec une conférence de Spencer Wells, cité ci-dessus, présentée sur la plate-forme *TED Talks, Ideas Worth Spreading* (*Les Conférences TED, des idées valant la peine d'être diffusées*), une plate-forme de communication créée par Richard Saul Wurman, l'heureux propriétaire de trois chiens nommés Isaac, Jacob et Abraham[7].

Voyons maintenant si ces idées sensationnalistes, qui donnent envie à première vue d'accueillir à bras ouverts les frères et sœurs multicolores de la grande famille humaine qui déferlent actuellement sur nos terres, valent vraiment la peine d'être diffusées.

D'après les preuves fournies par le projet génographique et autres projets de recherche scientifique, les humains du passé et du présent peuvent retracer leurs origines à un seul ancêtre vivant en Afrique il y a 60 000 ans.

La doctrine de l'afrocentrisme dont il est question est née aux États-Unis à l'époque du mouvement des droits civiques des années 60 et la création dans les universités américaines de programmes d'études sur les Noirs (*Black Studies*). Son auteur, l'anthropologue africain Cheikh Anta Diop, croyait que l'Afrique était non seulement la matrice de l'humanité, mais que les anciens Égyptiens étaient des « Nègres », et que l'humanité leur doit toutes les civilisations et toutes les inventions primaires. Selon l'historien spécialiste de l'Afrique Bernard Lugan, Anta Diop était par ailleurs convaincu que « les Blancs qui ne pouvaient admettre tout devoir à des "Nègres" avaient alors créé

---

[6] HuffPost Québec, *Wikipédia*.
[7] Site de Richard Saul Wurman (wurman.com).

l'égyptologie moderne afin de détruire les preuves de la négritude égyptienne par l'élimination des momies noires et la mise en évidence des seules momies blanches[8] ».

Avec Meryl Streep et Robert Redford comme vedettes, Hollywood, en 1985, avec son film à succès *Out of Africa* (*Souvenirs d'Afrique*), du réalisateur juif Sydney Pollack, a certainement contribué à nous faire croire que nous étions tous sortis de l'Afrique, les gens faisant rarement la différence entre la fiction et la réalité. Comment le pourraient-ils de toute façon si on ne leur donne jamais les bonnes informations ?

Mais ce qui donna ses lettres de noblesse à l'afrocentrisme fut une étude des généticiens Allan Wilson, Rebecca Cann et Mark Stoneking publiée en 1987 par la revue *Nature*[9].

La fameuse phrase, « nous sommes tous des Africains sous la peau », désormais consacrée en vérité par les « progressistes » fut ensuite largement popularisée par les médias aux ordres et des scientifiques de renom comme le généticien juif Axel Kahn :

> La surprise des récentes découvertes scientifiques est bien que l'homme n'a pas plus de gènes que l'âne ou le bœuf, et même beaucoup moins que le crapaud… Tous les hommes sont en fait d'une grande homogénéité génétique, car leur ancêtre commun est jeune au regard de l'évolution de la vie ; il a vécu il y a plus de 200 000 ans en Afrique. Tous les continents semblent avoir été peuplés à partir d'une population dont les groupes auraient quitté l'Afrique il y a 70 000 ans. La couleur de la peau, qui joue un rôle si important dans les préjugés racistes, ne reflète pas tant une divergence génétique, qu'un phénomène de brunissement progressif de l'épiderme à mesure que l'on va du Nord vers l'équateur. Il y a plus de diversités génétiques, en moyenne, au sein des individus d'une ethnie

---

[8] Bernard LUGAN, « Afrocentrisme, une imposture historique », *Les Cours de Bernard Lugan : Cours d'histoire pour rétablir les vérités sur l'Afrique*, 2020 (en ligne).

[9] Rebecca L. CANN, Mark STONEKING et Allan C. WILSON, "Mitochondrial DNA and Human Evolution", *Nature*, vol. 325, p. 31-36, 1987.

particulière qu'entre deux ethnies différentes, fussent-elles apparemment si dissemblables que le sont des populations scandinaves ou mélanésiennes.[10]

Les mondialistes et les anthropologues de l'école boasienne comme Spencer Wells cité ci-dessus en ont fait entre-temps une véritable obsession[11]. Que nous soyons tous sortis de l'Afrique avant-hier, et tous, par conséquent, foncièrement semblables sous la peau et dans la tête facilite énormément le brassage des populations et des races, le multiculturalisme, le métissage, et en dernier ressort la gouvernance mondiale.

Mais heureusement pour ceux qui n'aiment pas se faire brasser dans la machine à laver des idéologues comme un panier de linge sale, il est désormais certain, grâce aux avancées de l'anthropologie et de la génétique, que l'Afrique n'est pas le berceau de l'humanité.

Dans l'état actuel des connaissances, nous savons en effet qu'il existe au moins trois foyers d'hominisation indépendants de l'hominisation africaine : un foyer asiatique et deux foyers européens, l'un dans le Caucase, vieux de 1,8 million d'années, et l'autre en Espagne, vieux de 1 à 1,2 million d'années[12]. Ces souches locales elles-mêmes possiblement issues d'*Homo erectus* ont évolué sur place (*in situ*) vers l'homme moderne *Homo sapiens sapiens*, dit « Homme de Cro-Magnon », qui s'est lui-même divisé en sous-espèces et en races[13].

---

[10] Axel KAHN, *Conférence mondiale contre le racisme, la discrimination raciale, la xénophobie et l'intolérance*, Organisation des Nations unies, 2001. Cité par Hervé RYSSEN dans *Les Espérances planétariennes*, Éditions Baskerville, p. 45.

[11] Austen LAYARD, Ph.D., "Anthropology's Obsession With African Origins", *The Occidental Observer*, 2017.

[12] Bernard LUGAN, *ouvrage cité*.

[13] Bernard LUGAN, *Mythes et manipulations de l'histoire africaine : Mensonges et repentance*, Afrique réelle, 2013. Voir aussi sa conférence du même titre sur YouTube.

Le séquençage de l'ADN permet également d'affirmer que les Européens de la sous-espèce des caucasoïdes sont issus de 3 souches dont aucune n'est africaine : 1. les chasseurs-cueilleurs ouest-européens, la population souche de la totalité des Européens ; 2. les anciens Nord-Eurasiens, dont les gènes se retrouvent chez tous les Européens et les habitants du Proche-Orient, notamment chez les Turques ; 3. les agriculteurs originaires d'Anatolie, dont le génome contient des gènes des chasseurs-cueilleurs ci-dessus (surtout chez les populations méditerranéennes, mais pas dans les populations danubiennes et nord-européennes) [14].

Or, malgré les faits, déplore Bernard Lugan dans son livre *Mythes et manipulations de l'histoire africaine*, les idées fausses de Cheikh Anta Diop sont toujours enseignées et considérées comme l'histoire officielle, « la preuve en est la monumentale *Histoire de l'Afrique* en huit tomes constamment rééditée et publiée dans les principales langues du monde par l'UNESCO », une émanation de l'ONU. « Le tome II, souligne M. Lugan, dont le titre est *L'Afrique ancienne*, fait ainsi la part belle à Cheikh Anta Diop ; à telle enseigne que c'est sa vision du peuplement de l'Égypte qui a été retenue.[15] »

Il est prouvé génétiquement que tous les humains sont 99,9 % identiques. Les êtres humains ne se divisent pas en catégories physiques bien délimitées que certaines personnes nomment « race ». Les différences entre nous — comme la couleur de la peau et la texture des cheveux — ont évolué lorsque les humains se sont adaptés à différents environnements. Or, ces différences constituent moins de 1/10e de 1 % de notre constitution génétique.

La population humaine se divise bel et bien en groupes génétiques nommés « sous espèces », eux-mêmes divisés en « races ». Ces sous-espèces ayant évolué séparément en vase clos, sur les cinq continents, possèdent des caractéristiques qui

---

[14] *Ibid.*
[15] *Ibid.*

vont bien au-delà de la couleur de la peau et de la texture des cheveux.

Comme nous l'avons vu dans un mensonge précédent, la réalité raciale que les idéologues de la société ouverte refusent à tout prix d'accepter permet entre autres de déterminer chez chaque race la durée de la grossesse, le poids d'un bébé à la naissance, sa précocité, son agressivité (gène de la criminalité, MAO-A), la grosseur de son cerveau, son intelligence, ses chances de réussite scolaire, voire sa réponse à certains médicaments et sa prédisposition à souffrir de certains cancers ou de certaines maladies mentales comme la schizophrénie[16, 17, 18, 19, 20].

Certes, nous sommes identiques à tous les autres humains pour plus de 99,9 % des 3 milliards de bases élémentaires dont sont composés notre ADN, mais ce 1/10 de 1 % de notre constitution génétique est d'une importance capitale, car il contient en vérité le plan directeur de toutes nos différences physiques, physiologiques et psychologiques non seulement entre les individus, mais entre les races[21, 22, 23].

---

[16] Philip RUSHTON, *Race, évolution et comportement*, Institut de recherche Charles Darwin, 2015.

[17] Wiktor STOCZKOWSKI, *L'antiracisme doit-il craindre la notion de race ?*, Maison des sciences de l'homme (MSH) Alpes, YouTube, 17 octobre 2018.

[18] Charles MURRAY, *Human Diversity: The Biology of Gender, Race, and Class*, Twelve, 2020.

[19] Collectif, *QI et races : Le Cauchemar des multiculturalistes devant le réel*, avec un texte d'Henry GARRETT et une présentation des recherches d'Arthur JENSEN, de J. Philippe RUSHTON, de Richard J. HERRNSTEIN, de Charles MURRAY, de Richard LYNN, de Tatu VANHANEN et d'autres auteurs, Akribea, 2019.

[20] Arthur KEMP, *ouvrage cité*.

[21] Robert PLOMIN, *Blueprint: How DNA Makes Us Who We Are*, Allen Lane, 2018.

[22] Robert PLOMIN, John DEFRIES, Gerald MCCLEARN et Michael RUTTER, *Des gènes au comportement : Introduction à la génétique comportementale*, Université De Boeck, 1999.

[23] Collectif, *ouvrage cité*.

En résumé, à force d'être répétées dans les écoles, les médias, les films, les téléséries, les pièces de théâtre, les livres et les conférences, ces idées fausses sont devenues une réalité pour bien des gens, dans l'esprit de cette citation d'Orson Welles : « 10 000 répétitions font une vérité. »

MENSONGE 15

L'Afrique et les Noirs vont mal
à cause des Blancs

*Le savant est l'homme par lequel s'opère facilement la
distinction entre la franchise et le mensonge dans les
paroles, entre la vérité et l'erreur dans les convictions
entre la beauté et la laideur dans les actes.*

Abed EL-KADER

QUE ce soit clair dès le départ, aucun Blanc de souche européenne n'a à se sentir coupable des méfaits allégués de la
colonisation et des horreurs de l'esclavage. Les kabbalistes ont
faussé l'histoire de ces événements historiques afin de culpabiliser, et par conséquent, neutraliser l'instinct de survie de la race
blanche qu'ils sont déterminés à rayer de la carte par le multiculturalisme, le métissage et la submersion migratoire.

Malheureusement, ce sale travail de culpabilisation et de
tétanisation est la plupart du temps effectué par des Blancs, de
prime abord sincères et bien intentionnés, mais mal informés,
voire motivés par un puissant besoin de se faire du capital social
et/ou financier. L'angélisme culpabilisateur bruyamment affiché permet en effet aux m'as-tu-vu de la coterie des pelleteux de
nuages de supplanter moralement leurs congénères et d'augmenter leur cote de popularité auprès de la population.

Comme le dit en effet l'éminent virologue et prix Nobel Frank Mcfarlane Burnet, cité par Laurent Obertone dans *La France interdite : La Vérité sur l'immigration*, « ces hypocrites manifestations d'amour accompagnent toujours "une course au pouvoir". "Sauver" quelqu'un, pleurnicher sur son sort, s'émouvoir des malheurs d'autrui, c'est augmenter sa propre valeur sociale. Donc acquérir de la respectabilité, de la notoriété et du pouvoir[1] ».

Les minorités en général ont tout intérêt, elles aussi, à accuser les Blancs de souche européenne de tous les péchés du monde. Comme l'a montré le psychologue américain Kevin MacDonald, d'un point de vue strictement évolutionniste, le dénigrement tous azimuts de la majorité blanche leur donne un avantage compétitif certain, d'autant plus que les Blancs par nature ont la fâcheuse tendance à se laisser manger la laine sur le dos[2]. L'individualisme forcené, l'altruisme suicidaire et la compassion pathologique comptant, en effet, dans les circonstances actuelles, parmi les plus grands handicaps des Blancs, la meute des minorités les plus habiles à sentir la proie mortellement blessée par la culpabilité et les beaux sentiments n'a aucun mal à s'imposer.

Dans cette optique, voici les principaux arguments que les Africains utilisent pour obtenir un avantage quelconque ou pour justifier leur marginalisation sociale et leur stagnation économique, aussi bien dans leur pays d'adoption que dans leur pays d'origine :

> *L'Afrique [...] considère qu'elle a été marginalisée par l'évolution historique, déclare la vice-présidence du Sénégal. [...] Son appauvrissement provient des effets cumulatifs de 300 ans d'esclavage, de 100 ans de colonisation, et depuis l'indépendance, de la domination économique*

---

[1] Laurent OBERTONE, *La France interdite : La Vérité sur l'immigration*, Ring, 2018, p. 378.

[2] Kevin MACDONALD, *The Culture of Critique: An Evolutionary Analysis of Jewish Involvement in Twentieth-Century Intellectual and Political Movements*, 1stBooks, 2002.

qui se traduit par l'exploitation de ses ressources et du travail de ses populations par des prix en perpétuelle tendance historique à la baisse.[3]

Sommairement, selon l'historien spécialiste de l'Afrique Bernard Lugan, si l'Afrique actuelle ne va nulle part, ce serait principalement parce que « les nations négrières blanches l'ont vidée de ses forces vives, avant de bâtir leurs révolutions industrielles sur les profits de l'esclavage, puis de piller le continent par l'exploitation coloniale[4] ».

Un constat relevant bien sûr de la fantaisie. Nous allons voir pourquoi en commençant par la douloureuse question de l'esclavage, un sujet hautement passionnel et explosif qui attise non seulement la haine des Noirs envers les Blancs, mais plus grave encore pour nous les Blancs, la haine des Blancs envers leur propre race.

La vérité sur l'esclavage

Le « commerce d'ébène » qui ne date pas d'hier ne fut pas une invention diabolique de l'Europe et des Blancs. Lorsque la traite négrière européenne a débuté au 16e siècle, ce sont en effet les Noirs eux-mêmes qui capturaient d'autres Noirs pour venir les vendre aux négriers blancs. Ces derniers, sauf exception, ne pénétraient jamais à l'intérieur des terres. Ils venaient sur la côte occidentale de l'Afrique (delta du Niger) acheter leurs esclaves à des professionnels africains spécialisés dans ce trafic de courtage. « La traite négrière européenne, selon Bernard Lugan, n'était donc pas une innovation apportée de l'extérieur, mais l'évolution d'une marchandisation qui existait depuis toujours.[5] »

La traite négrière européenne n'eut par ailleurs aucun effet néfaste sur le développement démographique du continent africain. Les régions où ce négoce était le plus florissant, Ghana,

---

[3] *Le NEPAD expliqué*, République du Sénégal.
[4] Bernard LUGAN, *Afrique, l'histoire à l'endroit*, Perrin, 1989, p. 25.
[5] *Ibid.*, p. 134.

Dahomey, Togo et Cameroun, sont actuellement les pays les plus densément peuplés de l'Afrique[6]. L'émigration actuelle de l'élite africaine vers les pays occidentaux est bien plus dommageable économiquement et socialement, pour les pays africains, que l'esclavage ne le fut jamais.

En outre, les révolutions industrielles des pays esclavagistes blancs n'ont pas été facilitées par les bénéfices réalisés par ce commerce. « Le simple bon sens et l'élémentaire culture historique permettent d'affirmer que la révolution industrielle des pays développés s'est fait grâce à leur savoir-faire humain, à leur fer et à leur charbon », affirme Bernard Lugan dans son livre *Afrique, l'histoire à l'endroit*[7].

De fait, selon le chercheur Pétré-Grenouilleau, l'apport du capital négrier dans la formation du revenu national britannique, par exemple, dépassa rarement la barre de 1 %, se situant en moyenne autour de 0,11 %[8]. En outre, dans les États esclavagistes du Sud des États-Unis, il n'y eut même pas de révolution industrielle, contrairement aux États du Nord qui n'avaient pas d'esclaves à cause du froid[9]. Enfin, au Québec, l'esclavage n'était pas justifié par des raisons économiques, « c'était une manie somptuaire » selon Marcel Trudel, l'auteur du livre *Deux siècles d'esclavage au Québec*[10].

Avant d'exiger tambour battant des réparations, les Noirs devraient savoir qu'aux États-Unis, un grand nombre de Noirs étaient eux-mêmes propriétaires d'esclaves noirs. Le premier esclave légalement reconnu comme tel, John Casor, appartenait à un Noir libre nommé Antony Johnson. En 1860, le nombre d'esclaves noirs appartenant à des Noirs libres frisait les 20 000.

---

[6] *Ibid.*, p. 136.

[7] *Ibid.*, p. 252.

[8] Bernard LUGAN, *Mythes et manipulations de l'histoire africaine : Mensonges et repentance*, Afrique réelle, 2012, p. 74.

[9] Larry E. TISE, *Proslavery: A History of the Defense of Slavery in America, 1701-1840*, The University of Georgia Press, 1987.

[10] Marcel TRUDEL, avec la collaboration de Micheline D'ALLAIRE, *Deux siècles d'esclavage au Québec*, Éditions Hurtubise, 2007.

Des milliers de Noirs libres qui avaient des esclaves noirs se sont même joints à l'armée sudiste lors de la guerre civile afin de préserver la pratique de l'esclavage qu'ils refusaient d'abandonner, à l'instar de leurs frères africains[11].

Comme il est vital pour les besoins de la cause que les Blancs soient les seuls responsables de ce négoce, les « progressistes » occultent la traite négrière arabo-musulmane qui était pourtant beaucoup plus importante et meurtrière que la traite négrière européenne. Cette traite qui débuta au 8e siècle pour se terminer plus de 75 ans après l'abolition de la traite négrière européenne en 1848, a en effet causé beaucoup plus de dommages démographiques et économiques à certains pays africains que la traite européenne, car les Arabes « vidaient » littéralement les régions qui leur servaient de viviers[12].

Les maîtres du *white bashing* passent aussi sous silence la traite arabo-musulmane des chrétiens de race blanche qui a sévi durant une bonne partie de l'histoire européenne. Entre le 16e et le 18e siècle, par exemple, le professeur d'histoire Robert Davis, de l'Université de l'Ohio, évalue à plus d'un million le nombre d'esclaves blancs capturés sur les côtes de l'Europe et sur les bateaux piratés par les pays du Maghreb[13].

La vulgate médiatique ignore également la traite intereuropéenne des chrétiens de race blanche. Elle existait déjà du temps des Grecs et des Romains, et a perduré dans toute l'Europe jusqu'au moins la Révolution française. Selon l'historien B. S. Bachrach, au 9e siècle, les négociants d'esclaves de la ville de Lyon en France, par exemple, kidnappaient et castraient les

---

[11] Philip S. FONER, *History of Black Americans: From Africa to the Emergence of the Cotton Kingdom*, Oxford University Press. Cité par Arthur KEMP dans *The War Against Whites: The Racial Psychology Behind the Anti-White Hatred Sweeping the West*, Ostara Publications, 2020, p. 163-169.

[12] Tidiane N'DIAYE, *Le Génocide voilé*, Gallimard, 2017, p. 11.

[13] Robert DAVIS, *Christian Slaves, Muslim Masters: White Slavery in the Mediterranean, The Barbary Coast, and Italy, 1500-1800*, Palgrave Macmillan, 2003.

jeunes chrétiens pour le marché musulman en Espagne, avec la bénédiction des élites et du roi Louis le Pieux qui profitaient de ce commerce illégal non seulement sur le territoire franc, mais dans toute la chrétienté[14].

Enfin, les faussaires de l'histoire oublient de préciser qu'à l'instar de la traite intereuropéenne des chrétiens de race blanche[15], la traite négrière européenne était une spécialité juive. La très grande majorité des négociants d'esclaves qui n'étaient pas arabes ou noirs étaient en effet juifs[16]. Les bateaux négriers leur appartenaient, les capitaines, les matelots et les courtiers dans les encans étaient majoritairement juifs, de même qu'un nombre disproportionné de propriétaires d'esclaves noirs, notamment aux Antilles, au Brésil et en Amérique du Nord[17]. Or, dans le film de propagande anti-blanc *Amistad*, le réalisateur Steven Spielberg, a eu le culot typiquement juif (*chutzpah*) de rendre les chrétiens de race blanche seuls responsables de la traite négrière européenne. Comme l'a montré Hervé Ryssen dans son livre-DVD *Satan à Hollywood : La Christianophobie à Hollywood*, l'incitation à la haine des Blancs est d'ailleurs la règle dans un grand nombre de films réalisés par les studios d'Hollywood qui appartiennent tous, sans exception, à des milliardaires juifs[18].

---

[14] Andrew JOYCE, "Agobard of Lyon and The Origins of the Hostile Elite", *The Occidental Observer*, 2017.

[15] *Ibid.*

[16] *The Secret Relationship Between Blacks and Jews*, prepared by the Historical Research Department of the Nation of Islam, Latimer Associates, 1991.

[17] Walter WHITE, *Who Brought the Slaves to America?*, White Publishing, 1966. Cité par David DUKE dans *Jewish Supremacism: My Awakening to the Jewish Question*, Free Speech Press, 2002.

[18] Hervé RYSSEN, *Satan à Hollywood : La Christianophobie à Hollywood*, Baskerville, 2016.

Pour récapituler, il a existé, en ordre d'ancienneté, plusieurs types de traites d'esclaves :
- traite négrière interafricaine par les Noirs (la plus ancienne) ;
- traite blanche intereuropéenne par les Juifs et les Arabes ;
- traite blanche arabo-musulmane par les Arabes ;
- traite négrière arabo-musulmane par les Arabes et les Noirs ;
- traite négrière européenne par les Juifs et les Noirs.

Et c'est sans parler des traites asiatiques par les Japonais et les Chinois.

Vu du contexte actuel, le phénomène universel de l'esclavage était une abomination, et les acheteurs étaient aussi responsables que les vendeurs. Mais comme il est absurde de juger le passé avec les valeurs et les connaissances du présent, il est aussi absurde de rendre les gens d'aujourd'hui responsables des actes que leurs ancêtres ont commis à une époque où ils n'étaient même pas nés. La culpabilité n'est pas transmissible génétiquement ; un fils n'est pas responsable des crimes de son père ; demander des réparations deux cents ans après les faits, uniquement aux Blancs par ailleurs, n'a par conséquent aucun sens. La loi n'est pas rétroactive. N'oublions pas non plus que ce commerce fût aboli pour des raisons morales par les Blancs eux-mêmes, à leur décharge, au grand dam de leurs partenaires africains qui ne comprenaient pas du tout le sens de cette décision[19]. Beaucoup d'ailleurs n'ont pas encore compris, car l'esclavage est encore monnaie courante notamment en Afrique[20]. Depuis sa destruction par l'OTAN pour des raisons dites humanitaires, la Libye est en effet devenue une plaque tournante de ce commerce fort lucratif. Les futurs esclaves sont capturés par

---

[19] Arthur KEMP, *The War Against Whites: The Racial Psychology Behind the Anti-White Hatred Sweeping the West*, Ostara Publications, 2020, p. 158.
[20] *Global Estimates of Modern Slavery: Forced Labour and Forced Marriage*, International Labour Organisation, 19 septembre 2017. Cité par Arthur KEMP, *ouvrage cité*, p. 174.

les marchands arabes et africains lorsqu'ils traversent le Sahara pour se rendre en Europe[21]. Castrés, enchaînés puis mis en vente, leur tentative d'invasion de l'Europe finit bien mal, dans l'indifférence totale des médias et des humanistes qui ont assassiné Kadhafi et livré son pays aux terroristes.

La vérité sur la colonisation

Il est faux par ailleurs de prétendre, comme le Québécois d'origine sénégalaise Boucar Diouf, que les nations industrialisées se sont enrichies en « pompant » la substance même des colonies[22]. Cette idée saugrenue largement véhiculée par la propagande scolaire, médiatique et hollywoodienne qui sévit actuellement dans tous les pays occidentaux s'est cristallisée autour d'un livre du marxiste antillais Frantz Fanon, que les mondialistes ont résumé par une phrase conçue pour frapper les imaginations : « La vache du riche mange le grain du pauvre. » D'après Bernard Lugan, cet acte d'accusation de l'Occident constitue l'essentiel de la doctrine anticolonialiste des mondialistes[23].

En vérité, la colonisation était plutôt une bénédiction pour l'Afrique. Les médecins améliorèrent considérablement les conditions sanitaires de la population locale, les soldats apportèrent la paix, les missionnaires et les administrateurs mirent fin aux famines et à l'esclavage arabo-musulman.

Si par ailleurs les coloniaux importaient des matières premières de leurs colonies, ils ne les volaient pas. En échange, ils construisaient des ports, des villes, des hôpitaux et des routes ; ils amenaient de nouveaux outils et de nouvelles plantes agricoles ; ils ouvraient de nouveaux espaces à la culture, et tout

---

[21] *IOM Learns Of "Slave Markets' Conditions Endangering Migrants in North Africa"*, Internation Organisation of Migration, 4 novembre 2017. Cité par Arthur KEMP, *ouvrage cité*, p. 175.

[22] Alexandre CORMIER-DENIS, « Grand remplacement : réponse à Boucar Diouf et Guillaume Wagner », *Nomos-TV*, 2019.

[23] Bernard LUGAN, *Afrique, l'histoire à l'endroit*, Perrin, 1989, p. 249.

cela à perte car, selon le mot de M. Lugan, « le marché colonial était inutile et encombrant[24] ».

Comme toutes les entreprises humanistes de la gauche socialiste — celle qui aujourd'hui a le culot d'accuser la droite des méfaits de la colonisation alors qu'elle s'y opposait —, celles-ci furent donc du point de vue européen une faillite monumentale. De fait, les productions coloniales coûtaient excessivement cher aux colonisateurs non seulement parce qu'elles étaient achetées à un prix non concurrentiel, mais aussi parce qu'en entrant en concurrence directe avec des productions métropolitaines, elles contribuèrent à ruiner des secteurs entiers de l'économie des pays colonisateurs[25].

Si le continent africain ne réussit pas à se moderniser, ce n'est ni à cause de la colonisation ni à cause de l'esclavage, mais, selon le docteur en psychologie Richard Lynn et le professeur émérite en philosophie Tatu Vanhanen, surtout en raison du faible quotient intellectuel moyen de ses populations. Le PNB d'un pays est directement proportionnel au QI moyen de ses habitants. En dessous d'un QI moyen de 100 comme celui des Blancs, il devient difficile, voire impossible de créer une société moderne comme la nôtre et de la gérer. Or, selon Lynn et Vanhanen, le QI moyen des populations d'Afrique subsaharienne est d'environ 70, alors que celui des populations maghrébines, au nord du Sahara, est d'environ 85. Les pays asiatiques, ayant des QI moyens de 108, et qui ont aussi connu la colonisation et l'esclavage, comme la Corée du Sud, Singapour, la Malaisie et Taiwan, comptent parmi les pays les plus développés du monde[26, 27, 28].

---

[24] *Ibid.*, p. 257-258.

[25] Bernard LUGAN, « L'empire colonial a-t-il enrichi la France ? », *ouvrage cité*, chapitre X, 2012, p. 99-104.

[26] Richard LYNN et Tatu VANHANEN, *IQ and the Wealth of Nations*, Praeger/Greenwood, 2002.

[27] Richard LYNN et Tatu VANHANEN, *Human Intelligence, Political Science, Sociology, Economics*, Washington Summit Publishers, 2006.

[28] IQ compared by countries, WorldData info.

En définitive, comme le constate Arthur Kemp dans son livre *The War Against Whites* (*La Guerre contre les Blancs*), les revendications des Noirs et des pays africains prétendument vidés de leurs ressources naturelles par les méchants colonisateurs blancs ne reposent sur aucune logique, sur aucun argument moral ou historique. Selon Kemp, « toute l'industrie des réparations et de l'esclavage n'est rien d'autre qu'une autre attaque en règle de la race blanche en général dont la motivation cachée est la haine des Blancs[29] ».

---

[29] Arthur KEMP, *The War Against Whites: The Racial Psychology Behind the Antiwhite Hatred a Sweeping the West*, Ostara Publications, 2020, p. 176.

MENSONGE 16

Martin Luther King est un bon exemple pour les enfants

Comme l'acide est le mensonge,
même s'il ne tue pas, il ronge.

Alain LEBLAY

DIFFICILE de trouver un hypocrite plus odieux, un charlatan plus misérable et un dégénéré plus immoral que le révérend docteur Martin Luther King Jr, héros du mouvement afro-américain des droits civiques des années soixante et lauréat du prix Nobel de la paix en 1964.

Ces quelques « petits » défauts n'ont pourtant pas empêché les kabbalistes d'en faire la sacro-sainte coqueluche de la société ouverte que l'on donne en exemple aux enfants dès le primaire.

On savait pourtant depuis longtemps que Martin Luther King, de son vrai nom Michael King, était un communiste pur et dur, déterminé à renverser l'ordre établi comme son alter ego, le communiste sud-africain Nelson Mandela. Il s'en cachait bien pour ne pas alarmer le public, mais le FBI qui le surveillait de près était très au courant de ses activités subversives[1].

---

[1] Michael A. HOFFMAN, *Holiday for a Cheater*, Wiswell Ruffin House, 1992.

Les communistes dans son entourage étaient d'ailleurs légion, en commençant par son financier et mentor, l'avocat juif new-yorkais Stanley D. Levinson du *Communist Party of USA*. Pas trop futé de naissance, peu qualifié intellectuellement pour diriger une association ou rédiger quoi que ce soit d'intelligent, Michael King avait en effet délégué ces tâches ingrates à Levinson qui l'influençait au point de l'enjoindre à ne rien dire et à ne rien faire, « en aucune circonstance », sans son consentement préalable[2].

En retour, Levinson et ses coreligionnaires se servaient de King et du mouvement des droits civiques pour déstabiliser et finalement détruire l'homogénéité raciale et la cohésion de la société américaine. C'est grâce à leur travail de sape que les minorités actuelles ont davantage de droits que la majorité et qu'on ouvrit toutes grandes, sans la volonté du public, les vannes du flot migratoire extra-européen[3].

Mais revenons à King : pendant que ses maîtres s'occupaient des vraies affaires, le bon mari et le bon papa Michael King, l'apôtre de la non-violence et de l'amour fraternel, l'icône du vivre ensemble et de l'antiracisme, le « Dr Jekyll et M. Hyde » qui avait escroqué le fisc américain et plagié sa thèse de doctorat de même que son discours *Je fais un rêve*, pouvait s'occuper avec son argent sale de ses douzaines de maîtresses et se livrer corps et âme à ses activités préférées, les orgies sexuelles bien arrosées au bourbon[4, 5, 6].

---

[2] Federal Bureau of Investigation, *Subject: Martin Luther King, Jr., a current analysis*, 12 mars 1968, p. 3.

[3] Kevin MACDONALD, "Jewish Pro-Immigration Efforts in Other Western Countries" (chapitre 7), *The Culture of Critique: An Evolutionary Analysis of Jewish Involvement in Twentieth-Century Intellectual and Political Movements*, 1stBooks, 2002, p. 298.

[4] Jim HOFT, "Bummer... Martin Luther King Jr. Stole 'I Have a Dream Speech' From Black Republican", *Gateway Pundit*, 2008.

[5] "Michael King, a.k.a. Martin Luther King, Plagiarism Page", *The Christian Party*.

Les transcriptions d'enregistrement du FBI ci-dessous (les enregistrements comme tels ne seront déclassifiés qu'en 2027) sont tirées d'un essai du biographe attitré de Michael King, l'universitaire socialiste David J. Garrow. Révolté par la perversité du personnage, cet admirateur inconditionnel de King, au lieu de fermer les yeux à l'instar de sa famille politique, a eu le courage, par souci de justice, de dire la vérité. Naturellement, tous les médias aux ordres ont refusé de publier son essai-choc[7]. Et ce n'est pas demain la veille que *Le Devoir*, Radio-Canada et *La Presse* en feront la promotion. La gauche qui n'existe que par le mensonge et les lois liberticides se détruirait en disant la vérité, aussi sûrement que la lumière détruit les ténèbres.

Mise en contexte : ces événements se situent aux débuts des années soixante, juste avant la révolution sexuelle, à une époque où la population en général était encore croyante et pudique ; les actes sexuels anormaux, c'est-à-dire non conventionnels ou non naturels, n'étaient pas encore normalisés comme aujourd'hui.

> La nuit du 6 et 7 janvier 1964, le pasteur baptiste Logan Kearse invite King et ses associés qui séjournent au fameux hôtel Willard de Washington à venir dans sa chambre rencontrer plusieurs paroissiennes de son église. Une fois dans la chambre, le groupe se demande quelles femmes seraient les plus aptes à participer à des actes sexuels naturels vs non naturels. Lorsqu'une des femmes désapprouve, le pasteur Kearse la viole sur-le-champ — le document dactylographié stipule entre parenthèses, citant comme source un document spécifique du FBI (100-3-116-762), « devant King qui les observe en riant et en donnant des conseils ».[8]

---

[6] Thomas JACKSON, "Martin Luther King, Jr: Plagiarist", *American Renaissance*, 1994.

[7] David J. GARROW, "The Troubling Legacy of Martin Luther King (Newly Revealed FBI Documents Portray the Great Civil Rights Leader as a Sexual Libertine Who 'Laughed' as a Forcible Rape Took Place)", *Standpoint*, 30 mai 2019 (traduction libre).

[8] *Ibid.*

Le soir suivant au même hôtel, King et ses amis reprennent leurs activités. Douze individus « participent à une orgie sexuelle » comprenant des « actes de dégénérescence et de dépravation ». Lorsqu'une des femmes refuse de se livrer à un acte non naturel, King et plusieurs des hommes présents discutent du meilleur moyen de lui enseigner cet acte et de l'initier. Pour la convaincre, King lui dit que cet acte l'aidera à « améliorer son âme ».[9]

Par respect pour nos lecteurs, nous ne donnerons pas de détails salaces sur la fois où King et ses collègues pasteurs se sont livrés à une orgie avec une prostituée blanche de 28 ans, mère de quatre enfants, nommée Gail LaRue. La musicienne noire Clara Ward, du groupe gospel The Clara Ward Singers, qui l'avait engagée, participait elle-même à cette orgie copieusement arrosée, et qui s'amorça par un appel téléphonique de King à l'un de ses collègues-pasteurs : « *Amène ton putain de cul ici, j'ai une belle salope blanche.* » Spécifions pour terminer qu'au beau milieu de l'orgie, Gail LaRue prit peur et quitta les lieux précipitamment lorsque King et ses acolytes, complètement ivres, commencèrent à proférer des obscénités[10].

Personne n'est parfait, le message est plus important que le messager, mais pour être crédible, un minimum de concordance est nécessaire entre les valeurs affichées et les valeurs pratiquées. Si un saint comme King est en réalité le mal incarné, le public devrait en être le premier informé, car quel parent responsable voudrait donner le diable en exemple à ses enfants. Les beaux mots volés qui sortent de la bouche de ce golem, dans ses discours enflammés, sont creux ; ce sont des chimères, car il ne suffit pas de dire quelque chose pour que ce soit vrai comme le prétendaient les faux prophètes Jacques Derrida et Michel Foucault.

---

[9] *Ibid.*
[10] *Ibid.*

On nous prêche depuis la tendre enfance que la couleur de la peau n'a aucune importance, que nous sommes tous pareils au-delà des apparences. Soyons donc aveugles à la couleur de la peau, rêvons comme Martin King qu'un jour plus jamais personne n'y attachera d'importance. Mais comment croire cet escroc, ce plagiaire d'une perversité inouïe quand il est lui-même raciste et très conscient des différences raciales ? Il a bien dit « salope blanche », n'est-ce pas ? Il n'a pas dit « salope » tout court, il a ajouté « blanche » ? Tout est dit, n'est-ce pas ? Comment continuer à le croire depuis que la science a montré par ailleurs sans équivoque qu'au contraire, la couleur de la peau à une importance majeure, que la réalité raciale est indéniable, que les races ne se comportent pas de la même façon et que certaines races sont beaucoup plus violentes que les autres ?

Aux États-Unis où les statistiques raciales sur le crime sont autorisées, on constate en effet que les adultes noirs et hispaniques sont responsables de la plupart des crimes[11]. « Certains chiffres sont astronomiques, écrit le racialiste américain Jared Taylor dans une recension du nouveau livre du Dr Charles Murray *Facing Reality: Two Truths About Race in America* (*Face à face avec la réalité : Deux vérités sur la race en Amérique*) (2021). En 2014 par exemple […], un Noir était 98,4 fois plus susceptible et un Hispanique 23,6 fois plus susceptible qu'un Blanc d'être arrêté pour avoir blessé quelqu'un par balle. Le Dr Murray ne fait pas ce calcul, mais dans une ville de New York qui serait en théorie entièrement blanche, le meurtre chuterait de 90,2 % et le viol de 80,8 %. À New York (et ailleurs), les Blancs ne tuent presque jamais les Noirs. Selon le Dr Murray : "Sur les 1 906 décès d'Africains répertoriés dans la base de données des fusillades à New York pour lesquels la race de l'auteur est connue, 89 % ont été tués par des Africains et 10 % par des Hispaniques. Seulement 0,6 % ont été tués par des

---

[11] Edwin S. RUBENSTEIN, *The Color of Crime: Race, Crime and Justice in America*, New Century Foundation, 2016 (revised edition).

Européens."[12] » Ne vous demandez pas dès lors pourquoi les prisons sont majoritairement peuplées de races de couleur. Ce n'est pas à cause du racisme ou d'une injustice quelconque.

Voici ce que dit Emmanuel Spraguer, du mouvement américain de la droite alternative (*alt-right*), à propos de l'antiracisme à la Martin King prôné par les mondialistes :

> L'antiracisme est une façon pour les autres races (ceux qui haïssent les Blancs) d'empêcher les Blancs de s'affirmer, et idéalement, de les éliminer complètement. On enseigne cette moralité aux esclaves afin de les soumettre et de les désarmer. De fait, les esclaves ne peuvent pas s'organiser si vous leur dites qu'ils ne sont pas un groupe ayant des intérêts communs, mais une illusion, une construction sociale. Aucun groupe ne s'organise ou ne se révolte si ses membres sont divisés, découragés ou s'ils ont honte d'eux-mêmes et de leur histoire. « Dès lors, vous, les petits Blancs, ne vous faites aucune illusion, vous n'êtes pas une race, vous n'êtes pas un peuple et quiconque vous dira le contraire est un Blanc malade, fasciste et suprématiste. Vous avez tout simplement peur d'un monde en mutation constante parce que vous n'avez pas les aptitudes pour survivre dans ce meilleur des mondes. As-tu compris, espèce de raté ? » Signé : vos maîtres les marxistes culturels anti-blancs.
>
> Il est temps que les Blancs se défassent de la mentalité « antiraciste » qui sert de fondation morale à leur dépossession. Laissez-la tomber, et la sottise, la folie pure et simple qui consiste à laisser des races hostiles envahir nos terres devient évidente. Nous sommes conquis et ravagés par des gens qui prennent leurs intérêts tribaux et raciaux très à cœur. Très à cœur. Pour ceux qui nous conquièrent, l'antiracisme n'est rien d'autre qu'un moyen de mettre la main sur nos terres, notre argent et nos femmes. Le réseautage ethnique, la discrimination envers les étrangers au groupe et la mentalité tribale sont prépondérants dans les communautés juives, islamiques, hispaniques et noires. La promotion de l'antiracisme n'est rien d'autre qu'une sorte de subversion psychologique, une façon de détruire la conscience identitaire et la communauté de l'ennemi blanc. C'est tout juste bon pour les Blancs (traduction : les gentils) stupides et idéalistes de la classe moyenne, car personne d'autre

---

[12] Jared TAYLOR, "Two Cheers for Charles Murray", *The Unz Review*, 23 juin 2021.

n'est capable d'un tel sacrifice (traduction : personne d'autre n'est aussi désadapté). C'est une moralité pour les autres et non pour soi-même. De plus, cette moralité s'inscrit parfaitement dans les inté-rêts et la vision du monde des élites occidentales et anti-blanches au pouvoir. Vous autres, les petites mains du système, taillables et corvéables à merci, vous qui êtes sur les échelons les plus bas de la société, vous êtes tous égaux, tandis que nous, tout en haut de l'échelle sociale, sommes moins égaux. L'antiracisme est aussi un standard moral qui ne s'applique qu'aux Blancs, et que seuls les Blancs prennent au sérieux. Ils ont retourné contre nous notre magnanimité et nous nous sommes soumis quasiment de bon cœur.[13]

---

[13] Emmanuel SPRAGUER, « L'antiracisme, une moralité d'esclave », *Alt-Right*, 13 janvier 2018. Traduction de la Fédération des Québécois de souche.

MENSONGE 17

La diversité est notre richesse

*Un mensonge peut faire le tour de la Terre le
temps que la vérité mette ses chaussures.*

Mark TWAIN

À l'instar du grand rédempteur de l'humanité Martin Luther
King, le Messie adulé de la nouvelle religion de la diversité
qui sévit actuellement en Occident, Nelson Mandela, le sauveur
de l'Afrique du Sud, était en réalité une « taupe communiste »,
un terroriste pur et dur déterminé non pas à libérer les Noirs sud-
africains du joug des Blancs, mais à détruire le capitalisme et à
remplacer le gouvernement sud-africain blanc par une dictature
communiste noire.

C'est désormais chose faite, mais le résultat est décevant,
pour dire le moindre. La combinaison communisme-racisme-
multiculturalisme est triplement mortelle. En réalisant son utopie postnationale, Nelson Mandela, « ce gentil réformiste que la
mièvrerie médiatique se plaît à dépeindre en "archange de la
paix", a en effet plongé son pays dans un océan de conflits
raciaux, de crimes et de ruine économique[1] », affirme l'historien
spécialiste de l'Afrique Bernard Lugan. À cause de lui, l'Afrique

---

[1] Bernard LUGAN, *Nelson Mandela : l'icône et le néant*, bernard-
lugan.blogspot.com, 6 décembre 2013.

du Sud n'est plus un pays du premier monde, mais un pays à la ramasse comme tous les autres pays de ce continent maudit condamné à croupir dans sa médiocrité[2].

« Pouvait-il en être autrement, s'interroge rhétoriquement Bernard Lugan, quand depuis 1994, la "Nouvelle Afrique du Sud" s'est construite sans tenir compte de la réalité ? La "nation arc-en-ciel" [*surnommée ainsi pour son multiculturalisme*], paradis post-apartheid, moderne version de la "société sans classes" qui était postulée naître de la fin du régime blanc est en effet vite apparue comme un "miroir aux alouettes". Produit de la niaiserie occidentale, ce dernier a interdit de voir que l'Afrique du Sud ne constitue pas une Nation, mais une mosaïque de peuples différents rassemblés ou juxtaposés par le colonisateur britannique. Des peuples dont les références culturelles sont étrangères et même irréductibles, les unes aux autres.[3] »

À la suite de ce manque total de vision, les gros investisseurs sont partis en amenant avec eux la plupart des élites blanches qui faisaient fonctionner le pays. Les infrastructures se sont effondrées. Le chômage est passé de 5 % à plus de 25 %, voire 40 % dans certains secteurs. En 2013, près de 17 millions de Noirs sur une population de 51 millions vivaient de l'aide sociale, et ça ne s'est guère amélioré depuis. Les Noirs étant favorisés en toutes circonstances, la main-d'œuvre blanche non qualifiée qui n'a plus accès au travail vit dans des bidons-villes. La corruption est omniprésente ; les coffres de l'état sont pillés par les fonctionnaires et les politiciens véreux qui pullulent dans le nouvel eldorado africain[4].

Johannesburg, le joyau de l'Afrique est devenu la capitale mondiale du crime. Les émeutes et le pillage des grands magasins sont tellement fréquents que les médias, blasés, n'en parlent

---

[2] Ilana MERCER, *Into the Cannibal's Pot: Lessons for America From Post-Apartheid South Africa*, Stairway press, 2012.

[3] Bernard LUGAN, « Jacob Zuma peut-il survivre au Gupta Gate ? », *L'Afrique réelle*, juillet 2017, n° 91.

[4] Bernard LUGAN, « Afrique du Sud, la question raciale », *L'Afrique réelle*, mars 2014, n° 51.

même plus. Dans les quartiers bourgeois des Blancs, on se barricade et l'on s'arme jusqu'aux dents, tellement les violations de domicile, les cambriolages avec violence et les meurtres sont fréquents[5].

Et c'est sans parler des viols : 40 000 par année uniquement à Johannesburg, viols en solitaire ou en bande organisée (*jackrolling*) de tout ce qui bouge, femmes, grand-mères de 90 ans en fauteuil roulant, petits garçons, fillettes et bébés de sexe féminin. Ces derniers sont particulièrement convoités, car dans le pays de cocagne du « vivre ensemble », on pense que le seul moyen de se guérir du VIH (SIDA) est d'avoir un rapport sexuel avec une vierge. Résultat : environ 10 % des viols commis dans tout le pays sont perpétrés sur des enfants de moins de trois ans[6].

En outre, depuis que le pays est dirigé par un gouvernement racialement majoritaire et totalement insensible aux droits des minorités, la chasse aux fermiers blancs qui font manger le pays est ouverte ; pas une journée ne s'écoule sans que certains d'entre eux soient piégés, attaqués, torturés, assassinés ou laissés pour morts, écorchés vifs dans l'eau bouillante ou les membres débités à la hachette. Selon Ernst Roets d'AfriForum, un groupe qui défend les droits de la minorité afrikaner, « les victimes ont été agressées avec des perceuses électriques, des chalumeaux et de l'eau de Javel, ce qui indique un élément racial. Seules les familles d'agriculteurs blancs ont subi de tels niveaux de violence, jamais les victimes noires[7] ».

En 2017, il y a eu 433 incidents, en hausse par rapport aux 342 incidents de l'année précédente. Ces attaques implicitement mandatées par le gouvernement s'inscrivent dans une volonté de se débarrasser des Blancs. Le communiste Julius Malema et l'ancien président Jacob Zuma ont en effet exacerbé un

---

[5] Lauren SOUTHERN, *Farmlands*, YouTube, 2018.

[6] Ilana MERCER, *ouvrage cité*.

[7] *Ibid.*

sentiment anti-blanc en appelant publiquement à tuer les Blancs et à exproprier leurs fermes sans indemnisation[8].

« Tuez le Boer, tuez le blanc », aimait chanter Mandela avec son ami lithuanien, le Juif Yossef Mashel Slovo, dit Joe Slovo, membre éminent des kabbalistes juifs qui ont transmis le virus du communisme aux Africains[9]. Les camarades les ont pris au mot. De ce côté-là, on peut dire sans se tromper que la révolution fut un franc succès.

Mais les Blancs ne sont pas les seules victimes d'atrocités. Winnie Mandela, l'ex-femme de Nelson Mandela en sait quelque chose. Durant la période de l'apartheid, lorsque l'African National Congress (ANC), le mouvement dirigé par son mari, cherchait à renverser le gouvernement, Winnie avec sa bande de « footballeurs » pratiquait sur les traîtres à la cause le *necklacing*, une technique d'assassinat relativement répandue dans la nation arc-en-ciel que les mondialistes aiment donner en exemple, mais qu'ils ne visitent jamais[10]. Voici le mode d'emploi : 1) enroulez la victime d'un fil barbelé afin de l'immobiliser ; 2) mettez-lui autour du cou un pneu, comme un collier ; 3) remplissez d'essence l'intérieur du pneu ; 4) allumez. La chair sur le visage qui s'enflamme fond et dénude l'os ; la victime meurt brûlée vive dans un long supplice.

On ne serait pas du tout surpris en lisant cela d'apprendre qu'à la fin d'une dure journée de *necklacing*, Winnie et ses camarades se goinfraient de Noirs BBQ, histoire de reprendre des forces. Le cannibalisme chez les sauvages a toujours été populaire[11]. Les despotes Idi Amin Dada et Jean-Bedel Bokassa

---

[8] Jane FLANAGAN, "White Farmers Tortured With Drills and Blowtorches, Afrikaner Rights Group Claims", *The Times*, 31 janvier 2019.

[9] David DUKE, *Le Grand Secret du communisme*, Free Speech Press, 2015.

[10] Stefan MOLYNEUX, *The Bloody History of Winnie and Nelson Mandela, South Africa Cries*, YouTube, 2 avril 2018.

[11] John BAKER, *Race*, Oxford University Press, 1974, republié en 2012 par les Éditions Ostara.

étaient des amateurs notoires de chair humaine[12]. Dans la presse africaine, des cas de cannibalisme sont d'ailleurs régulièrement rapportés[13]. Il faut savoir qu'il n'est pas interdit en Afrique du Sud de manger des êtres humains, mais il est interdit par contre de vendre ou d'entreposer de la viande humaine[14]. Une nuance que les adeptes de la diversité apprécieront.

C'est le même scénario en Rhodésie du Sud (l'actuel Zimbabwe), le fief de feu Robert Mugabe, le dictateur en poste pendant 37 ans (1980 à 2017). En bon communiste qu'il était, lui aussi devait transformer son pays en jardin d'Éden. Mais il n'a réussi qu'à le transformer en enfer. Des fermiers blancs, les Noirs en ont tués et dépossédés des milliers pour reprendre les terres qu'ils leur avaient prétendument volées. Mais incapables de gérer une exploitation agricole moderne, les guerriers noirs de la justice sociale ont vite fait faillite. Les champs sont tombés en friche. La famine a frappé. Sans l'aide alimentaire des pays riches, ils seraient tous morts de faim. À court d'idées, ils ont même essayé de faire revenir les Blancs pour mettre de l'ordre dans leur pays ravagé par la révolution[15]. Mais quel Blanc serait assez fou pour retourner vivre dans un pays où le racisme anti-blanc est endémique ?

Et puis, on a tendance à l'oublier, la révolution a aussi sévi à Haïti. Ce n'était pas des communistes comme tels qui se sont révoltés contre le pouvoir en place, mais c'est tout comme. En 1804, donc, dans la foulée de Robespierre et de la Terreur de 1793, les Haïtiens dirigés par Toussaint Louverture, le King-Mandela-Mugabe de son époque, se sont affranchis des colons français qu'ils ont violés, torturés, suppliciés et assassinés par milliers.

---

[12] Suzanne DALEY, "Winnie Mandela's Ex-Bodyguard Tells of Killings She Ordered", *The New York Times*, 4 décembre 1997.

[13] "Kiselev: No, We Won't Become Cannibals Here in Russia! Liberalism Has Gone Too Far!", *Vesti News*, YouTube, 16 septembre 2019.

[14] Jeff WICKS, "KZN Man Tells Police He's 'Tired Of Eating Human Flesh'", *Times of South Africa*, 21 août 2017.

[15] Robert Mugabe, *Wikipédia*.

Mais sans les Blancs qui avaient fait de cette île un véritable paradis, la première République noire du monde a rapidement tourné au cauchemar. Les exploitations agricoles, les somptueuses villas, les palais majestueux, les beaux bâtiments administratifs, les routes et les ponts que les colons blancs avaient construits pour durer mille ans sont vite tombés en ruine faute d'entretien et de savoir-faire.

Deux cents ans après la Terreur, les Haïtiens libérés du joug des Blancs oppresseurs stagnent encore dans leurs taudis, leurs poubelles et leurs égouts à ciel ouvert. La seule solution qu'ils ont trouvée à leur marasme, c'est l'émigration. Après chaque tornade, chaque famine et chaque coup d'État, ils nous submergent comme une vague de fond. Ce n'est pas de leur faute, pardonnez-leur, ils ne savent pas faire autrement, leur pays étant probablement le plus dysfonctionnel sur la surface de la Terre[16].

Ne perdons pas de vue cette réalité dérangeante qui deviendra la nôtre en Occident si le projet mondialiste qui prévoit la migration massive d'Africains se réalise. Au Québec, on parle d'un million d'Africains par année pour une population de huit millions[17].

---

[16] Kevin MACDONALD, "Haiti the Quintessential Dysfunctional Society", *The Occidental Observer*, 18 janvier 2010.

[17] Alexandre CORMIER-DENIS, « Un million d'immigrés par année », *Nomos-TV*, 3 avril 2021.

MENSONGE 18

Le changement climatique est un fait, il est causé par l'homme et il est dangereux

*Le mensonge et la crédulité s'accouplent
et engendrent l'opinion.*

Paul VALÉRY

POUR qu'un consensus scientifique quelconque soit crédible, il faut qu'il soit fondé sur des faits réels ou sur une méthode et un argument scientifiques valides. C'est absolument nécessaire, car il peut aussi être aléatoire ou s'appuyer sur des arguments trompeurs, non scientifiques, voire sciemment mensongers.

Prenez, par exemple, le consensus sur le changement climatique d'origine anthropique.

Ce consensus est basé sur les travaux du scientifique Michael Mann, un climatologue juif de renommée internationale, intervenant au sein du Groupe d'experts intergouvernemental sur l'évolution du climat (GIEC), une émanation de l'Organisation des Nations unies (ONU).

Son graphique en forme de bâton de hockey, publié pour la première fois en 1998 dans la revue scientifique *Nature*[1], était la vedette du rapport sur le climat de l'ONU (2001) qui s'est traduit par une mobilisation massive de militants écologiques déterminés à en découdre pour sauver la planète[2].

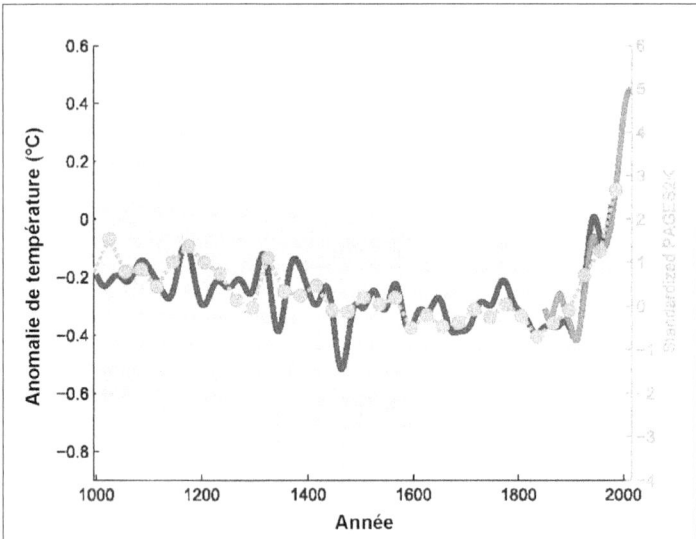

Figure 1
Courbe de Michael Mann

Cette courbe montre en effet que la température atmosphérique de l'Europe, là où s'est amorcé l'usage des énergies fossiles, est montée en flèche après plus de 1000 ans de stabilité, et

---

[1] Michael E. MANN, Raymond S. BRADLEY et Malcolm K. HUGHES, "Global-Scale Temperature Patterns and Climate Forcing Over the Past Six Centuries", *Nature*, avril 1998.
[2] *Bilan 2001 des changements climatiques : Rapport de synthèse*, Groupe d'experts intergouvernemental sur l'évolution du climat (GIEC), Organisation des Nations unies.

que cette hausse de température aussi soudaine qu'inédite ne peut être due qu'à l'activité humaine, notamment à la production de CO_2, cette molécule « climatocide » que la jeune militante écologique Greta Thunberg prétend voir à l'œil nu.

En s'appuyant sur les modélisations informatiques de l'équipe de Michael Mann, dans le film documentaire *Une vérité qui dérange*, Al Gore en 2006 prévoyait une catastrophe imminente d'envergure biblique. Il prédisait aussi que ce serait la fin de l'humanité si l'on ne mettait pas en place d'ici 10 ans un gouvernement mondial pour combattre ce fléau inédit. Sa croisade contre le réchauffement climatique lui a valu en 2007, avec le GIEC, le prix Nobel de la paix.

Or, il a été démontré au cours d'un procès intenté pour diffamation à l'encontre d'un climato-réaliste canadien, le Dr Tim Ball, que la courbe de Michael Mann, devenue depuis le leitmotiv de tout le mouvement vert est grossièrement inexacte[3]. Comme on peut le constater à la figure 2, entre le 10e et le 14e siècle, en plein Moyen Âge, c'est à dire bien avant la révolution industrielle, la température moyenne de l'Europe est en effet montée jusqu'à 10 °C au-dessus de la moyenne des températures enregistrées au 20e siècle, soit plus de 9 °C plus élevés que les hausses les plus récentes d'environ 0,5 °C. Cette hausse de température a été suivie d'une mini période glaciaire qui a duré jusqu'au début du 20e siècle.

Comme Michael Mann n'a jamais voulu dévoiler à la cour ses données et sa méthodologie, ce qui en soi est contraire à la méthode scientifique, la défense n'a jamais pu prouver hors de tout doute que Mann avait intentionnellement omis cette information[4].

---

[3] Stephen MCINTYRE et Ross MCKITRICK, "Corrections to the Mann et. al. (1998) Proxy Data Base and Northern Hemispheric Average Temperature Series", *Energy & Environment*, novembre 2003.

[4] John O'SULLIVAN, "Climate Fraud Justice: Dr. Tim Ball Defeats Michael Mann's Climate Lawsuit", *Climate Change Dispatch*, 24 août 2019.

Bataille des graphiques : Mann vs Ball

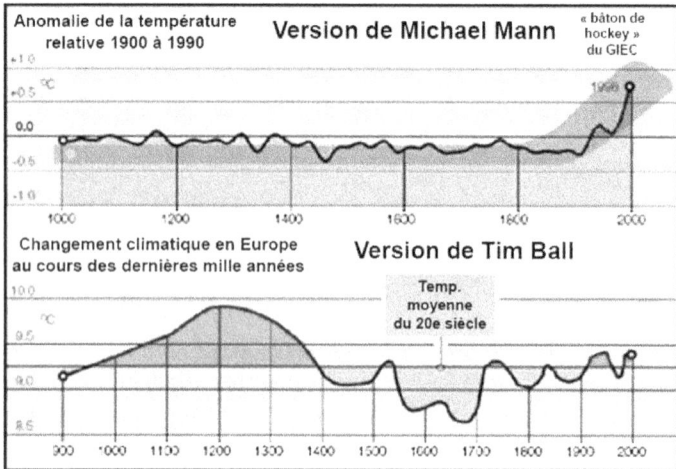

Figure 2

Mais qu'un climatologue de cette envergure ne soit pas au courant des périodes de réchauffement non seulement du Moyen Âge, mais des 10 000 dernières années relève du domaine de l'incompétence scientifique, voire de la fraude.

À cause de la mauvaise foi évidente de Michael Mann, le juge a d'ailleurs donné raison au Dr Tim Ball, qui était poursuivi pour avoir traité de menteur le falsificateur en question. Le Dr Ball a donc été innocenté et le plaignant, Michael Mann, a dû régler tous les frais de cour. Sachant qu'il perdrait à coup sûr, confirmant par le fait même sa culpabilité, Mann n'a par ailleurs jamais fait appel.

Or, compte tenu du verdict, on peut affirmer sans se tromper que le climatologue Michael Mann et son équipe de « scientifiques » du GIEC (ONU) ont bel et bien effacé de leurs travaux cette vérité dérangeante. Comme aucune de leurs prévisions catastrophiques des vingt dernières années ne s'est réalisée, ils ont par ailleurs changé le terme « réchauffement climatique » pour « changement climatique », comme ça, aucune chance de se tromper, car par définition le climat change constamment[5].

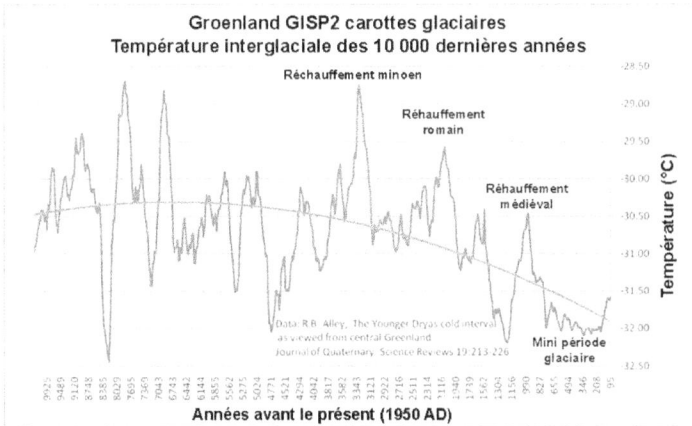

Groenland GISP2 carottes glaciaires
Température interglaciale des 10 000 dernières années

Figure 3

Le GIEC (ONU) faisant autorité dans ce domaine, la majorité des climatologues et des médias se sont alignés *de facto* sur ses conclusions. Ce qui veut dire, pour résumer, que le consensus scientifique dans ce cas précis n'a aucune valeur, car il n'est pas fondé sur des faits réels et sur une méthode et des arguments scientifiques, mais sur un mensonge.

C'est un premier aspect de la question. Voyons maintenant si ce fameux consensus scientifique est vrai. Est-ce que 97 % des scientifiques sont réellement d'accord sur le « changement climatique », sa nature anthropique et son extrême danger, comme le prétendent les militants du climat, les médias grand public, le GIEC de l'ONU et la plupart des gouvernements occidentaux ?

Eh bien non ! Comme le dit, le climatologue Anthony Watts, mis à part le fait que cette affirmation est actuellement

---

[5] Tim BALL, Ph.D., *The Deliberate Corruption of Climate Science*, Stairway Press, 2014.

utilisée pour aider à justifier des politiques et des réglementa-
tions qui nuisent à l'économie et qui importunent considérablement la population, « cette affirmation est complètement
fausse[6] ».

C'est Joe Bast, président du Heartland Institute, et Roy
Spencer, climatologue, qui ont découvert le pot aux roses. Dans
un article publié dans le *Wall Street Journal* du 26 mai 2014, ils
ont en effet montré, sans équivoque, que « les publications
scientifiques utilisées pour créer et perpétuer l'argument du consensus à 97 % souffrent de défauts sérieux et fondamentaux. Le
prétendu consensus n'existe tout simplement pas[7] ».

Bast et Spencer ont notamment fait remonter l'origine de
ce second mensonge à un article de la journaliste Naomi
Oreskes[8], une source fréquemment citée par les onusiens, les
militants écologiques, les médias et les autorités gouvernemen-
tales.

Après avoir examiné les résumés de 928 articles scientifiques, Mme Oreskes prétend dans son article que 75 % des
articles examinés sont « explicitement ou implicitement » d'accord sur l'origine anthropique du réchauffement climatique tandis que les autres « 25 % des articles examinés ne prennent pas
position sur cette question ». « Il est remarquable par conséquent, conclut l'auteur [*par un tour de passe-passe dont nous seuls
les humains avons le secret*], qu'aucun des articles n'est en désaccord avec le consensus.[9] »

---

[6] Watts ANTHONY, « Le mythe des 97 % de consensus sur le changement climatique », *Counterpoints*, 14 juin 2014.

[7] Joseph BAST et Roy SPENCER, "The Myth of the Climate Change
'97%': What Is the Origin of the False Belief–Constantly Repeated–
That Almost All Scientists Agree About Global Warming?", *The Wall
Street Journal*, 26 mai 2014.

[8] Naomi ORESKES, "The Scientific Consensus on Climate Change",
Science, vol. 306, Issue 5702, 2004, p. 1686.

[9] *Ibid.*

Or, comment parvient-elle à conclure que tous les articles examinés sont d'accord sur l'origine anthropique du réchauffement climatique si seulement 75 % sont d'accord et si sur ces 75 %, un nombre non spécifié est implicitement d'accord ? Comment sait-elle qu'ils sont d'accord si ce n'est pas clairement formulé ? Dans ces critères de consensus, elle inclut l'origine anthropique du réchauffement climatique, mais ne dit pas par ailleurs si le réchauffement climatique en question représente un danger, ce qui change beaucoup de choses, car le terme « réchauffement climatique d'origine anthropique » n'est pas synonyme de « danger ». Admettons que la température a augmenté de 0,5 °C à cause des activités humaines, cela ne veut nullement dire que cette augmentation représente un danger. Comme on peut le constater aux figures 2 et 3, la Terre a en effet connu au fil du temps des augmentations bien plus élevées que 0,5 °C, ce qui n'a pas empêché, par ailleurs, les ours polaires de survivre et de prospérer jusqu'à ce jour[10] ! Dans son article, Mme Oreskes exclut par ailleurs la multitude de scientifiques éminents qui ne sont pas d'accord. Enfin, Bast et Spencer soulignent que la journaliste oublie de préciser « que selon un article de la revue *Nature*, les résumés des articles scientifiques contiennent souvent des affirmations qui ne sont pas démontrées dans les publications proprement dites[11] ».

Une autre source fréquemment citée est un article de la revue américaine *Eos*[12]. Selon Best et Spencer, c'est dans cet article que l'on affirme pour la première fois que « 97 % des scientifiques sont d'accord sur l'origine anthropique du réchauffement climatique ». Or, n'étant pas trop au fait des questions scientifiques, les médias généralistes et les hommes politiques qui

---

[10] Susan CRAWFORD, *The Polar Bear Catastrophe That Never Happened*, The Global Warming Policy Foundation, 2019.

[11] *Ibid.*, cité par Anthony WATTS, *ouvrage cité*.

[12] Peter T. DORAN, Maggie KENDALL ZIMMERMAN, "Examining the Scientific Consensus on Climate Change", *Eos*, vol. 90, n° 3, 2011, p. 22-23.

citent les conclusions de ce genre d'étude ne sont pas très regardants sur les détails. Dans cette étude, en effet, seuls les 79 climatologues inclus dans l'échantillon de 3146 scientifiques appartenant au domaine des géosciences sont d'accord à 97 %. Les autres sont d'accord aussi à des degrés moindres (47 % à 90 %), mais les médias n'ont retenu que le chiffre de 97 %. En outre, l'échantillon n'est pas représentatif de tous les scientifiques de la planète puisque 90 % des scientifiques recensées sont américains, 4 % canadiens et les autres 6 % de diverses nationalités. De plus, l'affiliation professionnelle des 79 climatologues en question n'étant pas divulguée, comment savoir qu'ils ne font pas partie de la bande à Michael Mann, le Bernie Madoff du climat ? Enfin, comme nous l'avons expliqué ci-dessus, « réchauffement climatique d'origine anthropique » n'est pas synonyme de « danger ».

C'est faux donc de conclure, comme le faisaient régulièrement Barack Obama et John Kerry, que 97 % des scientifiques sont d'accord sur l'origine anthropique du réchauffement climatique.

« Pourquoi le chiffre 97 % est-il si important ? », se demande Earl Ritchie de la revue en ligne *Forbes*. « C'est peut-être parce que ce chiffre est vendeur, explique M. Ritchie. Il sonne bien, il est net et précis, et surtout, il souligne que seul un tout petit 3 % est en désaccord. Cela implique que ce sont des marginaux, et accessoirement, des guignols, des négationnistes, des rabat-joie ou des marionnettes de l'industrie des énergies fossiles. Ils sont d'ailleurs fréquemment décrits comme une "minorité minuscule", car ce n'est pas aussi facile d'ignorer les dissidents lorsqu'ils sont 10 %, voire 15 %.[13] »

Rien ne permet par conséquent d'affirmer qu'une forte majorité de scientifiques sont convaincus que le « changement » climatique est d'origine humaine.

Pourquoi ces mensonges ?

---

[13] Earl J. RITCHIE, "Fact Checking: The Claim of 97% Consensus on Anthropogenic Climate Change", *Forbes*, 2016.

Il existe deux raisons principales, une raison idéologique et une raison financière.

La raison idéologique

Lors de son procès intenté contre le Dr Tim Ball, Michael Mann était financé non seulement par l'ONU, mais par la Fondation Suzuki, une organisation elle-même financée par de grandes corporations et des fondations comme la Fondation Rockefeller, un membre influent de la Société fabienne [14].

L'objectif de cette dernière est d'instaurer subrepticement par des moyens non démocratiques, le socialisme planétaire et la gouvernance mondiale par le biais de son émanation, l'ONU et ses Agendas 21 et 2030 [15]. Cette société compte parmi ces membres les Rockefeller, les Rothschild, George Soros, Bill Gates, Barack Obama, les Clinton, les Bush, Joe Biden, Bernie Sanders, Emmanuel Macron, Angela Merkel, Tony Blair, François Hollande, Jeremy Corbin, Ehud Barak, Gerhard Schröder, feu Pierre Trudeau et son fils Justin Trudeau [16] et tous les démocrates, libéraux, socialistes et communistes de la Terre. Ils n'ont pas tous leur carte de membre en bonne et due forme, mais sont tous faits du même bois.

Comme le confirme entre autres Austin Ruse, l'auteur du livre *Fake Science* (*Les Faussaires de la science*), l'arnaque du « changement » climatique favorise bel et bien « la réalisation de ce que l'on appelle la gouvernance mondiale, un réseau d'institutions encadrées par des bureaucrates de l'ONU à New York et à Genève à qui les États souverains doivent se présenter et

---

[14] Vivian KRAUSE, "Suzuki's Funding", *Financial Post*, 19 avril 2012.

[15] La *Fabian Society* ou Société fabienne (du nom du général romain Quintus Fabius Maximus Verrucosus, appelé aussi Fabius « Cunctator » c'est-à-dire « le temporisateur ») est à la fois un cercle de réflexion et un club politique anglais de centre-gauche (l'un des premiers *think-tanks*) créé en 1884 (*Wikipédia*).

[16] Guy BOULIANNE, *La Société fabienne : Les Maîtres de la subversion démasqués*, Éditions Dédicaces, 2019.

rendre des comptes sur une base régulière. L'idée est de céder sa souveraineté, petit à petit, à des organisations que les Américains moyens [*citoyens du monde entier*] ne peuvent voir, et encore moins contacter[17] ».

Le cerveau de ce plan machiavélique est le millionnaire canadien Maurice Strong, un socialiste fabien aujourd'hui décédé. Par souci d'égalitarisme, celui-ci s'est servi de l'écologie et de la science du climat dans l'intention d'appauvrir les nations riches avec la taxe carbone au profit des nations pauvres. Il n'a pas réussi, mais selon le climatologue canadien Tim Ball, « le fruit de ses efforts et des politiques qu'ils ont engendrées fait désormais souffrir les pauvres et les classes moyennes de tous les pays en raison de l'augmentation du prix de la nourriture et du coût de l'énergie[18] ».

On comprend mieux pourquoi le climat-menteur Michael Mann du GIEC militait pour faire destituer Donald Trump, un climato-sceptique notoire[19]. Est-ce parce qu'il est juif ? Pas forcément, car tous les climat-menteurs ne sont pas juifs, et vice versa, mais c'est probable vu la prépondérance des Juifs parmi les militants du climat. De fait, depuis 1975, toutes les fausses alertes ont été sonnées presque exclusivement par des Juifs[20] : le Dr Stephen Schneider le premier, avec son *Climate Change Journal* (*Journal du changement climatique*)[21], suivi du Dr Barry Commoner que Ralph Nader a qualifié de « probablement le plus grand environnementaliste du 20ᵉ siècle[22] », et plus

[17] David RUSE, *Fake Science: Exposing the Left's Skewed Statistics, Fuzzy Facts, and Doggy Data*, Regnery Publishing, 2017, p. 194.
[18] Tim BALL, *ouvrage cité*, p. 55.
[19] Ian JOHNSTON, "World-Leading Climate Change Scientist Calls for 'Rebellion' Against Donald Trump", *Independent*, 2017.
[20] M. S. KING, *Climate Bogeyman: The Criminal Insanity of the Global Warming / Climate Change Hoax*, 2017.
[21] Steven SCHNEIDER, *Understanding and Solving the Climate Change Problem*, climatechange.net.
[22] Daniel LEWIS, "Scientist, Candidate and Planet Earth's Lifeguard", *The New York Times*, 1ᵉʳ octobre 2012.

récemment Jacques Attali, possiblement le plus grand sonneur de fausse alerte que le monde ait connu. À cette liste, on peut rajouter le climat-menteur Al Gore, qui n'est pas juif lui-même, mais qui est lié par alliance à l'héritier de la fortune bancaire internationale du Juif Jacob Schiff, un associé de l'empire financier des Rothschild, et l'un des financiers de la révolution bolchevique[23].

La raison financière

L'autre raison est assez banale. Dans un système agressivement capitaliste et matérialiste comme le nôtre, dès qu'un nouveau créneau s'ouvre quelque part, il est tout de suite exploité par une foule de marchands, d'opportunistes et de m'as-tu-vu avides de profiter de ce nouveau filon, quelles que soient les conséquences sur le bien commun.

Dans une interview accordée à *L'Obs* le 30 avril 2020, en se basant sur les images de la NASA, le virologue, mais aussi écologiste convaincu Didier Raoult, qui s'est distingué par son approche de la pandémie COVID-19, a indiqué qu'il ne croyait pas au réchauffement climatique compte tenu du fait que la taille de la banquise en Antarctique et en Arctique avait peu changé. « En revanche, a-t-il taclé, si je regarde la fortune personnelle d'Al Gore [*qui milite pour la thèse du GIEC sur le changement climatique*], elle est passée de 3 à 200 millions de dollars US.[24] »

L'industrie des énergies alternatives ou renouvelables comme les biocarburants, les énergies éoliennes, solaires, hydrauliques et géothermiques, grossit à vue d'œil alors que ces sources d'énergie sont non seulement peu rentables, mais aussi peu efficaces et incapables de soutenir une économie comme la nôtre.

---

[23] Michael Collins PIPER, *The New Babylon: Those Who Reign Supreme*, American Free Press, 2009, p. 166, 169, 189.
[24] « Le professeur Didier Raoult ne croit pas à une deuxième vague de COVID-19 », *Ouest-France*, 29 avril 2020.

L'éolienne, par exemple, est aussi dommageable pour la faune que pour les humains en plus de détruire la beauté et l'harmonie des paysages, au grand dam des habitants qui ne sont souvent pas consultés. Cette source d'énergie onéreuse, peu fiable et bruyante a par ailleurs besoin en cas de panne ou de manque de vent, ce qui arrive régulièrement, d'une source secondaire de production électrique, soit, en général, une centrale au gaz[25].

Conclusions

Le consensus sur le changement climatique est selon cette version des choses, une forme de tyrannie larvée, puisqu'il sert à imposer par la force un projet politique insensé qui ne profiterait qu'à une poignée de dominateurs aux ambitions ardentes et conquérantes.

Or, d'un point de vue éthique, comme nous l'avons déjà souligné ci-dessus, personne n'a le droit de façonner les humains à son image et de reconstruire la société sans le consentement du public, voire contre sa volonté.

Contrairement à la pollution, le changement climatique est un phénomène naturel qui a toujours existé (voir les figures 2 et 3), et qui ne dépend pas des activités humaines ; ses causes naturelles sont entre autres les rayons cosmiques, les taches solaires, la variation de l'inclinaison de l'axe terrestre et la variation de l'orbite de la Terre autour du Soleil[26].

Au lieu de s'acharner à préserver un modèle économique en croissance perpétuelle, qui ne profite qu'au 1 % au faîte de la pyramide sociale, il serait beaucoup plus logique de revenir à une économie plus conviviale et moins énergivore. Mettre fin au capitalisme financier, rétablir les pouvoirs régaliens des

---

[25] Jean-Marc JANCOVICI, *Pourrait-on alimenter la France en électricité uniquement avec de l'éolien ?*, jancovici.com, 2000.

[26] Roger HIGGS, "Vast Body of Scientific Data for Past 2,000 Years Affirms Sun, Not CO_2, Controls Climate", *Principia Scientific International*, 2020.

nations, rénover les infrastructures locales comme les aqueducs publics, planter des arbres, produire et acheter localement tous les produits de première nécessité, interdire toutes les industries qui nuisent au bien commun, ne pas dépendre des banques étrangères, éliminer la dette, l'usure et la spéculation financière, stopper l'importation massive de populations étrangères comptent parmi les moyens qui sont accessibles à moindre coût pour l'environnement et les populations natives qui devraient être le seul centre d'intérêt des gouvernants.

Les énergies fossiles sont bel et bien polluantes et une source de maladies pulmonaires et autres maux, mais cette pollution n'a aucun effet sur le climat en général. Il y a moyen par ailleurs de rendre ces émissions moins polluantes et de neutraliser les dommages causés à l'environnement et à la faune par les produits fabriqués à partir des énergies fossiles. Ces techniques existent déjà et sont utilisés dans plusieurs pays avec succès.

Pourquoi dans ces conditions jeter le bébé avec l'eau sale du bain ?

MENSONGE 19

Le CO_2 est un gaz « climatocide »

Ose dire la vérité : rien ne mérite un mensonge.

George HERBERT

NOUS avons un attachement profond fait d'affection respectueuse pour le dioxyde de carbone (CO_2), une véritable piété sincère et exemplaire, le CO_2 n'étant à nos yeux ni un gaz « climatocide », ni un polluant, ni un poison, mais une bénédiction pour toute forme de vie sur cette planète.

Les mensonges des alarmistes du climat

Le CO_2 ne représente en volume que 0,04 % des gaz atmosphériques soit 400 parties par million (ppm). Et sur ce chiffre, seuls 3 % sont dus à l'activité humaine, soit 12 ppm. Dans un stade de 100 000 personnes que représenteraient les gaz atmosphériques, 40 personnes représenteraient le CO_2 atmosphérique total et 1,2 personne, le CO_2 produit par les activités humaines[1].

---

[1] M. S. KING, *Climate Bogeyman: The Criminal Insanity of the Global Warming / Climate Change Hoax*, 2017, p. 78.

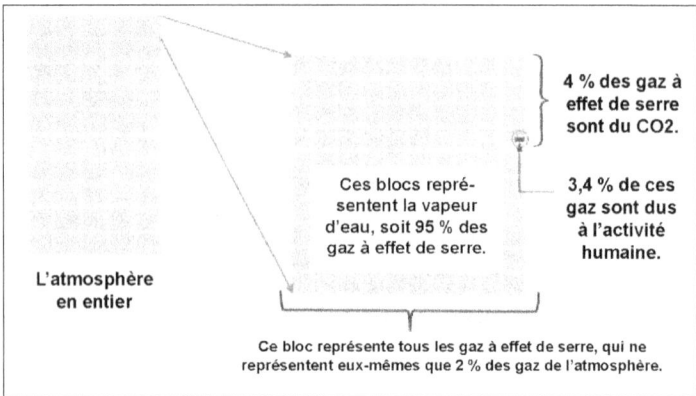

4 % des gaz à effet de serre sont du CO2.

Ces blocs représentent la vapeur d'eau, soit 95 % des gaz à effet de serre.

3,4 % de ces gaz sont dus à l'activité humaine.

L'atmosphère en entier

Ce bloc représente tous les gaz à effet de serre, qui ne représentent eux-mêmes que 2 % des gaz de l'atmosphère.

Et l'on voudrait nous faire croire qu'une quantité aussi imperceptible de CO_2 peut faire fondre les glaces non seulement de l'Arctique et de l'Antarctique, mais du Groenland ! On croit rêver ! Pour qui nous prend-on ? Ce n'est pas avec un seau d'eau tiède que l'on peut réchauffer une piscine olympique !

C'est bien mal connaître les causes multiples du changement climatique : l'activité solaire, les rayons cosmiques, la variation de la chaleur géothermique et de l'axe de la Terre (les cycles de Milanković), les variations de l'orbite de la Terre autour du Soleil, les changements dans la configuration des vents et des courants marins, les émissions volcaniques, la formation des nuages et bien d'autres facteurs encore méconnus, voire inconnus[2].

Le climat est un phénomène chaotique extrêmement complexe. Personne n'en connaît les rouages exacts. Une chose est sûre, il n'existe aucune corrélation entre le CO_2 et le réchauffement climatique. L'augmentation du CO_2 n'est jamais suivie d'une augmentation de la température et vice versa, une baisse du CO_2 ne coïncide jamais avec une baisse de température. Or,

---

[2] Marc MORANO, *The Politically Incorrect Guide to Climate Change*, Regnery Publishing, 2018, p. 83.

s'il n'existe aucune corrélation, il ne peut y avoir de cause à effet[3]. Selon le professeur István Markó de l'Université de Louvain, le climat évolue indépendamment du CO_2[4].

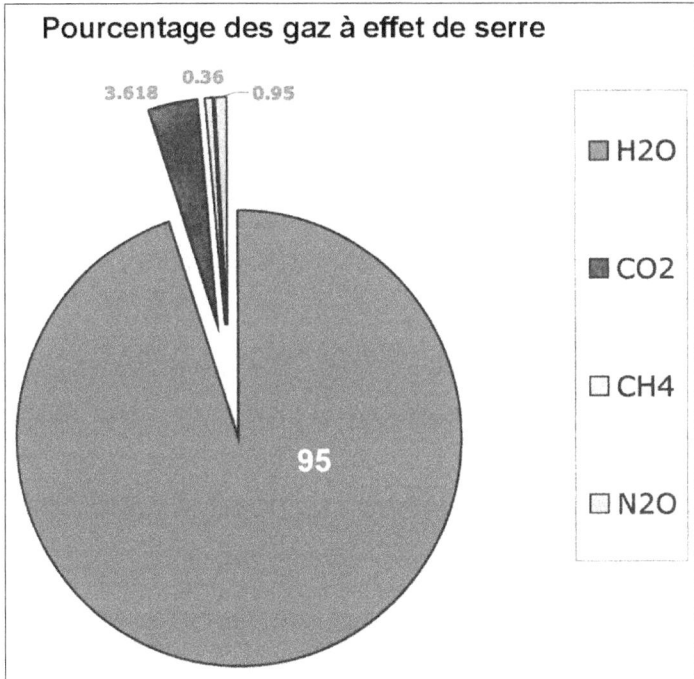

Pourcentage des gaz à effet de serre

3.618   0.36   0.95

H2O

CO2

CH4

N2O

95

CO_2 Data Manipulation, *Generalist Journal*.

Les alarmistes du climat ont inversé cette relation en affirmant faussement qu'il existait un lien de cause à effet direct entre l'augmentation du CO_2 anthropique et l'augmentation de la température atmosphérique. Ne les croyez pas, ce sont

---

[3] *Ibid.*, p. 48.
[4] Philippe VERDIER, *Climat Investigation*, Éditions Ring, 2015, p. 61.

des menteurs patentés qui sont prêts à tous les subterfuges pour imposer par des moyens subversifs leur projet technico-tyrannique (voir ci-dessous l'Agenda 2030 et le *Great Reset*)[5].

Gaz à effet de serre

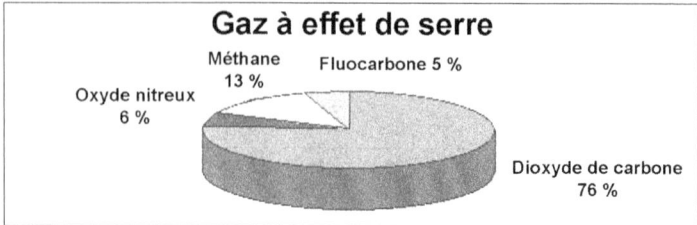

Afin de mettre en valeur le croquemitaine du moment, le CO2, la chaîne de télévision américaine ABC News efface du tableau le gaz atmosphérique le plus important, la vapeur d'eau (voir l'illustration précédente).
CO2 Data Manipulation, *Generalist Journal.*

Le caillou dans la chaussure de l'ONU, d'Al Gore et de Greta Thunberg

Depuis une vingtaine d'années, les pontes du réchauffement climatique et les médias menteurs à leurs ordres font croire à la population que la température progresse fortement. Or, dans les faits, la moyenne des températures planétaires en 1998 fut de 14,53 °C et elle atteignit 20 ans plus tard, 14,59 °C, soit 0,06 °C d'augmentation en vingt ans. Alors que le Groupe d'experts intergouvernemental sur l'évolution du climat (GIEC) prédisait un réchauffement 8 fois plus rapide. Nous sommes donc depuis vingt ans sur un plateau de réchauffement. Et ce plateau n'est pas une illusion comme voudrait nous le faire croire le GIEC, mais le contre-argument majeur sur la réalité scientifique du réchauffement climatique, le caillou dans la chaussure des alarmistes du climat[6].

---

[5] Tim BALL, Ph.D., *The Deliberate Corruption of Climate Science*, Stairway Press, 2014, p. 268-269.
[6] Philippe VERDIER, *ouvrage cité*, p. 181-182.

« C'est un véritable scandale planétaire », déplore Philippe Verdier, l'ancien journaliste présentateur à France 2 et chef du service météo de France Télévisions : « Il n'existe aujourd'hui plus de lien entre le discours alarmiste sur ce sujet et la réalité. Les Français sont maintenus dans la peur par un matraquage sans précédent. [...] Le GIEC, ultra politisé, se délite sous les scandales et ses méthodes critiquables. La parole scientifique est inaudible. Lobbies économiques, associations écologiques, gouvernements et religions tissent des liens dangereux. Les ambassadeurs du climat entretiennent cette crise aussi brûlante qu'impalpable.[7] »

Les bienfaits du CO_2

Comment, par ailleurs, ce gaz pourrait-il nous être toxique si c'est un produit naturel de notre propre métabolisme ? Au cours d'une vie, nous en exhalons des tonnes[8]. De plus, comment diable ce gaz pourrait-il être un poison alors que les plantes s'en nourrissent ? Le CO_2 est essentiel à la vie sur Terre, voilà la vérité.

La recherche a montré que la concentration actuelle de ce gaz est d'environ 1/3 de la concentration optimale pour les plantes. Des preuves empiriques obtenues à partir de CO_2 injecté dans des serres commerciales indiquent que des rendements optimaux sont obtenus avec des concentrations de CO_2 entre 1000 ppm et 1200 ppm, soit la moyenne de la concentration de CO_2 depuis les 300 millions d'années passées[9].

Dans cette optique, le professeur d'horticulture émérite de l'Université du Michigan Sylvan H. Wittwer a montré qu'en triplant le taux de CO_2 dans une serre, les roses, les œillets et les chrysanthèmes poussent plus vite et produisent des fleurs plus

---

[7] Philippe VERDIER, *ouvrage cité*, 4e de couverture.

[8] François GERVAIS, *L'Innocence du carbone : L'Effet de serre remis en question*, Albin Michel, 2013.

[9] Dr Dietrich KOELLE, "CO2 manipulation", *Generalist Journal*, 30 avril 2019.

colorées et 15 % plus nombreuses. La récolte de riz, de blé, d'avoine, de seigle et d'orge est 64 % plus abondante et le rendement des pommes de terre, 75 % plus élevé. L'effet sur les arbres est encore plus spectaculaire. Leur maturation se mesure en mois plutôt qu'en années. De fait, plus il y a de CO_2, plus les plantes sont heureuses [10]. Qu'est-ce qu'on attend, par conséquent, pour être heureux ? Fabriquons donc du CO_2 ! Nos forêts seront plus denses, nos récoltes plus abondantes et nos indigents moins démunis.

L'écomarxisme

Comment les mondialistes qui dirigent le monde ont réussi à faire de ce fertilisant naturel des plantes le croquemitaine de notre époque est en soi un tour de force qui mérite d'être évoqué pour la postérité.

On l'oublie, mais c'est à cause du CO_2 que « l'Unabomber » Ted Kaczynski a pété les plombs. Dans sa petite cabane au fin fond du Montana, il avait lu et relu, annoté et trituré, de couverture à couverture, le bouquin du climat-menteur, homme d'affaires Al Gore [11] *Earth in the Balance* (*Sauver la planète Terre*). Complètement dégoûté par le consumérisme « climatocide », seules les bombes pouvaient soulager son immense frustration face à un style de vie qu'il réprouvait [12]. Le pauvre, il s'est fait prendre au piège par des présupposés erronés. *Garbage in, garbage out!*

C'est d'ailleurs le cas d'un grand nombre de gens sincères et bien intentionnés. Certains n'ont pas d'enfants pour sauver la planète et diminuer leur « empreinte carbone », d'autres, pour les mêmes raisons, deviennent végétariens, saccagent les boucheries et les charcuteries, s'endettent indûment pour acheter

---

[10] Brian SUSSMAN, *Eco-Tyranny: How the Left's Green Agenda Will Dismantle America*, WNB Books, 2012. p. 87.

[11] Brian SUSSMAN, *Climate Gate: A Veteran Meteorologist Exposes the Global Warming Scam*, WND Books, 2010, p. 80-97.

[12] *Ibid.*, p. 112.

une voiture électrique, coupe leur chauffage la nuit, prennent une douche par semaine, tire la chasse des toilettes une fois sur deux, roulent en bicyclette par grand froid, s'isolent en campagne, forment des clans, écrivent des thèses ou des livres, se perdent en conjectures, spéculent et tirent des conclusions hâtives en se basant sur de fausses informations [13].

Comment, dans cette optique, expliquer les feux de brousse australiens de 2019 ? Est-ce encore le maudit CO_2 « climatocide », le réchauffement climatique, comme certains l'ont avancé ? Eh bien non ! C'est encore et toujours le marxisme, l'idéologie la plus meurtrière que le monde ait connue, qui a dévasté l'Australie. L'importance, l'intensité et la durée des feux de brousse qui ont tué des millions d'animaux sauvages étaient en effet largement dues aux politiques écologiques insensées du Parti vert écomarxiste d'Australie.

En croyant bien faire, afin de préserver à l'état naturel la forêt et la faune, ce parti a fait voter des lois interdisant la coupe et le nettoyage des sous-bois autour des maisons et dans certaines régions forestières à haut risque d'incendie. Or, ces sous-bois sont les combustibles qui entretiennent les feux de brousse [14]. Pour les mêmes raisons, le Parti vert a aussi fait interdire les couloirs sans végétation (*fire trails*) qui limitaient auparavant la propagation des feux de brousse. Or, ces bonnes intentions ont certainement pavé la route de l'enfer australien que nous avons connu, et que nous ne voulons pas reproduire ailleurs.

Comme il fallait s'y attendre, les guerriers de la justice sociale se sont saisis de cette occasion en or pour promouvoir leur projet de gouvernance mondiale qu'ils cherchent à imposer au monde par des moyens subversifs comme le catastrophisme épidémique, climatique et écologique.

---

[13] Giovanni MONASTERA et Philippe BAILLET, *Piété pour le cosmos*, Akribeia, 2017.

[14] Tim BALL, Ph.D., "Extreme Wildfires Caused by Extreme Stupidity, Not Global Warming", *Generalist Journal*, mars 2021.

Or, qu'il soit dit une fois pour toutes, les brasiers de l'Australie — tout comme ceux de l'Amazonie d'ailleurs — sont bel et bien dus aux activités humaines, mais pas celles que l'on croit.

Ces feux de forêt gigantesques qui n'en finissaient plus de brûler étaient en effet d'origine accidentelle dans la majorité des cas ou criminelle. De fait, plus de 200 pyromanes associés à cet incendie ont été arrêtés. Un grand nombre d'entre eux étaient des militants écologistes qui se sont mis dans la tête qu'il fallait absolument faire peur à la population pour faire avancer leur projet de gouvernance mondiale et de socialisme planétaire (marxisme). Mais si ces brasiers se sont ensuite propagés et intensifiés indûment, c'est largement à cause des politiques insensées du Parti vert d'Australie. Le réchauffement climatique prétendument dû aux énergies fossiles n'a rien à voir dans cette tragédie[15].

À l'instar de Karl Marx et l'Unabomber, le Parti vert d'Australie et les autres sont convaincus que nous les humains allons détruire la planète si on nous laisse faire. Ils pensent que notre désir naturel et légitime d'améliorer notre niveau de vie et notre condition est obscène. Ils croient en outre que le profit corrompt, que la propriété privée est perverse et que les ressources naturelles ne doivent pas être exploitées pour notre plus grand bien, mais laissées à la nature[16].

La « mammonisation » du monde

Ces gens qui nous dirigent, les financiers cosmopolites de la clique à Rothschild, Soros et Bill Gates, qui s'enrichissent par la spéculation financière et l'usure, sont forts, forts surtout de leur argent mal gagné et de leurs ambitions sans bornes. Ils peuvent acheter à coup de millions n'importe quoi et n'importe qui, les médias les plus influents, c'est sûr, mais aussi les scientifiques qui vivent de subventions, les politiciens véreux qu'ils mettent

---

[15] Nick CULVERT, "This Is How Most Bushfires in Australia Start, and How We Know", *ABC Science*, 2019.
[16] Brian SUSSMAN, *ouvrage cité*, p. 113.

au pouvoir, les professeurs d'université gauchistes qui ne voient de salut que dans la fin des méchants capitalistes mangeurs de viande ; les journalistes, les rédacteurs, les activistes, les militants et les ratés de tous poils de même que les m'as-tu-vu en mal de notoriété ont tous un prix.

Dans notre monde matérialiste, tout s'achète. La recherche de la vérité, le doute, les principes, la morale, l'intégrité, l'amour du travail bien fait, les remords de conscience, la peur du châtiment divin n'existent quasiment plus[17]. La population en général a été domestiquée, voire subjuguée par le Veau d'or, le consumérisme et le marxisme culturel. N'ayant plus de boussole morale et spirituelle, ayant perdu son identité nationale, culturelle et ethnique, elle se trouve désarmée face aux mondialistes.

La guerre psychologique contre les peuples

Alors, pour résumer, si vous voulez imposer un projet que la population n'accepterait pas en temps normal choisissez d'abord un croquemitaine quelconque comme le réchauffement climatique d'origine humaine.

Ne compliquez pas les choses. Résumez le danger au « CO_2 ». C'est simple et ça se dit bien, aussi bien que « COVID-19 », un autre *bogeyman* prétendument corrélé au réchauffement de la planète. Les gens ordinaires ne connaissant pour ainsi dire rien sur le climat et la science en général sont très faciles à manipuler. Il s'agit d'appuyer sur les bons boutons.

Trouvez-vous un porte-parole bien de sa personne, un bon communicateur, donnez-lui, par exemple, un prix Nobel et placez-le dans un poste prestigieux pour lui donner de l'autorité. Mettez à son service des milliers de journalistes et d'agents sociaux dévoués à la cause pour diverses raisons.

Par le matraquage médiatique et les images anxiogènes, instillez la peur dans l'esprit de la population que vous voulez écraser et dominer sans concessions. Pour ce faire, mettez sur le dos

---

[17] Jean LABERGE, *L'Âge des Ténèbres : L'Empire du marxisme culturel (en éducation)*, Sydney Laurent, 2019.

de votre croquemitaine improvisé les pires catastrophes, les pires cataclysmes et les pires péchés du monde.

Mentez. Trichez. Exagérez. Choquez. Jouez sur les sentiments. Évoquez les ours polaires qui crèvent de faim à cause de la fonte des glaces, les atolls du Pacifique engloutis par la mer, la fonte des neiges éternelles sur le mont Kilimandjaro, les vieux qui succombent à la canicule, les pauvres du tiers-monde qui crient famine à cause du CO_2.

Insistez même si c'est faux sur le fameux « selon 97 % des scientifiques », nous allons droit dans le mur si nous ne jetons pas à la ferraille tout ce qui marche à l'or noir.

Culpabilisez-les en leur faisant croire qu'ils ont détruit la planète et épuiser les ressources naturelles en consommant trop de pétrole.

Semez le doute et la confusion en publiant dans des revues prestigieuses à votre solde des informations contradictoires rédigées par des mercenaires de la science[18].

Prenez un événement climatique naturel inusité et faites-en une généralité (*cherry-picking*). S'il a fait chaud à Montréal en plein hiver, par exemple, c'est à cause du CO_2 et du réchauffement climatique. Les gens s'imagineront à tort que c'est généralisé.

Répétez, répétez, répétez, voilà le secret de la fabrication du consentement[19]. Faites-en un réflexe pavlovien en associant CO_2 à réchauffement, catastrophe, ouragan, fonte des banquises, canicule, montée des eaux, réfugiés, guerre, mort certaine, fin du monde.

Et surtout, n'allez pas dans les détails, cachez la vérité, ne donnez jamais la parole aux contradicteurs ; insultez-les, salissez-les, moquez-vous d'eux, traitez-les de complotistes, de

---

[18] David MICHAELS, *Doubt Is Their Product: How Industry's Assault on Science Threatens Your Health*, Oxford University Press, 2018.

[19] Noam CHOMSKY et Edward HERMAN, *La Fabrication du consentement : De la propagande médiatique en démocratie*, Éditions Agone, 2008.

négationnistes, voire de fascistes dès qu'ils pointent le nez ; persécutez-les, bloquez leurs comptes en banque, faites-les congédier ; ne publiez jamais leurs articles et leurs vidéos ; bannissez-les des réseaux sociaux ; accusez-les d'une déviance sexuelle quelconque, le sexe c'est très vendeur, il en restera toujours quelque chose ; et s'il le faut, en dernier ressort, s'ils dépassent les bornes... traitez-les d'antisémites, le seul anathème encore passible d'embastillement.

Pour finir, dites au public que par précaution, on ferait mieux d'agir tout de suite même si les preuves ne sont pas encore très convaincantes. Jouez sur l'altruisme naturel des populations, notamment d'origine européenne [20], dites-leur qu'en se protégeant, elles protègent les autres. Faites-les marcher à la carotte en leur faisant croire que des matins glorieux les attendent au bout du chemin. Vous aurez l'air d'une bonne personne, sincère et préoccupée par le bien-être de vos compatriotes. Reconnaissants, ils vous défendront et vous obéiront au doigt et à l'œil[21].

★ ★ ★

En définitive, l'ennemi commun contre lequel nous devons nous battre n'est ni le changement climatique ni le CO_2, mais une petite clique de psychopathes déterminée à réaliser son projet diabolique, sans nous consulter... que ça nous plaise ou non, et quelles que soient les conséquences ! Dans cette supercherie climatique, c'est sans aucun doute la vérité la plus dérangeante. Comme l'a dit Donald Trump dans son discours de Davos du

---

[20] Kevin MACDONALD, *Individualism and the Western Liberal Tradition: Evolutionary Origins, History, and Prospects for the Future*, Kindle Direct Publication Edition, 2019.

[21] Selon *Wikipédia* : « Le syndrome de Stockholm est un phénomène psychologique observé chez des otages ayant vécu durant une période prolongée avec leurs geôliers et qui ont développé une sorte d'empathie, de contagion émotionnelle vis-à-vis de ceux-ci, selon des mécanismes complexes d'identification et de survie. »

21 janvier 2020 : « Ces alarmistes exigent toujours la même chose, le pouvoir absolu de dominer, transformer et contrôler chaque facette de notre vie.[22] »

---

[22] "Trump Rejects Environmental 'Prophets of Doom' and Their 'Apocalyptic Predictions' in Davos Speech", *Russia Today*, 21 janvier 2020 (vidéo).

MENSONGE 20

Le végétarisme est l'avenir de l'humanité

Le pire mensonge est de se mentir à soi-même.

Marc LEVY

<u>Précision liminaire :</u> Il faut entendre dans ces pages le terme « végéta-rien » comme un terme générique englobant tout régime à base de plantes y compris le véganisme, et le terme « viande » comme un terme générique pour tout régime à base de produits animaux y compris le poisson.

★ ★ ★

COMME le voulait en son temps Adolf Hitler, et comme le voudraient en notre temps l'oligarque kabbaliste Jacques Attali[1] et l'étique éthicien juif Peter Singer, le Karl Marx de la libération animale, il est possible qu'un jour, pour des raisons médicales, climatiques, éthiques et spirituelles, nous abandonnions l'alimentation carnée.

Mais avant de passer à l'acte, par mesure de précaution, afin d'être sûr de ne pas faire fausse route, assurons-nous d'abord que ce *flip-flop* radical de la viande au tofu est pleinement justifié. Appliquons donc pour ce faire la méthode de la

---

[1] Nicolaï VAN LENNEPKADE, « Jacques Attali : "nous allons tous devenir végétariens" », *Vegactu*, 27 novembre 2015.

disputatio que nous avons introduite dans l'avant-propos. Cherchons donc la contradiction afin de poser un jugement éclairé faisant la part des choses, le seul moyen de prendre les décisions qui s'imposent. Vous pourrez ainsi décider à la toute fin si oui ou non, vous voulez devenir végétarien.

Raisons médicales

Selon les chercheurs Frédéric Leroy et Nathan Cofnas, les études observationnelles utilisées pour élaborer les politiques alimentaires actuelles axées sur l'alimentation végétarienne sont trop souvent partielles et inexactes. Elles échouent très souvent, lorsqu'elles sont testées avec des essais randomisés contrôlés, l'étalon de référence. Elles sont un outil utile pour la génération d'hypothèses, mais, selon Leroy et Cofnas, leurs conclusions en tant que telles ne doivent pas servir à la mise en œuvre des politiques de santé en l'absence de justifications supplémentaires. « Cela est particulièrement vrai, précisent les chercheurs Leroy et Cofnas, lorsque les résultats sont contre-intuitifs, comme c'est le cas pour la viande, étant donné sa longue histoire en tant qu'aliment essentiel dans l'alimentation de notre espèce.[2] »

De fait, le régime riche en gras saturés et en cholestérol n'est pas si mauvais pour la santé que le prétendent les végétariens[3, 4]. En effet, selon le collège des cardiologues américains, « les aliments riches en acides gras saturés comme les produits laitiers entiers, la viande non transformée et le chocolat noir ne sont pas

---

[2] Frédéric LEROY et Nathan COFNAS, "Should Dietary Guidelines Recommend a Low Red Meat Intake?", *Journal of Critical Reviews in Food Science and Nutrition*, vol. 60, Issue 16, 2020, p. 2763-2772.

[3] Bradley C. JOHNSTON et coll., "Unprocessed Red Meat and Processed Meat Consumption: Dietary Guideline Recommendations From the Nutritional Recommendation", *Annals of Internal Medicine*, 2019.

[4] Rajiv CHOWDHURY et coll., "Association of Dietary, Circulating, and Supplement Fatty Acids With Coronary Risk: A Systematic Review and Meta-Analysis", *Annals of Internal Medicine*, 18 mars 2014.

associés à un risque accru de maladies cardiovasculaires[5] ». Une constatation étayée entre autres par une étude publiée dans *The American Journal of Clinical Nutrition* (*La Revue américaine de la nutrition clinique*)[6]. Selon les données épidémiologiques actuelles, il n'existe par ailleurs aucun lien causal clair entre la consommation de viande rouge, par exemple, et les maladies chroniques comme le cancer colorectal[7]. Selon les scientifiques Frédéric Leroy et Nathan Cofnas :

> Le dossier scientifique contre la viande rouge du Centre international de recherche sur le cancer (CIRC) de l'Organisation mondiale de la santé (OMS) des Nations unies a été exagéré, rendant « un mauvais service au public ». L'affirmation du CIRC (2015) selon laquelle la viande rouge est « probablement cancérigène » n'a jamais été étayée. De fait, une évaluation des risques par Kruger et Zhou (2018) a conclu que ce n'était pas le cas.[8]

De plus, les données de l'anthropologie et de la biologie sont éloquentes, nous sommes des omnivores à forte tendance carnivores. Si nos ascendants du jardin d'Éden étaient herbivores, avec l'invention des outils il y a au moins 2,5 millions d'années nous avons en effet évolué vers un régime à base de viande. Nous sommes d'ailleurs merveilleusement bien adaptés, anatomiquement et physiologiquement pour manger de la viande. La consommation de viande a par ailleurs joué un rôle essentiel

---

[5] Arne ASTRUP, MD, DMSc et coll., "Saturated Fats and Health: A Reassessment and Proposal for Food-Based Recommendations", *Journal of the American College of Cardiology*, vol. 76, n° 7, 2020.
[6] Marcia C. DE OLIVEIRA OTTO et coll., "Serial Measures of Circulating Biomarkers of Dairy Fat and Total and Cause-Specific Mortality in Older Adults: The Cardiovascular Health Study", *The American Journal of Clinical Nutrition*, vol. 8, Issue 3, septembre 2018, p. 476–484.
[7] Dena ZERAATKAR, MSc et coll., "Effect of Lower Versus Higher Red Meat Intake on Cardiometabolic and Cancer Outcomes: A Systematic Review of Randomized Trials", *Annals of Internal Medicine*, 2019, 171(10), p. 721-731.
[8] Frédéric LEROY et Nathan COFNAS, *article cité.*

dans l'augmentation de la taille du cerveau des hominidés. Instinctivement, la viande et ses dérivés sont les aliments les plus recherchés des humains partout dans le monde[9]. Et ce n'est pas un besoin d'origine culturelle qui peut être transgressé facilement ; c'est un besoin anthropologique (voir ci-dessous).

Six vérités sur les végétariens[10]

1) La plupart des végétariens ne sont pas vraiment végétariens : 66 % des « végétariens » ont en effet mangé des produits animaux au cours des dernières 24 heures[11].

2) Les gens mentent à propos de leur consommation de viande : les femmes à qui des chercheurs ont dit, en effet, qu'elles allaient regarder un film sur un abattoir ont menti sur (ou, comme le dit l'étude, « sous-déclaré stratégiquement ») la quantité de viande qu'elles mangeaient[12].

3) 84 % des personnes qui arrêtent de manger de la viande finissent par changer d'avis et retournent à un régime qui comprend des produits d'origine animale[13].

…/…

---

[9] *Ibid.*

[10] Adapté du journaliste de la science Rolf DEGEN, *Seven Unflattering Truths About Vegetarians*, PDF en ligne.

[11] Hal HERZOG, Ph.D., "Why Are There so Few Vegetarians? Most 'Vegetarians' Eat Meat. Huh?", *Psychology Today*, 2011.

[12] Hal HERZOG, Ph.D., "Who's Lying About Not Eating Meat? New Research Says Some of Us Eat More Meat Than We Claim. Find Out Who", *Psychology Today*, 2014.

[13] Hal HERZOG, Ph.D., "84% Of Vegetarians and Vegans Return to Meat. Why?: Animal Activists Should Emphasize Reduction, Not Elimination, Of Eating Meat", *Psychology Today*, 2014.

4) Des chercheurs britanniques ont découvert que seulement 25 % des personnes qui affirmaient avoir réduit leur consommation de viande l'ont fait[14].

5) Les végétariens dont une majorité sont des femmes souffrent souvent de dépression et de troubles de l'alimentation — selon certains scientifiques, le végétarisme serait un trouble occulte des conduites alimentaires[15].

6) Ça n'a pas toujours été le cas, mais le végétarisme est surtout une idéologie de la gauche[16], et c'est sans doute la principale vérité qu'il faut retenir de cette liste : « le végétarisme est un mensonge de la pensée libérale[17] ».

Certes, le fait que nous soyons biologiquement adaptés à un régime contenant une quantité importante de viande ne prouve pas en soi que les régimes végétariens sont malsains. Cependant, lorsqu'il s'agit de pratiquement toutes les autres espèces, nous tenons généralement pour acquis que le meilleur régime pour une espèce en captivité est celui qu'elle avait dans la nature. Et ce n'est pas un simple appel à la tradition. Les dérogations ne sont pas sans conséquence. Chez le chat, par exemple, il existe un lien incontestable entre le diabète et le pourcentage élevé de céréales dans la nourriture commerciale. Comment expliquer ce fait ? Eh bien le chat étant un pur carnivore, son organisme est

---

[14] N. J. RICHARDSON, R. SHEPHERD, N. A. ELLIMAN, "Current Attitudes and Future Influence on Meat Consumption in the U.K.", *Appetite*, vol. 21, n° 1, 1993, p. 41-51.

[15] Carolyn C. ROSS M.D., M.P.H., "Vegetarianism and Eating Disorders: Healthy Lifestyle Choice or Eating Disorder in Disguise?", *Psychology Today*, 2012.

[16] Giovanni MONASTRA et Philippe BAILLET, *Piété pour le cosmos*, Akribeia, 2017.

[17] Matthew B. RUBY, "Vegetarianism: A Blossoming Field of Study", *Appetite*, vol. 58, n° 1, 2012, p. 141-150.

incapable de métaboliser une si grande quantité de céréales[18]. Et les humains ne font pas exception à ce principe. En raison de son importance démesurée accordée aux hydrates de carbone et aux céréales, des scientifiques ont fait un lien entre le fameux guide alimentaire de l'Université Harvard axée sur l'alimentation végétarienne et la source de l'épidémie d'obésité morbide et de diabète qui sévit actuellement aux États-Unis[19].

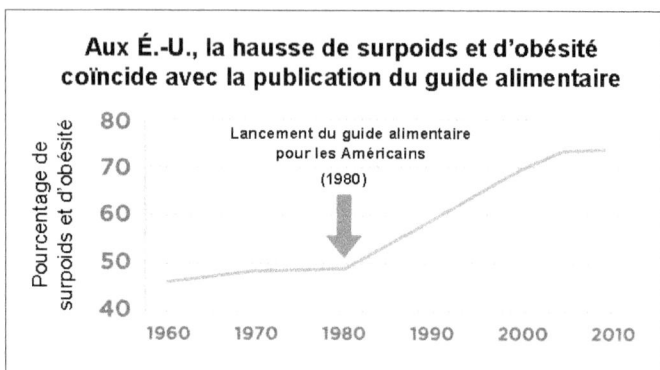

Aux É.-U., la hausse de surpoids et d'obésité coïncide avec la publication du guide alimentaire

The Nutrition coalition Update, Nutrition coalition, 21 juin 2018.

Selon Frédéric Leroy et Nathan Cofnas, l'évitement de la viande entraîne par ailleurs une « perte de robustesse nutrition-nelle ». Une alimentation pauvre en aliments d'origine animale peut en effet entraîner diverses carences nutritionnelles comme la pellagre, une maladie encore d'actualité dans le cas des régimes végétaliens mal planifiés. D'autres micronutriments

---

[18] J. S. RAND, "Understanding Feline Diabetes", *Australian Veterinary Practitioner*, vol. 27, 1997, p. 17-26.

[19] Cynthia L. OGDEN, Ph.D., et Margaret D. CARROLL, M.S.P.H., "Prevalence of Overweight, Obesity, and Extreme Obesity Among Adults: In the United States, Trends 1960–1962 Through 2007–2008", *Centers for Disease Control and Prevention*, 2010.

potentiellement difficiles à obtenir pour les personnes suivant un régime à base de plantes comprennent entre autres l'iode, le fer, le sélénium et le zinc. Même si, d'après Leroy et Cofnas, les régimes à base de plantes contiennent de l'acide alpha-linolénique, cela ne prévient pas nécessairement les carences en acides gras oméga-3 à chaînes longues comme l'acide éicosa-pentaénoïque (EPA) qui peuvent poser de graves risques pendant la grossesse et pour les enfants en pleine croissance. La vitamine B12 pose problème aussi même si les végétariens sont généralement au courant de son importance. « De nombreuses personnes, soulignent Leroy et Cofnas, ne sont pas diligentes en ce qui concerne la supplémentation et vont souvent plonger dans des fourchettes déficientes ou à la limite des carences si elles n'obtiennent pas les nutriments de leur alimentation habituelle. » Dans de tels cas, la malnutrition générale, une mauvaise santé et des limitations nutritionnelles sont à craindre comme c'est le cas dans divers pays comme le Danemark, la Finlande, la Suède et la Suisse. La carence en vitamine B12 est particulièrement dangereuse pendant la grossesse. Les risques de carence nutritionnelle sont également étayés par une longue liste de rapports de cas cliniques dans la littérature médicale, avec des symptômes pathologiques graves et parfois irréversibles signalés chez les nourrissons, les enfants, les adolescents et les adultes comme un retard de croissance, une hyperparathyroïdie, une anémie macrocytaire, des neuropathies optiques et autres, une léthargie, une dégénérescence de la moelle épinière, une atrophie cérébrale et d'autres affections graves. Bien que la causalité ne soit pas claire, l'évitement de la viande est statistiquement associé aux troubles de l'alimentation et à la dépression et peut refléter des problèmes neurologiques[20] :

> Notre principale préoccupation, concluent Leroy et Cofnas, est que le fait d'éviter ou de minimiser la consommation de viande de manière trop stricte peut compromettre l'apport de nutriments, en particulier chez les enfants et d'autres populations vulnérables. De

---

[20] Frédéric LEROY et Nathan COFNAS, *article cité*.

toute évidence, les effets sur la santé des approches basées sur les plantes dépendent largement de la composition du régime alimentaire (Satija et al., 2016). Pourtant, plus le régime alimentaire est restreint, et plus l'âge est jeune, plus ce sera un point d'attention (Van Winckel et al., 2011). Cependant, selon Cofnas (2019), même les régimes végétariens réalistes qui incluent une supplémentation diligente peuvent exposer les enfants à des carences et compromettre ainsi leur santé à court et à long terme. Il existe des preuves directes et indirectes selon lesquelles l'apport élevé en phytoestrogènes associé aux régimes pauvres en viande peut présenter des risques pour le développement du cerveau et du système reproducteur (Cofnas, 2019). De plus, les tentatives d'introduire des modifications alimentaires qui sont également compatibles avec la philosophie végétalienne posent souvent un défi médico-social (Shinwell et Gorodischer, 1982). À notre avis, l'approbation officielle des régimes qui évitent les produits d'origine animale en tant qu'options saines pose un risque que les décideurs politiques ne devraient pas prendre. Comme indiqué par Giannini et al. (2006) : « Il est alarmant dans un pays développé de trouver des situations dans lesquelles la santé d'un enfant est mise en danger par la malnutrition, non pas à cause de problèmes économiques mais à cause des choix idéologiques des parents. »[21]

Raisons climatiques

N'en déplaise au kabbaliste Jacques Attali[22] — qui déclarait face à Jean-Jacques Bourdin, « si nous étions tous végétariens, le problème du méthane [*des élevages bovins*] serait réglé, ce qui représente 40 % des gaz à effet de serre[23] » —, selon de nombreux climato-réalistes, il n'y aurait aucun lien entre les éructations et les flatulences de bovins et le réchauffement climatique puisque le réchauffement ou, selon la nouvelle dénomination en

---

[21] *Ibid.*

[22] Jacques ATTALI – économiste, Delphine HORVILLEUR – rabbin de la communauté MJLF, « Le judaïsme, une religion de la distinction : peuple élu, peuple électeur », *Akadem, le campus numérique juif*, 2012 (vidéo).

[23] Nicolaï VAN LENNEPKADE, *article cité*.

vigueur, le « changement » climatique anthropique est un mensonge concocté par les mondialistes à des fins idéologiques et financières[24].

De fait, selon entre autres *La Pétition de l'Oregon*, signée par 31 500 scientifiques de haut niveau dont 9 000 sont titulaires d'un doctorat en physique atmosphérique, en climatologie et en météorologie :

> Il n'existe aucune preuve convaincante que les rejets de dioxyde de carbone, de méthane ou d'autres gaz à effet de serre causent ou causeront dans un avenir prévisible un réchauffement catastrophique de l'atmosphère terrestre et une perturbation du climat de la Terre. De plus, il existe des preuves scientifiques substantielles selon lesquelles l'augmentation du dioxyde de carbone atmosphérique produit de nombreux effets bénéfiques sur l'environnement naturel végétal et animal de la Terre.[25]

Le méthane n'a par ailleurs jamais représenté 40 % des gaz à effets de serre (voir l'illustration de la page 227). Ce chiffre correspond au pourcentage de méthane généré par l'agriculture et ses déchets par rapport au méthane total. Ce n'est pas un pourcentage de gaz à effet de serre. Le méthane ne représente en effet que 0,000 175 % des gaz atmosphériques et 0,36 % de tous les gaz à effet de serre. On est très loin des 40 % de Jacques Attali !

Dans cette optique, à l'instar de la fausse étude de la revue *The Lancet* sur l'hydroxychloroquine[26], la même revue a rejeté la fausse étude[27] EAT-*Lancet*[28] financée entre autres par la

---

[24] Voir les nombreuses références dans les mensonges 18 et 19.

[25] Global Warming Petition Project.

[26] Hervé MORIN, « *The Lancet* annonce le retrait de son étude sur l'hydroxychloroquine », *Le Monde*, 4 juin 2020.

[27] Francisco J. ZAGMUTT, Jane G. POUZOU, Solenne COSTARD, "The EAT-*Lancet* Commission: A Flawed Approach?", *The Lancet Journal*, vol. 394, Issue 10204, 2019.

[28] W. WILLETT, J. ROCKSTRÖM, B. LOKEN et coll., "Food in the Anthropocene: The EAT-*Lancet* Commission on Healthy Diets From

Fondation Rockefeller, un membre éminent de la Société fabienne, l'un des piliers financiers de l'Agenda 2030 et de la Grande remise à zéro de l'ONU[29]. Cette pseudo-étude recommandait un régime végétarien afin de réduire l'impact des « pets » de bovidés (et donc de la viande rouge) sur le climat. Or, selon les chercheurs Frédéric Leroy et Nathan Cofnas :

> Une réduction importante de la consommation de viande, comme celle préconisée par la Commission EAT-*Lancet* pourrait entraîner de graves dommages. La viande est depuis longtemps, et continue d'être notre principale source de nutrition de haute qualité. La théorie selon laquelle elle peut être remplacée par des légumineuses et des suppléments n'est que pure spéculation. Alors que les régimes riches en viande se sont révélés efficaces au cours de la longue histoire de notre espèce, les avantages des régimes végétariens sont loin d'être établis et ses dangers ont été largement ignorés par ceux qui les ont approuvés prématurément sur la base de preuves discutables.[30]

Raisons éthiques

La souffrance des animaux est sans aucun doute le principal souci des végétariens, des antispécistes[31] et des humains en général, y compris l'auteur de ce livre, notamment dans les pays occidentaux nordiques[32], car personne sauf exception ne veut faire souffrir un animal.

Il est important que « l'homme domine sur le bétail sur toute la Terre », nous sommes après tout des prédateurs nés, au sommet de la chaîne alimentaire, mais ce n'est pas un chèque en blanc. Nous nous devons en échange de traiter ce cheptel providentiel avec le respect qu'il mérite.

Sustainable Food Systems", *The Lancet Journal*, vol. 393, Issue 10170, 2019, p. 447-492.

[29] Guy BOULIANNE, *La Société fabienne : Les Maîtres de la subversion démasqués*, Éditions Dédicaces, 2019.

[30] Frédéric LEROY et Nathan COFNAS, *article cité*.

[31] John ROBBINS, *Se nourrir sans faire souffrir*, Éditions Stanké, 1990.

[32] Giovanni MONASTRA et Philippe BAILLET, *ouvrage cité*.

Ce qui présuppose que les animaux soient élevés dans des conditions qui respectent leur besoin de socialisation, d'espace, d'air frais, d'eau et de nourritures saines. Chaque fois que c'est possible, évitez par conséquent les élevages concentrationnaires où les animaux sont élevés aux antibiotiques et aux additifs alimentaires avec un sadisme qui dépasse l'entendement même du point de vue productiviste[33]. Vous vous porterez mieux et les animaux aussi[34].

Il va sans dire dès lors que les abattages hallal et casher, deux traditions inutilement cruelles et irrespectueuses des animaux, n'ont pas leur place dans un pays civilisé comme le nôtre. Si les commandements sacrés ordonnent que le sang s'écoule de l'animal vivant, les méthodes modernes d'abattage avec étourdissement correspondent aux rituels religieux bien mieux que la méthode religieuse. Interdisons donc ces pratiques d'un autre temps comme l'a fait la Suisse en 1893 et plus récemment la Suède, le Danemark, la Slovénie et, en janvier 2019, la Belgique.

Pour une meilleure prise en compte de la souffrance animale, construisons nos élevages et nos abattoirs sur le modèle préconisé par Temple Grandin, docteure zootechnicienne de renommée internationale. Opposons-nous comme elle à l'élevage en batterie et à la manipulation brutale des poussins, occasionnant des fractures des ailes. Donnons davantage d'espace dans leurs stalles aux truies d'élevage lorsqu'elles mettent bas. Bannissons le gavage des oies. Opposons-nous à l'immobilisation des animaux par décharges électriques. Ne nous opposons pas par contre aux grands élevages, car les mauvais traitements

---

[33] Jean-Pierre DIGARD, « L'élevage industriel », *Les Français et leurs animaux : Ethnologie d'un phénomène de société*, Fayard, Pluriel Ethnologie, 2005, p. 4.

[34] Tiffanie ARDOIN SAINT AMAND, La réglementation européenne face à l'évolution de la société : les exemples des antibiotiques facteurs de croissance et du bien-être animal en production porcine. Thèse pour obtenir le grade de docteur vétérinaire diplôme d'État présentée et soutenue publiquement en 2004 devant l'Université Paul-Sabatier de Toulouse.

aux bovins, par exemple, ne dépendent en rien de la taille de l'exploitation.

Si elle était un animal herbivore, déclare Temple Grandin, « elle "préférerait mourir dans un abattoir" doté d'un système qu'elle a conçu pour rendre l'opération sans douleur, plutôt que dans la nature, en souffrant de la faim ou dans la conscience de l'attaque d'un prédateur : au début de sa carrière, elle a vu dans un ranch en Arizona un veau toujours vivant partiellement dévoré par des coyotes, et en a conclu que "la Nature peut être très rude"[35] ».

De fait, la nature n'est pas un jardin d'Éden où, pour paraphraser la Bible, toutes les créatures sont réconciliées ; le loup habite avec la brebis ; le tigre repose avec le chevreau ; veau, lionceau, bélier vivent ensemble et un jeune enfant les conduit. Cette image idyllique véhiculée par les films de Disney, par exemple, n'existe pas. Dans la nature, c'est qui mangera qui, et dans cette jungle où règne la loi du plus fort, les bons sentiments et la notion de cruauté propre aux humains n'ont aucune place[36].

Raisons spirituelles

Comme nous l'avons déjà dit, il n'existe aucun lien entre la bonté d'une personne et le fait d'être végétarien. On trouve de tout dans ce domaine. Le Dalaï-Lama, par exemple, qui n'est pourtant pas une personne dénuée de bonté et de compassion, est un mangeur de viande[37]. Alors que l'assassin Charles Manson était végétarien[38] !

Les hindous, y compris les brahmanes, qui sont pourtant végétariens, sont d'une cruauté inouïe envers les animaux,

---

[35] Temple Grandin, *Wikipédia*.

[36] Éric CONAN, « La zoophilie, maladie infantile de l'écologisme », *Esprit*, n° 155 (10), octobre 1989, p. 124-126.

[37] Joachim I. KRUEGER, Ph.D., "Got Meat? The Dalai Lama's Carnivorous Preferences", *Psychology Today*, 2013.

[38] Lee PITTS, "Infamous Vegetarians", *The Fence Post*, 9 août 2019.

autant la vache dite sacrée que les chiens et les chats[39]. Même Gandhi ne parvint pas au nom de la bonté universelle « à empêcher les laitiers hindous de laisser délibérément leurs veaux mourir de faim afin de vendre quelques litres de lait de vache supplémentaires », déplorait l'égérie du Front de libération animale Maximiani Portas dite Savitri Devi (1905-1982)[40].

Bien qu'il ait professé gentillesse et amour envers les animaux, en disant des choses comme « les animaux sont les esclaves de l'homme », le brahmane Krishnamurti gardait lui-même des animaux en esclavage, puisqu'il a toujours eu des chiens au cours de sa vie d'adulte. Ce qu'il faisait avec eux lorsqu'il partait pour l'un de ses nombreux longs voyages de propagande mondialiste n'est pas du domaine public. Les mettait-il en pension ? Les donnait-il à quelqu'un ? Sans doute. On ne voit pas ce qu'il aurait pu faire d'autre à part les faire euthanasier. N'est-ce pas son jardinier Willy qui faisait abattre les animaux de fermes que Krishnamurti avait élevés pour son plaisir et qui étaient devenus trop encombrants[41] ? Il est étrange à vrai dire que quelqu'un comme lui, un végétarien pur et dur — avec une dent sucrée ayant fini par le tuer, il est mort en effet d'un cancer du pancréas — soit un cynophile. Le voir en photo avec un chien au pied est complètement contradictoire si l'on connaît un tant soit peu sa philosophie sur les jeux de pouvoir et de domination. Du haut de sa très grande sagesse, il n'a pas vu que la cruauté pouvait parfois se cacher dans les bons sentiments et les bonnes intentions[42]. On voit bien au bout du compte que c'était un homme comme les autres avec ses qualités et ses défauts.

---

[39] Philippe DIOLÉ, *Les Animaux malades de l'homme*, Flammarion, 1974, p. 206.

[40] Savitri DEVI, *La Foudre et le Soleil*, traduction française par Blanche Europe de l'édition originale anglaise *The Lighting and the Sun*, Temple Press, 1958.

[41] Radha RAJAGOPAL SLOSS, *Vies dans l'ombre avec J. Krishnamurti*, iUniverse, 2012, p. 222.

[42] Patrick WEST, *Conspicuous Compassion: Why Sometimes It Really Is Cruel to Be Kind*, Civitas, 2004.

On peut en dire autant de Brigitte Bardot, une opposition contrôlée qui fait la promotion tapageuse de la zoothérapie et des animaux de compagnie tout en cassant du sucre sur les éleveurs d'animaux de boucherie, alors qu'animaux de compagnie et animaux de boucherie, c'est bonnet blanc et blanc bonnet[43]. Ce sont en effet tous les deux des animaux domestiques exploités par l'homme. Brigitte Bardot est pourtant bien placée pour savoir que la commercialisation massive des animaux de compagnie, stimulée par les observations anecdotiques du psychiatre américain Boris Levinson, qui sont devenues le leitmotiv de cette industrie, n'est pas sans conséquence sur les animaux de compagnie à tous les niveaux de la chaîne de consommation : production, vente, entretien, réparation et recyclage. Selon l'ethnologue italien Sergio Dalla Bernardina, son végétarisme est dans ce sens une comédie de l'innocence qui sert surtout ses propres intérêts[44].

Que plusieurs personnalités du passé aient par ailleurs été végétariennes ne veut rien dire. L'appel à l'autorité et à la tradition est un sophisme. On peut à la rigueur utiliser ce genre d'arguments pour étoffer un point étayé par des faits, mais ce n'est pas une preuve en soi. Il faut se demander par ailleurs (voir plus haut *Six vérités sur les végétariens*) si ces personnalités étaient réellement végétariennes, et si oui, si elles l'étaient par conviction, car dans les milieux « progressistes », il est bien vu d'être végétarien.

De fait, le végétarisme étant souvent faussement associé à de grandes qualités humaines, combien de gens se disent dès lors végétariens pour épater la galerie et signaler leur vertu ? Combien deviennent végétariens pour augmenter leur estime personnelle et leur pouvoir sur les autres ? Est-ce pour ces raisons

---

[43] Yi-Fu TUAN, *Dominance and Affection: The Making of Pets*, Yale University Press, 2009.
[44] Sergio DALLA BERNARDINA, *L'Éloquence des bêtes*, Éditions Métailié, 2008.

qu'Israël est devenu la Mecque du véganisme[45] et que tous les pontes du judaïsme politique comme Bill Gates[46] et Jacques Attali prônent le végétarisme ? Ont-ils quelque chose à se faire pardonner ou à cacher ? De multiples mensonges peut-être ? Voici ce que dit à ce propos le psychologue américain Kevin MacDonald :

> Étant donné que les expressions de justice morale sont généralement communiquées dans un cadre social et visent à consolider ou à améliorer sa réputation au sein d'un groupe, il peut y avoir une concurrence pour des expressions de plus en plus extrêmes d'altruisme et de compassion même chez des personnes qui ne sont pas naturellement chaleureuses et aimantes envers les autres. Les expressions extrêmes de justice morale ne sont pas seulement addictives, elles peuvent aussi élever le statut d'une personne dans un groupe social, tout comme il est fréquent pour les gens religieux d'être plus catholiques que le pape. Les gens très religieux se font concurrence pour celui qui sera le plus vertueux de sa congrégation. Chez les gauchistes, des fanatiques végétaliens évitent les végétaliens qui parlent à des gens qui mangent de la viande ou qui mangent dans des restaurants où de la viande est servie — même si ce sont des membres de leur propre famille.[47]

En d'autres mots, il est bon de le répéter, l'angélisme culpabilisateur bruyamment affiché permet en effet aux m'as-tu-vu de la coterie des pelleteux de nuages de supplanter moralement leurs congénères et d'augmenter leur cote de popularité auprès de la population. « [...] ces hypocrites manifestations d'amour accompagnent toujours "une course au pouvoir". "Sauver" quelqu'un [*ou un animal*], pleurnicher sur son sort, s'émouvoir des malheurs d'autrui [*et des animaux*], c'est augmenter sa

---

[45] Sébastien LEBAN, « Israël : terre promise des végans », *Paris Match*, 8 août 2017.

[46] "Bill Gates Urges Fans to Eat Synthetic Meat to Save Planet, Dismisses 'Crazy Conspiracies' About Vaccines & 5G", *RT*, 20 mars 2021.

[47] Kevin MACDONALD, "Moral Communities and the Summer of George", *The Occidental Observer*, 13 octobre 2020.

propre valeur sociale. Donc acquérir de la respectabilité, de la notoriété et du pouvoir.[48] »

Il faut aussi mettre les choses en contexte, que signifiait être végétarien dans le passé ? Dans la religion catholique, par exemple, le poisson n'est pas de la viande. Que mangeaient-elles au juste ces personnalités végétariennes que les végétariens citent à tout bout de champ ? Des œufs, un peu de poissons, des fruits de mer, des carottes ? Personne ne le sait, ce n'est spécifié nulle part à notre connaissance.

Les témoignages et les citations à l'emporte-pièce ne sont pas non plus des preuves. À moins d'être validés par des arguments concrets, ce sont des opinions tout simplement, toutes plus belles et séduisantes les unes que les autres. Mais il faut se méfier des mots, s'ils ont des effets concrets sur la psychologie d'une personne, ils peuvent être tout aussi trompeurs, « le mot n'est pas la chose[49] ». Il ne suffit pas, pour le dire autrement, comme le voulaient Derrida et Foucault, de dire ou de croire quelque chose pour que ce soit vrai, comme par enchantement. En outre, dix, cent, mille, voire un million de citations de ce genre ne sont pas plus convaincantes qu'une seule.

Conclusions

Bien que la viande soit un élément central du régime alimentaire de notre espèce depuis des millions d'années, dans le cadre de l'Agenda 2030 et de la Grande remise à zéro, certaines autorités comme l'Europe de Bruxelles[50], l'ONU, les oligarques kabbalistes comme Jacques Attali et Bill Gates ainsi que les technocrates de Davos cherchent à la faire abolir. Mais les raisons évoquées par ces autorités n'ont absolument rien à voir avec la santé, le climat, l'éthique et la spiritualité, mais tout à voir avec

---

[48] Frank Mcfarlane BURNET cité par Laurent OBERTONE, *La France interdite : La Vérité sur l'immigration*, Ring, 2018, p. 378.
[49] Le nominalisme, *Wikipédia*.
[50] "EU Lawmakers Vote for 'Veggie Burgers' & 'Vegan Sausages,' Rejecting Demands by Farmers", *RT*, 23 octobre 2020.

des raisons financières et idéologiques ; elles sont en effet toutes acoquinées avec l'industrie des substituts de viande, les militants du mondialisme et du climat, du droit des animaux et d'autres formes de végétarisme idéologique, comme l'adventisme du septième jour.

Les arguments contre le régime carné ne reposent sur rien de concret. L'affirmation selon laquelle la viande est un « aliment malsain » n'est absolument pas étayée. L'élevage qui peut certes être polluant n'a aucun impact négatif sur le climat. Manger de la viande ne fait de vous ni un monstre sanguinaire ni un méchant suprématiste humain comme le prétend Ingrid Newkirk, la Brigitte Bardot du mouvement animalitaire américain People for the Ethical Treatment of Animals[51].

★ ★ ★

Une vérité s'impose, tout ce qui sort de l'ONU et de ses émanations est faux :

– l'Organisation des Nations unies pour l'éducation, la science et la culture (UNESCO) qui défend les thèses abracadabrantes de Cheikh Anta Diop et l'origine africaine de l'humanité ;

– le Groupe d'experts intergouvernemental sur l'évolution du climat (GIEC) de l'Organisation mondiale de la santé (OMS) qui diabolise à tort le CO_2 et qui défend la fausse crise climatique ;

– le GIEC qui fait un lien erroné entre le changement climatique et l'élevage ;

– le Centre international de recherche sur le cancer (CIRC) de l'OMS qui fait un lien non étayé entre la viande rouge et le cancer ;

– et comme nous le verrons dans l'épilogue, l'OMS et son implication majeure dans la fausse pandémie du COVID-19.

L'ONU est donc un instrument essentiel du projet de gouvernance mondiale. Son rôle n'est pas d'unir les nations mais de

---

[51] *Ibid.*

les détruire à l'aide de mensonges qui n'ont qu'une seule fonc-tion : faire peur aux peuples afin de les inciter à obéir selon la stratégie du choc et de l'effroi clairement décrite par Naomi Klein :

> [...] le désastre déclencheur — le coup d'État, l'attentat terro-riste, l'effondrement des marchés, la guerre, le tsunami, l'ouragan, [*la pandémie*], [*la crise climatique*] — plonge la population dans un état de choc collectif. Le sifflement des bombes, les échos de la ter-reur et les vents rugissants, [*la fonte des glaciers*], [*les morts du COVID-19 dans les hospices ainsi que le nombre de cas*], « assouplis-sent » les sociétés, un peu comme la musique tonitruante et les coups dans les prisons où se pratique la torture. À l'instar du pri-sonnier terrorisé qui donne le nom de ses camarades et renie sa foi, les sociétés en état de choc abandonnent des droits que, dans d'autres circonstances, elles auraient jalousement défendus.[52]

---

[52] Naomi KLEIN, *ouvrage cité*, p. 20.

ÉPILOGUE

COVID-19... l'an prochain à Jérusalem !

> *Avec un mensonge on va loin,*
> *mais sans espoir de retour.*
>
> Proverbe juif

Bien que la pandémie COVID-19 soit beaucoup moins grave que prévu par la modélisation informatique du Dr Ferguson de l'Imperial College de Londres, l'OMS et ses conseillers médicaux qui dictent aux gouvernements la conduite à suivre continuent non seulement d'imposer des mesures d'atténuation liberticides, mais d'interdire tout traitement au stade précoce qui pourrait selon de nombreux scientifiques de haut niveau comme le Dr Peter A. McCullough diminuer considérablement non seulement le nombre d'hospitalisations, mais le nombre de décès[1].

Il n'est pas absurde de se demander, dès lors, si cette interdiction ainsi que les multiples mesures d'atténuation — dont l'efficacité n'est pas étayée scientifiquement — comme le port du masque, la distanciation sociale, le confinement et surtout son prolongement illégitime, puisque seules les personnes âgées souffrant de plusieurs maladies sont réellement à risque, ne servent pas à entraîner la population, par conditionnement

---

[1] *Séminaire Peter A. McCullough*, IHU Méditerranée-Infection, 5 juillet 2021, YouTube.

opérant, à obéir au doigt et à l'œil à une entité supranationale, dans ce cas particulier l'ONU et son émanation l'OMS.

À l'instar de l'Union européenne qui lui sert de modèle, l'objectif ultime de l'ONU, serait, selon cette version des choses, de mettre en place une gouvernance mondiale.

La peur savamment entretenue par les médias de masse est le catalyseur essentiel du changement de paradigme escompté. Comme le dit en effet, le kabbaliste Jacques Attali, dans sa rubrique du magazine *L'Express* du 6 mai 2009, grâce à la peur, « on en viendra alors, beaucoup plus vite que ne l'aurait permis la seule raison économique, à mettre en place les bases d'un véritable gouvernement mondial ».

Précisons que l'oligarque Jacques Attali, qui est lui-même juif, souhaiterait que ce gouvernement mondial soit situé en Israël et que la capitale du monde soit Jérusalem[2] ; souhait partagé par David Ben Gourion, le fondateur de l'État d'Israël en 1948 : « À Jérusalem, l'ONU (une véritable ONU) construira le sanctuaire des prophètes qui servira la fédération de tous les continents ; ce sera le siège de la Cour de l'humanité, où toutes les controverses des continents fédérés seront réglées, comme l'a prophétisé Isaïe.[3] »

Cette Cour est déjà en place sous la forme de la Cour suprême d'Israël qui deviendra la Cour suprême de l'humanité tant espérée par Jacques Attali et David Ben Gourion[4]. Cet édifice de la Cour suprême d'Israël, financé entre autres par les Rothschild, est couvert de signes maçonniques, notamment la fameuse pyramide illuminati avec l'œil luciférien qui voit tout à

---

[2] *Jérusalem capitale du Nouvel ordre mondial par Jacques Attali*, You-Tube.

[3] "Ben-Gurion Foresees Gradual Democratization of the Soviet Union", *Jewish Telegraphic Agency*, 4 janvier 1962.

[4] Jerry GOLDEN, « Cour suprême de Jérusalem », *Gravoline*, 12 mars 2015. « Étant moi-même juif, écrit l'auteur de cet article, Dieu m'est témoin que je ne dirai ni ne ferai jamais rien qui puisse être considéré comme de l'antisémitisme. »

son sommet, et que l'on trouve également au Louvre en France et sur les billets de un dollar américain[5].

Est-ce une bonne chose pour l'humanité ? Approchons-nous du paradis terrestre tant convoité par les millénaristes de tous poils ? Allons-nous enfin réaliser le fameux jardin d'Éden prophétisé dans l'eschatologie des religions ? Pas tout à fait, non, c'est peut-être une bonne chose, mais pas pour tout le monde. Dans le judaïsme, petit inconvénient pour nous les non-Juifs, seuls les Juifs sont humains. Comme le dit en effet le grand rabbin sépharade d'Israël Ovadia Yosef, décédé en 2013 :

> Les goys [*non-juifs en hébreu*] ne sont nés que pour nous servir. Sans cela, ils n'ont pas leur place sur la Terre, leur seul but étant de servir le peuple juif. [...] Ils ont besoin de mourir comme tout le monde, mais Dieu leur donnera la longévité. Pourquoi ? Imaginez qu'un âne appartenant à un Juif meurt, le Juif perdrait son argent. [...] Le goy est notre serviteur. Il a une longue durée de vie pour bien travailler pour nous. [...] Pourquoi les goys sont-ils nécessaires ? Ils travailleront, ils cultiveront, ils récolteront. [...] Tandis

---

[5] Robert Keith SPENCE, *The Cult of the All-Seeing Eye*, Omni Publications, 1968.

que nous, nous resterons assis en mangeant, comme des pachas. Voilà pourquoi les goys ont été créés.[6]

Ce ne sont pas de simples paroles en l'air. Ce grand sage juif ne fait que se conformer à un passage de la Bible hébraïque que l'on trouve dans le livre d'Isaïe (61:5-6). Jusqu'à sa mort en 2013, Ovadia Yosef, qui fut pendant trente ans une autorité religieuse très respectée et écoutée des dirigeants israéliens, notamment l'actuel Premier ministre d'Israël Benjamin Netanyahou, fut l'incarnation par excellence de la pensée rabbinique qui prédomine à l'heure actuelle en Israël et dans la diaspora juive[7].

À notre connaissance, aucun rabbin, aucune personnalité juive, aucun homme politique juif n'a contesté ces déclarations. Il y a tout lieu de penser, par conséquent, jusqu'à preuve du contraire, que l'aspect humanitaire et philanthropique de cette entreprise de « réparation de l'Arbre de la vie », que nous avons décrit dans le mensonge 2, n'est donc qu'un masque que les kabbalistes enlèveront au dernier moment lorsque leur projet de domination planétaire sera, ou leur semblera, enfin réalisé. En d'autres mots, le jardin d'Éden qu'on nous prépare sera une sorte de plantation esclavagiste où les Juifs et leurs alliés non juifs seront rois.

Dans ce meilleur des mondes, gare à vous si vous n'obéissez pas. Le peuple élu a montré qu'en matière de vengeances, de tortures, d'assassinats de masse et de génocides, il n'a rien à envier à personne[8, 9]. L'un des plus grands meurtriers de l'his-

---

[6] Lazar BERMAN, "5 of Ovadia Yosef's Most Controversial Quotations", *The Times of Israel*, 9 octobre 2013.

[7] Voir à ce sujet la rencontre évoquée par Youssef HINDI entre Benjamin Netanyahou et le rabbin Menahem Mendel Schnerson à la page 227 de son livre *Occident et Islam*, Sigest, 2018.

[8] Thomas MULLER, "The Suppressed History of Jewish Red Terror in Europe and Russia After WW1", *Truth to Power*, 1er mai 2020.

[9] Yuri SLEZKINE, *Le Siècle juif*, Éditions La Découverte, 2012.

toire est le Juif Genrikh Yagoda, chef adjoint de la police bol-chévique, l'infâme Tchéka. Yagoda est responsable de la mort d'environ dix millions de personnes. C'est lui et ses hommes de main juifs qui ont mis en place le système des goulags en URSS[10].

La Révolution bolchévique de 1917, qui a fait au bas mot 30 millions de morts, ainsi que la Révolution anglaise de Cromwell (1642-1651) et la Révolution française (1789) étaient essentiellement des révolutions juives d'inspiration kabbalo-talmudique. On peut mettre dans le même sac les deux guerres mondiales du siècle passé, la destruction de la Yougoslavie, les guerres du Moyen-Orient, la révolution colorée de Mai 68, celle de Maïdan en Ukraine, les manifestations récentes en Géorgie, à Hong Kong, en Russie et au Bélarus (ex-Biélorussie). Ces événements s'inscrivent tous dans le projet de domination mondiale du judaïsme politique décrit ci-dessus.

Doit-on s'inquiéter du caractère hégémonique, révolutionnaire, voire tyrannique et génocidaire du judaïsme politique ? À voir les tireurs d'élite du Tsahal tirer en riant dans le dos des civils palestiniens qui manifestaient à l'occasion de la Marche du grand retour, il y a lieu de se poser de sérieuses questions.

S'il vous plaît, M. Attali, rassurez-nous à ce sujet, « il s'avère que les juifs lorsqu'ils sont capturés par l'idéologie messianique peuvent devenir de grands meurtriers, parmi les plus grands connus de l'histoire moderne[11] »[12].

---

[10] Anne KLING, *Révolutionnaires juifs*, Éditions Mithra, 2013.

[11] Steve PLOCKER, "Stalin's Jews", *Yediot Aharonot*, 21 décembre 2006. Cité par Youssef HINDI, *L'Autre Zemmour*, Kontre Kulture, 2021, p. 229.

[12] Sur l'utopie juive, voir *La Guerre eschatologique* d'Hervé RYSSEN ; et pour ceux qui lisent l'anglais *The Jewish Utopia* de Michael HIGGER, Ph.D.

BIBLIOGRAPHIE

• ABEL, Jean-Pierre. *L'Âge de Caïn : Premier témoignage sur les dessous de la libération de Paris*, Éditions Nouvelles, 1947.

• BALL, Tim (Ph.D.). *The Deliberate Corruption of Climate Science*, Stairway Press, 2014.

• BENSON, Ivor. *The Zionist Factor: A Study of the Jewish Presence in the 20th Century History*, Veritas Publishing Company, 1986.

• BERNAYS, Edward. *Propaganda : Comment manipuler l'opinion en démocratie*, H. Liveright, 1928.

• BOULIANNE, Guy. *La Société fabienne : Les Maîtres de la subversion démasqués*, Éditions Dédicaces, 2019.

• BRADBERRY, Benton. *Le Mythe du sale Boche : La Stigmatisation de l'Allemagne à des fins hégémoniques* (traduit de l'américain par Pierre le Blanc), AuthorHouse, 2018.

• CHOMSKY, Noam et Edward HERMAN. *La Fabrication du consentement : De la propagande médiatique en démocratie*, Éditions Agone, 2008.

• Collectif. *QI et races : Le Cauchemar des multiculturalistes devant le réel* (avec un texte d'Henry GARRETT et une présentation des recherches d'Arthur JENSEN, de J. Philippe RUSHTON, de Richard J. HERRNSTEIN, de Charles MURRAY, de Richard LYNN, de Tatu VANHANEN et d'autres auteurs), Akribeia, 2019.

• CUDDY, Dennis L. (Ph.D.). *The Road to Socialism and the New World Order*, Cuddy, 2008.

• DALLA BERNARDINA, Sergio. *L'Éloquence des bêtes*, Éditions Métailié, 2006.

• DALTON, Thomas. *The Jewish Hands In the World Wars*, Castle Hill Publishers, 2019.

• DEKKERS, Midas. *Dearest Pet: On Bestiality*, Verso books, 2000.

• DELASSUS, Mgr Henri. *La Conjuration anti-chrétienne : Le Temple maçonnique voulant s'élever sur les ruines de l'Église catholique*, Éditions Saint-Rémi (nouvelle édition), 2018.

• DEVI, Savitri. *La Foudre et le Soleil*, traduction française par Blanche Europe de l'édition originale anglaise *The Lightning and the Sun*, Temple Press, 1958.

• DIGARD, Jean-Pierre. *Les Français et leurs animaux : Ethnologie d'un phénomène de société*, Fayard, Pluriel Ethnologie, 2005.

• DIOLÉ, Philippe. *Les Animaux malades de l'homme*, Flammarion, 1974.

• DUKE, David. *Le Grand Secret du communisme*, Free Speech Press, 2015.

• EWEN, Stuart. *La Société de l'indécence : Publicité et genèse de la société de consommation*, Éditions Le Retour aux Sources, 2014. Traduction de *Captains of Consciousness: Advertising and the Social Roots of the Consumer Culture*, 2001.

• FERRY, Luc. *Le Nouvel Ordre écologique : L'Arbre, l'Animal et l'Homme*, Grasset, 1992.

• FINKELSTEIN, Norman Gary. *L'Industrie de l'Holocauste : Réflexions sur l'exploitation de la souffrance des Juifs*, La fabrique éditions, 2001.

• GEOFFROY, Michel. *La Superclasse mondiale*, Via Romana, 2018.

• GERVAIS, François. *L'Innocence du carbone : L'Effet de serre remis en question*, Albin Michel, 2013.

• GREEN, John. *La Société fabienne : L'Instauration d'un Nouvel ordre international chez Béatrice et Sydney Webb*, Éditions Saint-Rémi, 2015.

• GRIFFIN, Robert S. *The Fame of a Dead Man's Deeds: Up-Close Portrait of White Nationalist, William Pierce*, 1stBooks, 2001.

• HAUPT, Jean. *Le Procès de la démocratie*, Éditions Baglis, 2019.

• HICKS, Stephen Ronald Craig. *Explaining Postmodernism: Skepticism and Socialism From Rousseau to Foucault*, Ockam's Razor Publishing, 2018.

• HIGGER, Michael (Ph.D.). *The Jewish Utopia*, The Lord Baltimore Press, 1932.

• HILLARD, Pierre. *Chroniques du mondialisme*, Éditions Le Retour aux Sources, 2014.

• HINDI, Youssef. *Occident et Islam : Sources et genèse messianiques du sionisme de l'Europe médiévale au choc des civilisations*, Sigest, 2016.

• HINDI, Youssef. *L'Autre Zemmour*, Kontre Kulture, 2021.

• HINDI, Youssef. *L'Islam politique : Saoudo-wahhabisme, Frères musulmans, réformisme et services secrets anglo-américains*, préface de Hichem KACEM, Strategika et KA'Éditions, 2021.

• HITLER, Adolf. *Mein Kampf*, Hurst and Blackett Publishers, 1939.

• HOFFMAN, Michael Anthony. *Holiday for a Cheater*, Wiswell Ruffin House, 1992.

• HOWARD, Scott. *The Transgender-Industrial Complex*, Antelope Hill Publishing, 2020.

• JOHNSON, Greg. *Le Nationalisme blanc : Interrogations et définitions*, Akribeia, 2016.

• JONES, E. Michael. *Libido Dominandi: Sexual Liberation and Political Control*, St. Augustine's Press, 2000.

• JONES, E. Michael. *Barren Metal: A History of Capitalism as a Conflict Between Labor and Usury*, Fidelity Press, 2014.

• JONES, E. Michael. *L'Esprit révolutionnaire juif et son impact sur l'histoire du monde*, Éditons Saint-Rémi, 2019.

• JONES, E. Michael. *Logos Rising*, Fidelity Press, 2020.

• KEMP, Arthur. *Bâtir le foyer blanc*, Akribeia, 2014.

• KEMP, Arthur. *Qu'est-ce que l'ethnonationalisme ?*, Akribeia, 2016.

• KEMP, Arthur. *The War Against Whites: The Psychology Behind the Anti-White Hatred Sweeping the West*, Ostara Publications, 2020.

• KING, M. S. et Jeff RENSE. *Planet Rothschild: The Forbidden History of the New World Order, vol. I: 1763-1939 et vol. II: 1939-2015*, 2015.

• KING, M. S. *Bancarotta!: An Allegory About Central Banking or What Ron Paul Didn't Say in "End the Fed"*, 2015.

• KING, M. S. *The Climate Bogeyman: The Criminal Insanity of the Global Warming / Climate Change Hoax*, 2017.

• KLEIN, Naomi. *La Stratégie du choc*, Éditions Leméac, 2010.

• KLING, Anne. *La France licratisée : Enquête au pays de la Ligue internationale contre le racisme et l'antisémitisme*, Éditions Mithra, 2006.

• KLING, Anne. *Menteurs et affabulateurs de la Shoah*, Éditions Mithra, 2013.

• KLING, Anne. *Révolutionnaires juifs*, Éditions Mithra, 2013.

• KLING, Anne. *Shoah : La Saga des réparations*, Éditions Mithra, 2015.

• KOERTGE, Noretta. *A House Built on Sand: Exposing Postmodernist Myths About Science*, Oxford University Press, 1998.

• LABERGE, Jean. *L'Âge des Ténèbres : L'Empire du marxisme culturel (en éducation)*, Éditions Sydney Laurent, 2019.

• LAZARRE, Bernard. *L'Antisémitisme, son histoire et ses causes*, 1949, réédité par Kontre Kulture.

• LICHTER, S. Robert et Stanley ROTHMAN. *Roots of Radicalism: Jews, Christians, and the New Left*, Oxford University Press, 1982.

• LEBON, Gustave. *Psychologie des foules*, 1895, réédité par Kontre Kulture.

• LE PRINCE, Juda. *Talmud : Voyage au bout de la nuit*, Éditions Saint Agobard, 2020.

• LIVERNETTE, Johan. *Le Complot contre Dieu : Le Mondialisme démasqué*, Éditions Livernette, 2010.

• LUGAN, Bernard. *Mythes et manipulations de l'histoire africaine : Mensonges et repentance*, Afrique réelle, 2013.

• LUGAN, Bernard. *Les Cours de Bernard Lugan : Cours d'histoire pour rétablir les vérités sur l'Afrique*, 2020 (en ligne).

• LYNN, Richard et Tatu VANHANEN. *IQ and the Wealth of Nations*, douance.org, 2006.

• MACDONALD, Kevin. *Separation and Its Discontents: Toward an Evolutionary Theory of Anti-Semitism*, 1stBooks, 2004.

• MACDONALD, Kevin. *La Culture de la critique : Les Juifs et la critique radicale de la culture des gentils*, Omnia Veritas, 2012.

• MACDONALD, Kevin. *Individualism and the Western Liberal Tradition: Evolutionary Origins, History, and Prospects for the Future*, Kindle Direct Publication Edition, 2019.

• MARRS, Texe. *Conspiracy of the Six-Pointed Star: Eye-Opening Revelations and Forbidden Knowledge About Israel, the Jews, Zionism, and the Rothschilds*, RiverCrest Publishing, 2011.

• MARTIN, Tony. *The Jewish Onslaught: Despatches From the Wellesley Battlefront*, Majority Press, 1993.

• MARYKS, Robert Aleksander. *The Jesuit Order as a Synagogue of Jews*, Brill, 2009.

• MATTOGNO, Carlo et Miklós NYISZLI. *An Auschwitz Doctor's Eyewitness Account: The Tall Tales of Dr. Mengele's Assistant Analyzed*, Castle Hill Publishers, 2020.

• MEARSHEIMER, John J. et Stephen M. WALT. *Le Lobby pro-israélien et la politique étrangère américaine*, Éditions La Découverte, 2007.

• MERCER, Ilana. *Into the Cannibal's Pot: Lessons for America From Post-Apartheid South Africa*, Stairway press, 2012.

• MICHAELS, David. *Doubt Is Their Product: How Industry's Assault on Science Threatens Your Health*, Oxford University Press, 2018.

• MONASTERA, Giovanni et Philippe BAILLET. *Piété pour le cosmos*, Akribeia, 2017.

• MORANO, Marc. *The Politically Incorrect Guide to Climate Change*, Regnery Publishing, 2018.

• MURRAY, Charles. *Human Diversity: The Biology of Gender, Race, and Class*, Twelve, 2020.

• N'DIAYE, Tidiane. *Le Génocide voilé*, Gallimard, 2017.

• OBERTONE, Laurent. *La France interdite : La Vérité sur l'immigration*, Ring, 2018.

• PELTIER, Martin. *L'Antichriatianisme juif : L'Enseignement de la haine*, Éditions DIE, 2018.

• PIERCE, William Luther. *Fierté blanche : La Libre Parole d'un racialiste américain*, White Revolution Books, 2011.

• PINAY, Maurice. *Deux mille ans de complot contre l'Église*, Éditions Saint-Rémi (nouvelle édition), 2019.

• PINKER, Steven. *The Blank Slate: The Modern Denial of Human Nature*, Penguin, 2003.

• PIPER, Michael Collins. *The New Babylon: Those Who Reign Supreme*, American Free Press, 2009.

• PIPES, Richard. *Russia Under the Bolshevik Regime*, Vintage Books, 1995.

• PLAQUEVENT, Pierre-Antoine. *Soros et la société ouverte : Métapolitique du globalisme*, Le Retour aux Sources, 2018.

• PLOMIN, Robert. *Blue Print: How DNA Makes Us Who We Are*, Allen Lane, 2018.

• PLOMIN, Robert et John DEFRIES, Gerald MCCLEARN et Michael RUTTER. *Des gènes au comportement : Introduction à la génétique comportementale*, De Boeck Université, 1999.

• PUBLIUS, John Q. *The Way Life Should Be? The Globalists' Demographic War on America With Maine as a Microcosm*, Ostara Publications, avec une préface de Kevin MACDONALD, 2020.

• PUBLIUS, John Q. *Plastic Empire*, Ostara Publications, 2020.

• QUIGLEY, Carroll. *Tragedy and Hope: A History of the World in Our Time*, Dauphin Publications, 2014.

• RAJAGOPAL SLOSS, Radha. *Vies dans l'ombre avec J. Krishnamurti*, iUniverse, 2012.

• RASPAIL, Jean. *Le Camp des saints*, précédé de *Big Other*, Robert Laffont, 2011.

• REED, Douglas. *La Controverse de Sion*, Kontre Kulture, 2012.

• REYNOUARD, Vincent. *Pourquoi Hitler était-il antisémite ?*, Sans Concession, 2019.

• RIOULT, Abbé Olivier. *De la question juive : Synthèse*, Éditions Saint Agobard, 2018.

• ROBERTSON, Wilmot. *The Dispossessed Majority*, Howard Allen, 1981.

• RUDOLF, Germar. *Les pensées ne sont pas libres en Allemagne*, Akribeia, 2005.

• RUDOLF, Germar. *Lectures on the Holocaust: Controversial Issues Cross Examined*, 3ᵉ édition augmentée, Castle Hill Publishers, 2017.

• RUSE, David. *Fake Science: Exposing the Left's Skewed Statistics, Fuzzy Facts, and Doggy Data*, Regnery Publishing, 2017.

• RUSHTON, J. Philippe. *Race, évolution et comportement*, Institut de recherche Charles Darwin, 2015.

• RYSSEN, Hervé. *Les Espérances planétariennes*, Baskerville, 2005.

• RYSSEN, Hervé. *La Mafia juive : Les Grands Prédateurs internationaux*, Baskerville, 2008.

• RYSSEN, Hervé. *La Guerre eschatologique*, Baskerville, 2013.

• RYSSEN, Hervé. *Les Milliards d'Israël : Escrocs juifs et financiers internationaux*, Baskerville, 2014.

• RYSSEN, Hervé. *Satan à Hollywood : La Christianophobie à Hollywood*, Baskerville, 2016.

• RYSSEN, Hervé. *L'Antisémitisme sans complexe ni tabou*, Baskerville, 2018.

• SCHOLEM, Gershom Gerhard. *Sabbatai Ṣevi: The Mystical Messiah, 1626-1676*, R. J. Zwi Werblowsky (traducteur), Princeton University Press, 1976.

• SCHOOYANS, Michel. *La Face cachée de L'ONU*, Le Sarment, 2000.

• SHERMER, Michael. *Why People Believe Weird Things: Pseudo-science, Superstition, and Other Confusions of Our Time*, A.W.H. Freeman, 2002.

• SLEZKINE, Yuri. *Le Siècle juif*, Éditions La Découverte, 2012.

• SOKAL, Alain D. et Jean BRICMONT. *Impostures intellectuelles*, Odile Jacob, 1997.

• SOLJENITSYNE, Alexandre. *Deux siècles ensemble (1795-1995)*, tomes I & II, Fayard, 2002.

• SORAL, Alain. *Comprendre l'Empire : Demain la gouvernance globale ou la révolte des Nations ?*, Éditions Blanche, 2011.

• STERNBERG, Robert J. (*editor*). *The Nature of Human Intelligence*, Cambridge University Press, 2018.

• STODDARD, Lothrop. *Into the Darkness: An Uncensored Report From Inside the Third Reich at War*, Fairborne Publishing, 2011.

• STORMAY, Jean-Jacques. *Réflexions sur le nationalisme : En relisant 'Doctrines du nationalisme' de Jacques Ploncard d'Assac*, Reconquista Press, 2019.

• SUSSMAN, Brian. *Climate Gate: A Veteran Meteorologist exposes the Global Warming Scam*, WND Books, 2010.

• SUSSMAN, Brian. *Eco-Tyranny: How the Left's Green Agenda Will Dismantle America*, WNB Books, 2012.

• TAYLOR, Jared. *L'Amérique de la diversité : Du mythe à la réalité*, L'Æncre, 2016.

• TRUDEL, Marcel, avec la collaboration de Micheline D'ALLAIRE. *Deux siècles d'esclavage au Québec*, Éditions Hurtubise, 2007.

• TUAN, Yi-Fu. *Dominance and Affection: The Making of Pets*, Yale University Press, 1994.

• VALLI, Gianantonio. *La Race selon le national-socialisme : Théorie anthropologique et pratique juridique*, Éditions Akribeia, 2014.

• VERDIER, Philippe. *Climat Investigation*, Éditions Ring, 2015.

• VERLAG, Eckart. *Jewish Domination of Weimar Germany*, Ostara Publications, 2013. Publication originelle par la Ligue des associations anticommunistes, Berlin, 1933.

• VINSON, Irmin. *L'Holocauste, une arme de dissuasion massive*, La Sfinge, 2012.

• WEBSTER, Nesta. *La Révolution mondiale : Le Complot contre la civilisation*, Éditions Saint-Rémi, 2006.

• WEICHARDT, Heinz. *La « Terreur nazie » : Un Juif témoigne* (traduit de l'américain par André Fortin), La Sfinge, 2015.

• WEST, Patrick. *Conspicuous Compassion: Why Sometimes It Really Is Cruel to Be Kind*, Civitas, 2004.

• WRANGHAM, Richard. *The Goodness Paradox: The Strange Relationship Between Virtue and Violence in Human Evolution*, Pantheon, 2019.

TABLE DES MATIÈRES

Biographie de l'auteur 7

Préface de Vincent Reynouard 15

Avant-propos 21

Avertissement 23

Prologue 25
Déclaration de guerre

Mensonge 1 35
*Les vérités absolues n'existent pas, tout est relatif,
votre opinion vaut la mienne*

Mensonge 2 41
Le mondialisme est un projet laïque

Mensonge 3 69
C'est pour votre bien

Mensonge 4 77
*L'antisémitisme est une maladie mentale sans aucun
fondement rationnel*

Mensonge 5 99
Les Ashkénazes sont des Khazars, et non des Juifs

Mensonge 6 103
La Liste de Schindler *et* Le Choix de Sophie *sont
des histoires vraies*

Mensonge 7 115
La démocratie est le régime politique idéal

Mensonge 8 125
Le fascisme est le comble de l'abomination

Mensonge 9 135
  Le sexe avec les animaux est normal et bénéfique

Mensonge 10 143
  La théorie du genre est prouvée scientifiquement

Mensonge 11 153
  Hitler et les nazis n'aimaient pas les animaux

Mensonge 12 165
  Les Juifs sont des universalistes

Mensonge 13 171
  Les races n'existent pas

Mensonge 14 179
  L'Afrique est le berceau de l'humanité

Mensonge 15 187
  L'Afrique et les Noirs vont mal à cause des Blancs

Mensonge 16 197
  Martin Luther King est un bon exemple pour les enfants

Mensonge 17 205
  La diversité est notre richesse

Mensonge 18 211
  Le changement climatique est un fait, il est causé par l'homme et il est dangereux

Mensonge 19 225
  Le CO$_2$ est un gaz « climatocide »

Mensonge 20 237
  Le végétarisme est l'avenir de l'humanité

Épilogue 255
  COVID-19… l'an prochain à Jérusalem !

Bibliographie 261

Remerciements

Merci à tous ceux qui m'ont aidé, ils se reconnaîtront.

CPSIA information can be obtained
at www.ICGtesting.com
Printed in the USA
BVHW040944090821
613980BV00016B/655

9 781912 853281